pharmakon

叢書パルマコン
07

観光と「性」

迎合と抵抗の沖縄戦後史

小川実紗

創元社

観光と「性」

迎合と抵抗の沖縄戦後史

目次

序章　本土・アメリカへの屈折と「性」をめぐる闘争

一　問いの設定――しがらみからの脱却と自己像

現実的に「アレもダメ、コレもダメ」であるならば、手っ取り早く「観光でいこう」というネガティブな発想と、折りからの政府のリゾート法制定に見られる保養地整備政策があいまって、今日の観光ブームがあるのではなかろうか。

他方、沖縄経済の自立、発展を論じる場合に不可欠なファクターが基地依存経済である。基地への依存が低下し、財政依存経済に転換した現在、観光産業の台頭は基地依存経済を片隅に追いやったかに見える。しかしながら、戦後の復興発展のプロセスから沖縄経済に深く関わってきた基地は、今なお、水面下で社会、経済を大きく規定しているのである。(1)

これは、『新沖縄文学』一九八八年一〇月号で組まれた特集「「カンコウ」に巣くう妖怪」の一部として掲載された「基地と観光――観光産業は沖縄経済の「救世主」に成り得るか」と題する論稿からの引用である。戦後の沖縄観光をめぐる議論の背景には、沖縄経済の自立という大きな目標があった。沖縄は復帰目前の一九六〇年代後半から、一九七二年の復帰後も、沖縄の経済的自立を最大の目標に掲げ、実現可能な第一の手段として観光産業が選びとられてきた。だが、そもそも、戦後沖縄では、なぜ、いかにして観光が主力産業として選びとられるようになったのか。別の言い方をすれば、沖縄は、観光をめぐる議論を通してどのような自己像を描き、それをいかにして実現しようとしたのか。そこには、沖縄・日本・アメリカの関係性がどのように反映されていたのだろうか。これらの問いについて、本書では検討を進めていく。

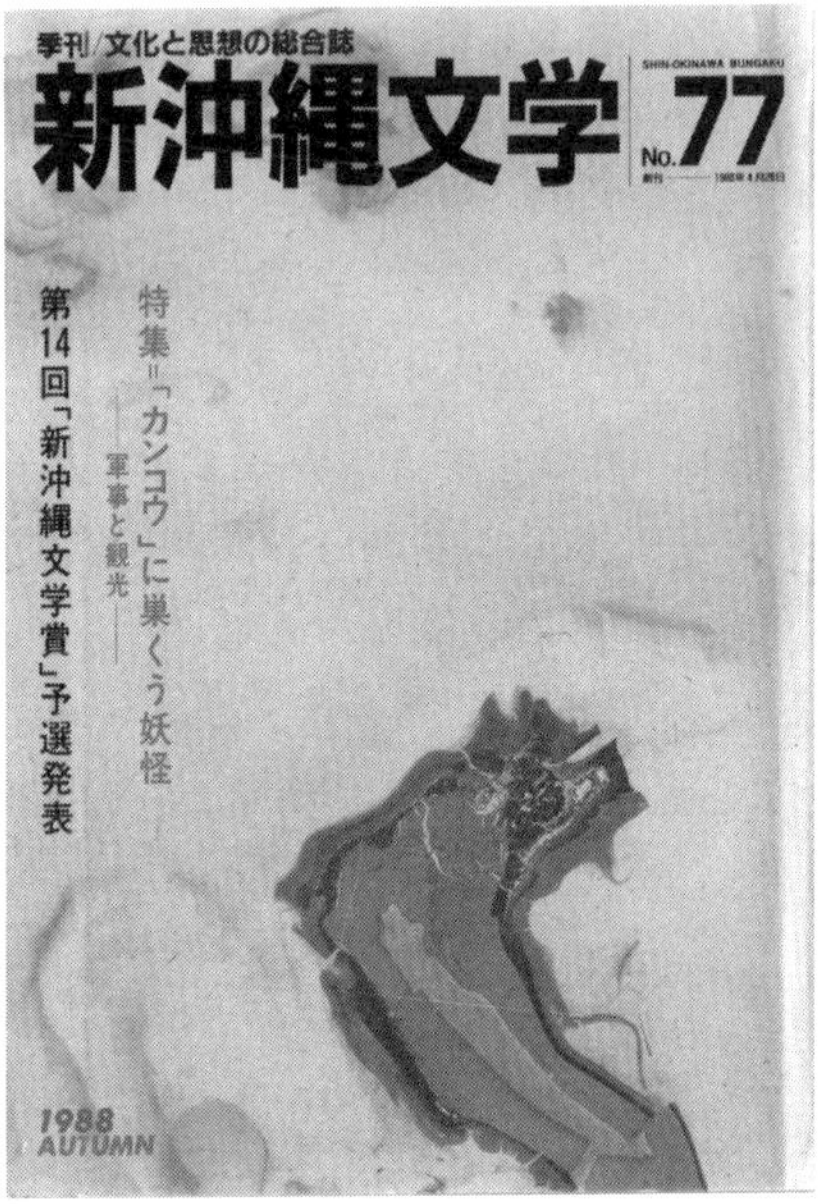

図0-1：『新沖縄文学』1988年10月号表紙

　戦後の沖縄における観光経済の模索は、基地依存経済からの脱却と表裏一体のものであった。基地の存在はさまざまな面で戦後沖縄のあり方を規定してきたが、観光開発においても土地の問題、雇用、経済、治安、観光イメージなど複合的に影響をもたらしていた。基地問題を中心として戦後沖縄は日本およびアメリカとの関係性に翻弄されてきた。

　本書では、戦後の沖縄観光言説を通時的に分析することで、沖縄戦後史を観光の視点から問い直し、各時期において、観光言説の背景にある沖縄・日本・アメリカの相互関係性とその変化を検討する。その際、本書では観光行政の変化そのものではなく、各時期において「沖縄は観光をどのように位置付けてきたか」「いかなる観光が重要とされたか」を明らかにする。

　そもそも、観光が沖縄の主軸産業として意識されるようになったのは、沖縄返還が視野に入り始めた一九六〇年代後半からであった。そして、沖縄国際海洋博という一大復帰イベントを経て、一九七〇年代にはもはや「観光しかない」――「観光を抜きにしては沖縄経済を議論することはできない」というところまで観光は沖縄の重要産業と意識されるものになっていった。しかし、冒頭の引用で示したように、沖縄が観光を主軸産業とする方針を固めていったのは、必ずしも積極的な意図によるものだけではなかった。

『沖縄公論』一九八二年一月号に掲載された「県外受取の推移」の表（一一三頁、**図3-7**参照）によれば、沖縄が日本に復帰した一九七二年の「観光収入」は四〇八億五、一〇〇万円であったのが、海洋博があった一九七五年には、一、二七六億五、五〇〇万円と激増している。翌年には海洋博の反動による減少がみられるが、一九七七年以降は一、〇〇〇億円以上の高水準を維持しつつ増加の傾向を示している。さらに、県外受取の比率をみてみると、「観光収入」「砂糖及びパイン缶詰類」「石油製品」「農水畜産」「軍関係受取」という項目のなかで、一九七二年までは「石油製品」の比率が最も大きい。それを、一九七八年から「観光収入」が上回っている。[2]

その背景として、第一次産業自体の比率が減少傾向にあるため、農業を中心とした経済振興を進めるのは困難であり、工業については、地場産業の力量が小さいため発展の推進力にはなっていない状況があった。貿易の面では、円高やアジアNIESの台頭により、輸出加工型の産業立地が不可能となっているとの状況からいずれも発展性は見込めない。先の『新沖縄文学』一九八八年一〇月号の記事は、こうした認識に依拠するものであった。[3] つまり、他の産業が行き詰まりを生じている状況から、一九七〇年代以降には観光産業が沖縄経済の自立への道を開くほとんど唯一の可能性として位置付けられていったのである。

本書では、沖縄県内で観光の位置付けが、他の産業との関係や日本本土[4]およびアメリカとの関係、基地問題などを背景として各時代においてどのように語られ、変化してきたのかを検討していく。

二　「観光をめぐる言説」に映るポリティクス

戦後沖縄（思想）史研究と「観光」

戦後の沖縄は、日米関係の結節点として重要な役割を担ってきたことが沖縄戦後史を主題とする先行研究においてすでに指摘されている。そこに、日沖関係・米沖関係が複雑に絡みつつ沖縄の戦後はつくられてきた。こうした沖縄の戦後については、政治史や思想史、歴史社会学などさまざまな視点から論じられてきた[5]。

沖縄戦後史研究としては、新崎盛暉『沖縄現代史』が、米軍支配時代および沖縄返還以後の沖縄の歴史的歩みを通時的かつ具体的に整理している[6]。また、櫻澤誠は米軍統治期および本土復帰後の沖縄の動向を、政治・経済面を中心に整理している[7]。戦後沖縄思想史を扱う先行研究としては、小熊英二による研究があげられる[8]。小熊英二『〈日本人〉の境界――沖縄・アイヌ・台湾・朝鮮 植民地支配から復帰運動まで』では、沖縄の思想がいかなる社会背景のもとに生み出され、変容してきたのかが実証的に描き出される。福間良明による一連の研究では、沖縄学の系譜を整理し、そこで沖縄のアイデンティティがいかなるものとして思想的に論じられてきたかが明らかにされた[9]。こうした先行研究では沖縄のアイデンティティについて検討されつつも、そのなかで沖縄の観光については重視されてこなかった。

しかし、戦後の沖縄にとって、観光は極めて重要な役割を担うものであった。観光は、沖縄の政策・経済と密接に結びついているだけでなく、戦後の社会的・文化的変化をも反映している。観光現象は本土の欲望や沖縄へのまなざしが影響してつくられるものであると同時に、戦後沖縄のアイデンティティのひとつにもなっている。そのため、政治史としての沖縄戦後史だけでなく、文化史や社会史として検討するためにも観光に注目し、沖縄戦後史に観光現象を位置付ける必要があるといえる。

本書は、観光の視点から沖縄現代史をとらえなおそうとするものである。特に、戦後の沖縄社会において観光はどのように位置付けられてきたかを検討する。沖縄は観光産業をいかなるものとして位置付け、沖縄のどのような現実を観光によって変えていこうとしたのか。どのような観光のあり方を批判的にとらえたのか。それはなぜか。本書では、こうした問いをふまえて、娯楽や余暇、ポピュラー・カルチャーとしての側面が強い観光現象が戦後沖縄においていかなる意味を持ったのかを明らかにする。これにより政治的なものに限らない沖縄戦後史像を描き、戦後史研究に寄与する企図を持つものである。

イメージ研究・政策史研究との相違

沖縄観光イメージに焦点を当てた先行研究として、多田治、神田孝治による一連の研究があげられる。多田治による『沖縄イメージの誕生』をはじめとした研究では、「沖縄イメージ」の内容とその構築プロセスを、社会学およびカルチュラル・スタディーズの立場から体系的に論じられた。[10] さらに多田は、『沖縄イメージを旅する――柳田國男から移住ブームまで』において「沖縄イメージ」を創り出すとともに、そのイメージを広めることによって沖縄の現実そのものをつくり替えていくものとして、ポピュラーカルチャーを幅広く分析している。そのなかで、「海」「亜熱帯」「文化」の沖縄イメージは、一九七五年の海洋博を契機に広まり、定着したものだと指摘している。

神田孝治による一連の研究は、沖縄の観光や開発に関わる団体の資料を用いて、「海」「亜熱帯」「文化」といった沖縄イメージの変遷を戦前期から戦後に至るまで通時的に分析している。[11] 本土復帰以降の沖縄観光とそのイメージについては、海洋博との関わりについても考察しているが、神田は、「海」「亜熱帯」「文化」といった沖縄イメージは、戦前期からみられるものであり海洋博はそれを強化・拡散していくものであったに過ぎないと指摘している。神田の研究により、海洋博やその後の観光開発は、観光との関係性から注目を集めていたこれら既存の沖縄イメージを、より強化・流布する役割を果たしたものであったことが明らかにされた。

ただし、これらの先行研究では本土側からみた「沖縄イメージ」を重視していたため、沖縄の人々が抱く観光へのイメージについての実証的な検討はなされていない。この点に関して、本書では、沖縄の総合誌・論壇誌で観光がいかに語られたかを検討することで、沖縄社会のなかでの観光の位置付けを明らかにする。さらに、先行研究では沖縄の持つ「海」「亜熱帯」「文化」といったイメージの内実に焦点が当てられており、現在の沖縄イメージの一部をなす「アメリカンイメージ」については検討されてこなかった。それに関連して、沖縄観光イメージの形成の背景としての戦後日本社会とアメリカの関係性についても十分検討されてきたとはいえない。本研究では、沖縄観光イメージの一部として「アメリカンイメージ」についても分析の対象に加える。それにより、沖縄・本土・アメリカという三者関係でつくられてきた戦後沖縄観光をより立体的にとらえ直す。

さらに、沖縄イメージの先行研究では、沖縄における売春観光[12]や歓楽街観光といったセクシュアリティを消費するような観光のあり方についても重視されてこなかった。本書では、これについても沖縄とアメリカ、日本本土の関係性をとらえるうえで重要な軸として位置付け、各章で論じる。従来の沖縄イメージの研究では取りこぼされてきた「アメリカ」と「セクシュアリティ」を検討する点が本書の特色の一つであるといえる。先行研究で指摘されているような「海」「亜熱帯」「文化」を中心とする沖縄像や復帰後に確立したリゾートとしての沖縄像がある。しかし、そこには収まりきらないようなアメリカやセクシュアリティといった沖縄像も存在した。この点も沖縄の戦後を考えるうえで歴史の一断面として見過ごすべきではない。

沖縄観光政策史に関するまとまった研究としては、櫻澤誠による研究があげられる。櫻澤の著書『沖縄観光産業の近現代史』は、観光行政と観光業界との関係を重視し、沖縄観光の産業化の過程を戦前の状況から復帰後までを通史的に描いている[13]。沖縄の観光業がどのように産業として成立してきたのか、そこには戦前来からのどのような主体的取り組みがあったのかを検討する櫻澤の研究は、それまで本格的になされてこなかった沖縄観光行政を通史的に整理する作業を行った点で意義が大きい。櫻澤は、多田、神田による沖縄イメージの研究について「どちらも文字通りの「沖縄イメージ」論を検討したものであり、経済開発全体における観光業の位置づけや、沖縄観光の実態については、十分な検討を行なっているわけではない」と指摘している[14]。

櫻澤は、個別論文「一九六〇年代の沖縄観光について――観光行政の確立過程と観光開発構想の変容」でも、一九六〇年代における沖縄観光行政の確立過程と観光開発構想について検討している[15]。また、「一九七〇年代ににおける沖縄の観光政策について」の論考では、一九七〇年代における沖縄の観光政策について、「長期経済開発計画」から「沖縄県観光開発基本計画」に至る観光開発の変遷を、本土側の視点ではなく、沖縄側の視点で考察している。[16] 観光売買春についても、観光政策の視点から検討を加えている。そこでは、売買春問題に対する復帰前の沖縄側の対応は緩慢であり、観光売春についても本土側から問題視されていたことを明らかにしている。

本書の問題意識は、沖縄側の論理から観光を検討していくという点で櫻澤の研究と重なる。櫻澤が行政資料の分析を通して明らかにした観光政策の変容過程を参照しつつ、本書では、観光の「実態」というよりは、「観光をめぐる言説」を通して観光にいかなる可能性や問題が見出されていたのかを検討すべく、沖縄の総合雑誌や論壇誌における議論により重点を置く。これらの資料では、観光行政に関わる人々による議論だけでなく、沖縄に住む一般の高校生や地元で生業を営むさまざまな人々による観光への意見を確認することができる。観光地として整備されていく過程には、行政的な取り組みだけでなく、観光をめぐる苦渋や期待、目論見などそこに関わる人々の想いも存在した。沖縄の論壇上で示されたこうした人々の想いは、必ずしも政策的には成就しなかったが、のちに開花する源流が特定の時期に見出されていたことの歴史的意味は大きい。戦後沖縄論を考えるうえでは、そうした人々の想いを掬い上げ、検討に加えることも重要である。

「観光をめぐる言説」と戦跡

戦争社会学の研究領域で戦跡や観光を扱う研究や、観光地におけるメディアと戦争の影響について社会学的な検討を行った研究も、本書の問題意識と関わる重要な先行研究としてあげられる。戦跡を扱う戦争社会学的な研究の代表的なものとして戦跡を対象に、沖縄戦が記憶や空間に残した影響や本土と沖縄の軋轢について論じた北村毅や、福間良明による研究があげられる。北村毅『死者たちの戦後誌――沖縄戦跡をめぐる人びとの記憶』は文化人類学の手法を用いた考察を行い、戦跡という場における人々の営みのなかで、戦死者たちがどのように記憶されてきたかを検討している。[17] また、福間良明『「戦跡」の戦後史――せめぎあう遺構とモニュメント』では、本土―沖縄の複雑な戦後史のなかで摩文仁の丘など特定の戦跡が発見され、沖縄の戦跡が社会的につくられていったことが明らかにされた。[18] ただし、戦後沖縄を訪れたのは戦友会や遺族などの戦争体験者に限られていたわけではない。むしろ、多数の一般観光客が自発的に沖縄観光に参加してきたし、それによって沖縄の観光地が形づくられてきた面もあるため、一般の観光客たちが沖縄に何を求め、何をみようとしてきたのかを明らかにする必要がある。本書では先行研究を参考にしつつ、観光研究の視点から戦後沖縄史の多面性を描き出す作業を行う。

観光地におけるメディアと戦争の影響について検討した代表的な研究として、山口誠によるグアムを事例とした分析がある。山口誠『グアムと日本人――戦争を埋立てた楽園』は、グアムという日本人に人気のリゾート地がつくられた背景に、戦争の記憶が忘却されている状況があることをメディアとの関係をふまえつつ明らかにしている。[19] 本書では、先行研究において提示された戦争の記憶の忘却と観光地化という視点を参照しつつ、沖縄の米軍基地の状況や沖日米関係をふまえて沖縄の持つ特殊性を指摘する。沖縄という日本国内における象徴的な対象を扱うことによって、戦後日本における基地と観光の関係性を検討することが可能になる。基地の問題は戦争の延長線上で生じたものであるため、基地と観光の関係性を問おうとする本書は、戦争と観光をめぐる社会学的研究に連なるものであるといえる。ここには、横浜や佐世保など日本国内の「基地の街」と呼ばれた地域に対して沖縄の固有性を示すのと同時に、グアムやフィリピンなど日本国外における戦争の影響がつよい地域に対して、日本の状況の特徴を析出するという二つの側面がある。

「アメリカ」の存在

本書では、沖縄観光をめぐる言説の変化の背景にあるものとして日本とアメリカの関係をふまえて検討する。そのため、戦後日本社会におけるアメリカはいかなる存在であったかについて考察した先行研究も念頭に置く必要がある。吉見俊哉や難波功士は、占領地と「アメリカ」、戦後日本社会と「アメリカ」について考察を行った。吉見俊哉『親米と反米――戦後日本の政治的無意識』は、米軍基地が置かれた街で、「アメリカ」的なものが基地の外へと流れだし、街の文化やイメージを変化させた事例を考察している。[20] 難波功士編『米軍基地文化』は、「敗戦・占領・駐留」によって戦後社会がいかに規定されてきたかについて、その文化的側面を中心に種々の事例を用いて描き出している。[21] さらに、阿部潔『彷徨えるナショナリズム――オリエンタリズム／ジャパン／グローバリゼーション』により、戦後日本社会にとってアメリカという存在は他者でありながら同化すべき自己としての側面もあったことが指摘されている。[22]

上記の先行研究では、日本本土の状況に焦点が当てられていたため、沖縄は分析の中心に据えられてこなかった。しかし、沖縄は、戦後日米両国にとって、重要かつ特殊な立ち位置を求められてきた地域である。そのため、戦後の日米の関係性は、日本・アメリカ・沖縄の三者関係でとらえることでより立体的に描きうる。さらに、沖縄は米軍による占領が長期におよんだため、日本国内でも特にアメリカナイゼーションが色濃く映し出され、それが観光の対象にもなっている場所である。これは、大衆的なアメリカニズム消費の事例として位置付けることもできる。同時に、米軍基地の問題が現在も残されており、戦後日本にとってのアメリカという存在について考察するのに適している。

このように、本書は戦後日本社会における「アメリカ」という存在を検討するものであるともいえる。前述した日本における基地の影響について考えるうえでは、「アメリカ」の存在は極めて大きい。先述した吉見による研究において、戦後日本社会でアメリカという存在は、単なる「他者」ではなく、「同一化すべき自己」としての側面も持ち合わせてきたことが指摘されている。[23] そしてその同一化は、アメリカナイゼーションという形で、もはや日本からアメリカを切り離すことさえ困難なほど戦後日本社会に浸透している。では、そうした状況は、沖縄を通してみた場合どのように考察することができるだろうか。沖縄は歴史的にみて、戦後米軍統治を通して強制的にアメリカ化されたのち本土復帰という形で日本化された地域である。さらに、そうした強制的な他者化に対して沖縄は、時には抵抗したり、内面化したりしつつ、沖縄の固有性とは何かということを問い直してきた。沖縄という日本の周縁に位置付けられてきた地域をみることで、戦後日本とアメリカの関係を逆照射することが可能になると考える。

観光とセクシュアリティ

アメリカとの関係は、戦後沖縄のセクシュアリティをめぐる問題とも深く関わっていた。戦後沖縄と米軍基地の関係からみた沖縄のセクシュアリティをめぐる問題は、基地周辺に発達した米軍向けの売春・歓楽街と、米兵による性犯罪という二つの意味をふくむ。本書では、セクシュアリティの問題について観光との関連で通時的に検討する。これに関わる重要な先行研究としては、田中雅一「軍隊・性暴力・売春——復帰前後の沖縄を中心に」（田中雅一編『軍隊の文化人類学』）と、玉城福子『沖縄とセクシュアリティの社会学——ポストコロニアル・フェミニズムから問い直す沖縄戦・米軍基地・観光』があげられる[24]。

玉城福子による研究は、一九八〇年代以降に沖縄のフェミニストたちが問題提起してきたセクシュアリティをめぐる事象を、ポストコロニアル・フェミニズムという視点からとらえなおそうとするものである。玉城は、沖縄における性暴力と売買春をめぐる事象を取り上げ、「性差別主義」と「植民地主義」の両面から検討することで、ポストコロニアル研究とフェミニズム研究を架橋している。本書では、米沖のコロニアルな関係に注視しつつ、戦後の沖縄におけるセクシュアリティの問題は、沖縄の観光のあり方と結びついて発展・議論されてきた側面がつよいことから、特に観光とセクシュアリティをめぐる言説に着目する。

田中雅一は、復帰前の沖縄における米兵との売買春について、雑誌を中心とする本土メディアの報道を中心に分析している。それをふまえて、「在沖米軍基地と性暴力ならびに売買春との関係」を検討している。田中によれば、

「沖縄における性暴力は構造的暴力であり、その背後にあるのは、捨て石とされた沖縄での、非戦闘員を巻き込んだ地上戦の惨敗、その後の占領と基地建設による米兵の集中化と常駐化である」[25]。沖縄では、終戦とともにはじまった米軍統治と、米軍基地の存在により強制的に、こうした性暴力にさらされつづける構造ができあがった。これは、観光をめぐる変化とも無関係ではない。米兵がもたらした歓楽街は、本土男性による観光の対象にもなった。

また、沖縄観光をめぐる、女性イメージには、次の二種類があると田中は指摘する。まず、青い海・白い砂浜のイメージから連想される、こんがりと焼けた肌や大胆な水着姿に象徴される「自然と結びつく健康的な」本土観光客女性のイメージである。他方、ひめゆり学徒隊に象徴されるような平和と結びつく少女のイメージも存在する。田中によれば、復帰後のこうした観光をめぐる女性イメージの氾濫が、売春女性を過去のものとして否定していく面があった。本書では、観光とセクシュアリティをめぐる言説を通時的に分析することで、両者の関係をひもといていく。

観光言説と沖縄アイデンティティ

以上の先行研究が提示した論点と課題をふまえて、本書では、観光をめぐる議論がどのように変化してきたのかを読み解く作業を行い、観光を通していかなる沖縄像が描かれていたのかを明らかにする。観光は、他者からの視線を受けて成り立つものであるため、観光をめぐる言説の検討を通じて、沖縄のアイデンティティがどのようにつくられていったかをみることができる。時に沖縄は、本土やアメリカの求める沖縄像を内面化していく面があり、時には本土やアメリカに対する違和感が表れつつも、沖縄経済のためには本土からの観光客を呼び込む必要があった。そのため、沖縄のアイデンティティと沖縄がどう生き延びていくかの妥協点を見出していく点が観光をめぐる議論の特色であるといえる。

沖縄のアイデンティティをめぐる問題について先行研究をふまえて確認しておきたい。福間は「日琉同祖論」および沖縄学の変容について検証し、沖縄の側が「日本人」としてのアイデンティティを選び取ることが持つ意図と、本土側のナショナリズムとの距離感について考察している。[26] 福間によれば、「日琉同祖論」という沖縄と日本を同一視し、一見沖縄が日本に包摂されることを正当化するような論理は、戦前期のみならず、沖縄戦をかいくぐった戦後、さらには本土復帰へ至るまで沖縄学のなかで強く支持されてきた。しかし、それは「帝国」を支える論理として意図されていたわけではなかった。むしろ、「「日琉同祖論」というある種「本土」のナショナリズムとも接合するかのような論理は、単に日本への従属・同化を志向するものではなく、逆に、その時々の困難な社会状況・政治状況に抗うべく構想された「沖縄」の自己像を映すものであった」[27] ことが指摘されている。

従来の沖縄アイデンティティに関する研究は、沖縄学を含む近現代沖縄思想史を中心になされてきた。では、沖縄学において描かれてきた沖縄像は、観光言説が示す沖縄像といかなる布置関係にあったのだろうか。一九七〇年頃から「日琉同祖」あるいは「統合」という沖縄学が一貫して示してきたパラダイムを根本的に否定する議論が登場した。その代表的な論客は新川明である。それまでの沖縄学は、日本と沖縄の共通性や接点に重きを置くものであり、「同祖論」は議論の前提に近かった。それに対し新川は、伊波普猷以降の沖縄学の存立基盤ともいえる認識枠組みを批判的に論じた。その背景にあったのは、一九七〇代前後の本土復帰の問題であった。[28]

本土復帰が現実味を帯びるなかで、「本土並み」に基地を沖縄に残し、核兵器持ち込みについてもあいまいなまにするような復帰のあり方が本土から示されていく。こうした状況で新川による「同祖」や「復帰」に対する否認が生み出されていった。

一方で、観光言説をみてみると、先述したように一九七〇年代前後の時期に、沖縄において観光は沖縄経済の主軸路線として意識されるようになっていった。それは、本土復帰による本土客の獲得の見込みや基地経済からの脱却が意識されていたためであった。しかし、沖縄経済の主軸を観光産業にすることは、いわば本土客をあてにした経済振興ともいえる。沖縄学において否認された「本土化」が、この時期の観光言説においてはメリットとしてとらえられていたのである。

これをふまえて、本研究では、「戦後日米関係に翻弄され、それに対する憤りが垣間見えながらも、沖縄がそれにどう抵抗したり逆手に取ったり、換骨奪胎したり、あるいは迎合したりしたのか」「日米沖の間にさまざまな社会問題・政治問題が引き起こされるなか、日本やアメリカは沖縄観光を通して沖縄に何を求めたのか」を検討し、そこから沖縄の受難と抵抗に重きを置く戦後沖縄思想史研究や沖縄アイデンティティに関する研究ではみえなかった沖縄像を描く。このように、戦後政治・社会背景と沖縄観光がどのように関係しながら変化したのかを追うことで、沖縄の戦後史の多面性を描き出すことが可能になると考える。本土とアメリカという二つの重要な他者と折り合いをつけながら、沖縄のアイデンティティを構築していく戦後沖縄観光のあり方は、妥協とせめぎ合いと交渉の過程であるといえる。

三 「観光をめぐる言説」を読み解く視座

本土・アメリカ・セクシュアリティ

以上で示した問題意識を念頭に置き、本書では次の三点に注目して観光言説を読み解いていく。

一つ目は、基地やアメリカが観光言説でどのように意識されていたかという点である。先述したように、基地の存在はあらゆる面で戦後沖縄のあり方を規定してきたが、観光も例外ではなかった。米軍統治下の沖縄においては、土地の問題、渡航制度、ドル割り当てなど沖縄観光のあり方を規定するさまざまな制約が存在した。そもそも、沖縄が観光業に唯一の活路を見出していくこととなった背景には、米軍統治の問題が大きい。米軍統治下において極端な輸入依存型の経済となったことで製造業が競争力を失い、さらに、もともと広大な土地があるわけではない沖縄で、軍用地の接収は作地面積をますます限られたものにした。沖縄返還前の時期には基地依存経済のあやうさが意識され、観光産業をめぐる議論が活発化する。その後も基地の存在は沖縄観光に影響をおよぼし続けた。こうした点をふまえ、各時期における観光をめぐる状況の背景には、基地やアメリカとのどのような関係性の変化があり、観光について語られる際どういった面が特に意識されていたのかを検討する。

二つ目は、日本本土との関係がいかに反映されていたかという点である。アメリカとの関係が沖縄観光を強く規定してきたのと同時に、日本本土との関係も無視できないものであった。戦後沖縄が米軍統治下に置かれたことで、沖縄は日本から物理的にも政治的にも切り離された。さらに、先の節で述べたように、沖縄の本土に対する意識は、戦前期から戦後においても複雑なものであり続け、思想的な問題としてさまざまな議論がなされてきた。本土と沖縄の関係性において最大の転換期の一つは本土復帰前後の時期であるが、戦後を通して沖縄と本土との関係および沖縄の本土に対する心情は揺れていた。沖縄は観光を通じて、いかに本土の期待を内面化し、時に抵抗し、あるいは換骨奪胎してきたのか。そこにはどのような思惑があったのか。こうした点を意識しつつ、各章で観光言説を読み解いていく。

三つ目に、沖縄観光とセクシュアリティ[29]に関わる問題がいかに語られたかという点も注視する。戦後初期の沖縄では、米兵向けの歓楽街が形成され、キャバレーやバー、クラブが立ち並ぶようになった。こうした歓楽街は本土復帰後、日本人男性観光客による観光買春の舞台となっていく。セクシュアリティを消費する観光の形態には、キャバレーやスナックなどで女性が会話を中心とした接客をする飲み屋と、性的サービスを提供することを目的としたいわゆる売春宿が存在する。しかし、表向きには飲み屋であってもスタッフと客との間の売買春が常態化している状況や、飲み屋と隣接する売春宿の建物が隠し通路によってつながっている場合もあった。さらに、店では売春をしていない場合でも、Aサインバーなどで働くホステスのほとんどは、店で客をみつけてホテルや近くに借りている自分の部屋で売春を行っていた[30]。そのため、本書では業務形態によって売春か否かをはっきりと切り分けることはせず、女性の性を消費する行為を総称して「セクシュアリティ消費」とよぶ。そのなかで歓楽街観光や売買春観光など、特に観光と関わって行われるものを総称して「セクシュアリティ消費観光」あるいは「セクシュアリティ観光」と呼び、観光言説をみていくうえで重要な論点の一つとして位置付ける。

沖縄観光におけるセクシュアリティや性の問題の位置付けは、その時々のアメリカおよび日本との関係性を色濃く映し出しており、そうした問題をめぐる状況や観光言説での位置付けも変化していた。時には、辻などかつての歓楽街が観光資源として積極的に語られたり、あるいは、米軍人から沖縄女性を「守る」ために一定の売春が肯定されたり、本土への反感をもとに、本土観光者から「金を巻き上げる」ことが叫ばれるなど、沖縄観光言説では、アメリカ・本土・沖縄間の「性」をめぐる闘争、三者が複雑に絡んだせめぎ合いがみられた。各時期において、メディア言説上で、沖縄におけるセクシュアリティ消費のあり方をめぐって、アメリカおよび本土との関係がどのように意識されていたかを検討していく。

本土や米軍人の歓心を買わなければならない観光をめぐる言説において、本土や基地への違和や共感がどう込められていたのか。裏を返せば、本土や基地のしがらみから抜け出せない状況のなかで、観光にいかなる期待や幻滅が見出されていたのか。本書は、観光政策史や観光における沖縄像の表象というよりも、観光をめぐる言説そのものの変容プロセスを跡付けることで、「戦後沖縄は、本土・米軍基地をめぐるしがらみの現実のなかで、いかに生きぬき、抗い、あるいは妥協することを構想してきたのか」を明らかにしていきたい。

分析資料と本書の構成

「観光をめぐる言説」を分析するうえで、ジョン・アーリが示す「観光のまなざし」[31]は欠かすことのできない視点だ。アーリによれば、観光とは、日常から離れた景色に対してまなざし（社会的に組織化・構造化された視線）を投げかけることである。本書では、本土とアメリカという戦後沖縄にとって重要な「他者」から、観光をめぐる言説をとおしてどのような「まなざし」が向けられたのかを検討する。ただし、「観光のまなざし」は、観光する側だけのものではない。沖縄の側が、「他者」から向けられる「まなざし」をいかに内面化し、ローカル・アイデンティティに反映してきたのか、あるいはしなかったのかについても沖縄観光をめぐる言説から読み解く。

このように、「観光のまなざし」が決して一方通行なものではなく、まなざす側とまなざされる側の相互作用により成り立つものであると考えるならば、観光社会学の研究領域において提示されている観光をローカル／ナショナル、ホスト（地域住民や地元の事業者）／ゲスト（観光客や外部の事業者）の社会的相互作用としてとらえるという視点は有用であるといえる。[32] 本書はこの分析視角を参考にするが、沖縄の場合、戦後沖縄と本土の特殊な関係性が前提にあるため、ローカルとしての沖縄とナショナルとしての本土が持つ認識のずれは、特に重要な論点であるといえる。

また、本書の主とする分析方法は、歴史社会学の視点に立ったメディア分析・言説分析である。観光は、社会的エリートにより一方的に形成されるものではなく、多くの市民による能動的な参加がなければ成り立たない。観光イメージや観光の空間は、観光客・地域住民・メディア・行政・観光事業者といったさまざまなアクターが相互に関わり合うなかで形成され、観光のまなざしが「組織化・構造化」されるとき、メディアが極めて重要な役割を果たしている。[33] そのため、本研究では、メディア言説やメディアイベントに注目し分析を進める。また、メディア言説のなかでも特に、沖縄の総合雑誌や論壇誌に重点を置くことで、観光行政に関わる人だけでなく、沖縄に住む一般の人々が、観光に対してどのような期待や反感を抱いていたかを明らかにする。

上記の分析視角をふまえて本書では、沖縄戦後史を行政資料や二次資料を用いて整理したうえで、戦後沖縄における観光をめぐるメディア言説に着目して分析を進める。まず、戦後沖縄の空間編成に関する史実および沖縄観光史については、『沖縄県史』、『那覇市史』、『浦添市史』、『コザ市史』、沖縄観光協会の機関誌『観光沖縄』、沖縄タイムス社編『沖縄年鑑』、琉球列島米国高等弁務官府『守礼の光』、琉球列島米国民政府広報局出版部『今日の琉球』などの資料を用いて整理する。

メディア言説分析としては、沖縄において観光がどのように位置付けられていたかを明らかにする目的から、沖縄県内で発刊された論壇誌や総合雑誌における議論を扱う。具体的には、沖縄ローカル紙『琉球新報』『沖縄タイムス』、雑誌『月刊沖縄』『沖縄思潮』『新沖縄文学』[34]『青い海』『沖縄公論』『沖縄経験』などを分析対象とする。その他全国紙および本土の総合雑誌、旅行雑誌の沖縄特集号、観光ガイドブックなども補助的に用いる。

本書では、終戦後から二〇一〇年代までの時期を対象に、一章から四章までおおむね時系列に沿って分析していく。ただし、各時期で扱う状況および言説の変化はゆるやかに進んでいくものであり、年代ごとに明確に分断することはできない。そのため、各章で扱う時期は目安として設定したものであり、各章のテーマに関連する背景や言説については時代を前後して扱う場合もある。構成は次のとおりである。一章「戦後の混乱と観光言説の出発――終戦～一九五〇年代におけるアメリカの豊かさ」では、終戦から一九五〇年代までの時期を扱う。沖縄現代史、沖縄観光イメージに関する先行研究を参考に、沖縄の戦後復興のあり方を整理したうえで、娯楽施設や歓楽街など沖縄の余暇や観光の素地が形成される過程において米軍の影響はいかなるものであったかを検討する。二章「復帰をめぐる議論と観光言説の関係性――一九六〇年代～本土復帰前後における「平和産業」への意識」では、一九六〇年代から一九七二年の沖縄返還前後までを扱う。一九六〇年代初頭には、復帰運動と本土による沖縄観光が盛り上がりをみせた。その後一九六〇年代後半に入り沖縄返還への動きが本格化し、反復帰論が高揚する。この時期の観光開発の方向性に関する議論には、一九六〇年代における米軍基地との関係および本土復帰への期待と反感がどのように関わっていたのかを考察する。三章「海洋博批判とセクシュアリティ観光の接合――一九七〇年代における本土―沖縄のヒエラルヒーの再生産」では、一九七五年の海洋博開催前後を中心に一九七〇年代の状況をみていく。復帰後の沖縄におけるセクシュアリティ観光をめぐる言説を取り上げながら、そこに映し出される本土と沖縄、そしてアメリカの関係はいかなるものだったか、ジェンダー／セクシュアリティの問題がいかに焦点化され、観光をめぐる議論に影響をおよぼしたのかを検討する。そのうえで、海洋博を契機として観光開発をめぐって沖縄と本土の齟齬が生じていた状況を明らかにする。四章「「基地」の観光地化と「レトロアメリカン・イメージ」の発見——バブル期以降の転換」では、日本のバブル期にあたる一九八〇年代以降の転換について検討する。一九八〇年代、一九九〇年代の状況を整理したうえで、二〇〇〇年代から二〇一〇年代にみられた変化として、「基地」の観光地化と「アメリカ」イメージを消費する観光の表出について考察する。特に、港川外人住宅において「レトロアメリカン」イメージが発見されていくプロセスをその象徴的事例として位置付ける。これをふまえて、終章「「沖縄観光」言説からみる戦後——日本・アメリカ・沖縄はいかなる関係を切り結んできたか」では、沖縄観光言説の変化を再整理したうえで、沖縄観光言説の変容プロセスから浮かびあがる、戦後沖縄と本土およびアメリカの不均衡な関係性とひずみについて論じたい。

一章　戦後の混乱と観光言説の出発
——終戦～一九五〇年代におけるアメリカの豊かさ

終戦後の沖縄は、日本本土と切り離された形で米軍統治下におかれた。戦後の沖縄の政治体制としては、自治組織として琉球政府がおかれたが、意思決定の最上位には琉球列島米国民政府があり、実質的には軍政がしかれていたといえる。一九五二年四月二八日にＧＨＱによる本土占領が終結したのちも、約二〇年にわたって米軍による沖縄統治は継続された。沖縄戦により多くの人命や建物、農地などが失われたことに加え、米軍基地建設のため土地が強制的に接収されるなど終戦後初期の沖縄は極めて混乱した状況にあった。特に、土地の接収は住民の生活基盤が失われることを意味したため、最大の焦点となっていた。こうした状況であったため、戦後の沖縄で観光開発に関する議論が本格的に進められるには、一九五〇年代後半まで時間を要した。

うるま新報
自給食糧對策で
更に軍政府から指示
島内生産物の値上げも承認
マ元帥重大聲明
米國の沖縄占領に
日本は反對せず
"琉球人は日本人には非ず"
ソ連に傾く
女運轉手

図1-1：「米国の沖縄占領に日本は反対せず——“琉球人は日本人には非ず”」『うるま新報』1947年7月4日（『激動の沖縄百年——新聞・雑誌・教科書復刻版』月刊沖縄社、1981年、102頁）

一九五〇年代に入ると、基地建設とともに

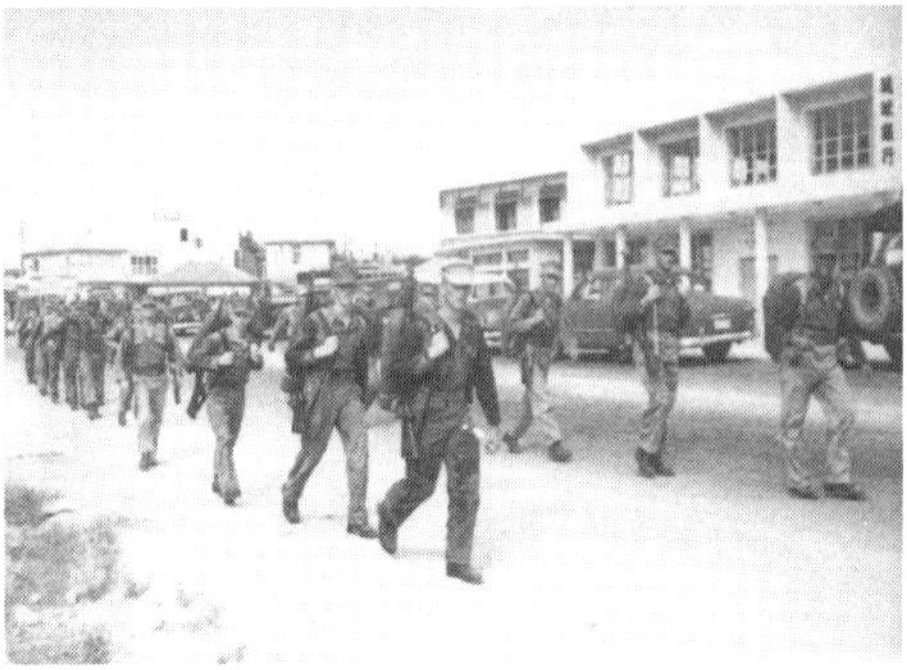

図1-2：「市街地を行軍する米兵」（『沖縄　戦後50年の歩み——激動の写真記録』沖縄県、1975年）

図1-3：嘉手納航空基地に降り立つマッカーサー陸軍元帥（『沖縄　戦後50年の歩み——激動の写真記録』沖縄県、1975年、90頁）

ビーチや歓楽街をはじめとする米軍向け娯楽保養施設の整備が始まり、米軍の「暴力的な豊かさ」が沖縄の人々の目の前につきつけられることとなる。一方で、米軍関連の娯楽施設の存在は、沖縄の人々のための娯楽保養施設が必要だという意見に結びつく面もあり、さらには一九六〇年代以降の沖縄観光開発の土台を用意する面もあった。

以上を念頭に、戦後の沖縄観光の黎明期にあたる終戦後から一九五〇年代の状況について検討していく。

一　戦後復興と娯楽施設の整備

米軍統治と島ぐるみ闘争

戦後初期の観光のあり方をみていく前に、まずは当時の沖縄の社会状況を説明しておきたい。終戦後、米軍の統治下におかれた沖縄では、「戦後民主主義」のあり方も日本本土と質的に異なるものであった。例えば、「司法機関としては、上訴裁判所、巡回裁判所、治安裁判所等の民裁判所が置かれたが、取り扱うのは琉球住民同士の事件に限られていた」[1]。外国人に関連した事件は米民政府裁判所が取り扱うことになっており、「米兵犯罪などは軍法会議で扱われた。また、外国人の犯罪に関して琉球警察は、現行犯逮捕の権限は認められていたものの、逮捕した容疑者は、ただちに米軍側に引き渡さなければならなかった」[2]。こうした状況下で、米兵の凶悪犯罪は頻発する。なかでも一九五五年九月に発生した六歳の幼児に対する暴行惨殺事件は、「由美子ちゃん事件」と呼ばれ、沖縄中に衝撃を与えた[3]。

図1-4：米民政府発行のパスポート（『沖縄　戦後50年の歩み――激動の写真記録』沖縄県、1975年、86頁）

「琉球住民」の法的地位について、新崎盛暉『沖縄現代史』は次のように整理している。「対日平和条約第三条は、琉球諸島が日本の領土であり、琉球住民の国籍が日本にあることは否定していなかったが、住民は米軍の厳密な管理の下に置かれているとした。琉球諸島の出入域に関しては、米民政府が発行する渡航証明書（パスポート）の給付を受けなければならなかった。米民政府はしばしば理由を明らかにしないで、パスポートの発給を停止した」。新崎によれば、「パスポートの発給停止は、米民政府によるもっとも効果的な政治活動・言論活動規制の手段であった」[4]。こうした状況について、新崎は「琉球住民は、生まれ育った島に住む限り日本国民としての権利は否定されていた。しかし、日本に行きさえすれば、日本国民としてのすべての権利が回復し、選挙権も与えられる。その限りにおいて「琉球住民」は、「日本国民」であった[5]」と述べている。

以上のように、沖縄は日本本土と全く異なる状況下で戦後の歩みを始めなければならなかった。上記でみたようなさまざまな問題が生じるなかで特に、米軍基地建設にともなう土地接収および軍用地問題は、県民生活の根幹に関わる極めて重大な問題であった。新崎は、戦後の沖縄は「軍用地ありき」であったことを指摘している。「銃剣とブルドーザー」による米軍用地の強制接収も行われ、恒久的な軍事基地の建設が始まった。米軍は、ハーグ陸戦法規に基づき、日本の独立までは戦争状態が継続していると主張して土地の使用料も支払わなかった。米軍が武装兵を出動させ、暴力的な土地取り上げを行っていくなかで、各地の農民は捨て身の抵抗をすることもあった。

こうしたなか米民政府は、一九五四年三月に、軍用地料の一括払いという米陸軍省の方針を発表した。これは、米軍が定めた借地料（地価の六％）の一六・六ヵ年分、つまり地価相当額を一度に払うことによる、実質的には土地買い上げといえる政策であった。これに対して、琉球立法院は、全会一致で「軍用地処理に関する請願」を可決し、一括払い反対、適正補償、損害賠償、新規接収反対の四つの要求を掲げた。「これが後に、「土地を守る四原則」とよばれる沖縄側の統一要求になった。[6]同時に、行政府、立法院、市町村長会と軍用地主の団体である土地連（市町村運用土地委員会連合会、現在の名称は沖縄県運用地等地主連合会）、四者協議会（四者協）を結成して対米交渉を行うことになった。五五年六月の四者協渡米代表団の要請に基づいて、同年一〇月に、米下院軍事委員会は、M・プライスを委員長とする特別分科委員会を沖縄に派遣した。調査団が議会に提出した報告書（米下院軍事委特別分科委報告書）が、いわゆるプライス勧告である[7]」。

「プライス勧告は、沖縄基地が、一、制約なき核基地として、二、アジア各地の地域的紛争に対処する米戦略の拠点として、三、日本やフィリピンの新米政権が倒れた場合のよりどころとしてきわめて重要であることを強調し、軍用地施策を含むそれまでの米軍支配のあり方を、基本的には正しいと[8]」する内容であった。一九五六年六月にプライス勧告の骨子が明らかになると、沖縄では新しい民衆運動が展開されるようになる。「プライス勧告の全文が沖縄に届いた六月二〇日、全沖縄六四市町村のうち五六市町村でいっせいに市町村住民大会が開かれ、一六万か

▲図1-5：米軍による土地の接収(『沖縄　戦後50年の歩み――激動の写真記録』沖縄県、1975年)
▶図1-6：米軍用地の看板(『沖縄　戦後50年の歩み――激動の写真記録』沖縄県、1975年)

図1-8：土地闘争に参加する琉大学生会　1955年5月(『沖縄　戦後50年の歩み――激動の写真記録』沖縄県、1975年、151頁)

図1-7：「プライス勧告」に対する反対運動　1956年7月28日(『沖縄　戦後50年の歩み――激動の写真記録』沖縄県、1975年、151頁)

図1-9：「沖縄の即時復帰の嘆願書と署名簿を講和会議参加国に送付する日本復帰促進期成会」（『沖縄　戦後50年の歩み――激動の写真記録』沖縄県、1975年、90頁）

ら四〇万人の民衆（全人口の二〇から五〇％）が参加したと報じられた。続いて六月二五日には第二回住民大会が那覇とコザ（現沖縄市）で開かれ、それぞれ約一〇万と約五万の民衆が参加した」(9)。こうした沖縄民衆の決起は島ぐるみ闘争と呼ばれ、日米両政府にとどまらず全世界に注視されるほど爆発的な盛り上がりをみせた。

以上のように、終戦直後から一九五〇年代前半までの沖縄は、沖縄戦による壊滅的破壊と米軍統治下に置かれたことで極めて混沌とした状況にあった。特に、米軍による土地接収は住民の生活に直結する死活問題であった。そのようななかで、「本土並み」を目指す復帰運動や島ぐるみ闘争といった民衆の運動が現れていった。

このように、終戦後すぐの沖縄は、沖縄戦による広大な被災地の復興や米軍基地建設などにせまられ、場合によっては生活を維持することさえままならない状況であった。そのため、娯楽や余暇の性質の強い観光開発の議論は、積極的になされなかった。沖縄の観光事業についての議論は、一九五〇年代後半以降になってようやく展開されていく。

観光事業が無形基礎産業として漸く世論化されて来ているが観光とはどういうことか、産業としてどの様な効用があるのか、未だ解らない人々が多い。これは沖縄においては終戦後に始めて観光事業が一部に採り上げられた関係から、観光観念が不徹底というより無関心だったからであり馴染めないことに起因すると思う。観光事業は複合産業といわれている如く、その関係する分野が多く、道路、施設、文化財（有形、無形）風俗習慣、文化等、多岐に亘った事象が関係しているので行政事務上の機構も実際事業面の組織も一定していない関係もある。[10]

『観光沖縄』一九五八年三月号で、陸運課観光係職員の新里次男は上記のように語っている。沖縄の観光事業は一九五〇年代後半になって「ようやく世論化されて」いった。しかし、議論がでてきた当初は、観光という産業がどのようなものなのかも広く理解されていたわけではなかった。沖縄の観光自体は戦前からなかったわけではないが、「沖縄においては終戦後に始めて観光事業が一部に採り上げられた」とあるように、産業としての観光への着目は戦後に発展したものであるといえよう。観光について組織的に議論され、政策に取り入れられたのは一九五〇年代中頃以降のことだった。ただし、それ以前にものちの沖縄観光のあり方に影響を与える動きがあった。米軍関係者向け娯楽施設の整備である。

米軍向け娯楽施設の整備と「豊かさ」へのあこがれ——ビーチ・歓楽街

米軍は一九五〇年から五ヵ年計画で膨大な基地建設を開始し、それと同時並行で米軍関係者専用のビーチをはじめとする娯楽・保養施設の開発をすすめた。一九五五年の段階で、石川ビーチ、屋嘉ビーチ、奥間ビーチの三ヵ所が、米軍専用ビーチとして整備されていた。神田孝治の研究により、基地の存在にともなうアメリカ人のレジャー活動が、沖縄における海水浴場や海浜リゾートの萌芽となっていたことが指摘されている。[11]沖縄のビーチは戦後沖縄の主要な観光資源の一つとなっているが、沖縄の米軍統治の影響を強く受けたものであった。このように、沖縄の戦後復興は、米軍向け娯楽施設整備と連動していたことが先行研究により明らかになっている。

神田の論考によれば、こうした米軍向けビーチは、軍専用で日本人が利用することは許されていなかったが、当時の本土からの観光客向けの観光ルートに組み込まれていたことから、外部から見ることはできたものと考えられる。アメリカ人のレジャー活動を目の当たりにすることは、当時の沖縄住民の暮らしとアメリカ人の暮らしの差異、アメリカの豊さを意識させるものであったといえよう。このように、戦後沖縄における最初期のレジャー活動は、米軍関係者によるものであった。

また、ビーチ以外にも、米軍人向けの娯楽の一部として、基地周辺には米軍人向けバーやキャバレーなどが立ち並ぶようになり、歓楽街を形成していった。コザ、那覇市の辻、国際通り周辺の歓楽街も、当初米軍人向けに形成されていったものである。牧港補給地区（キャンプ・キンザー）が置かれた浦添市でも、Aサインバー（認可の英語であるアプルーブAPPROVEの頭文字Aを取って、そのサインとしたもの）と呼ばれる米軍が米軍人・

図1-10：コザ市における米兵の行進　1960年ごろ（『沖縄　戦後50年の歩み――激動の写真記録』沖縄県、1975年、180頁）

図1-11：コザ市のAサインバー（『沖縄　戦後50年の歩み――激動の写真記録』沖縄県、1975年、180頁）

軍属に対して出入りしてもよいという「認可」されたバーやキャバレー、クラブなどが立ち並び、「基地の街」が形成されていった[12]。

加藤政洋は、米軍基地周辺の歓楽街の形成について、次のように述べる。「広大な土地を排他的に占有して建設された軍事基地は、従前の土地利用を不可能にすると同時に、周辺部におけるなかば不可抗力的な都市化を引き起こす。しかも、その都市化は「酒と女」に示されるごとく、主として米兵向けのサーヴィス業に特化した業態の集積を生み出し、消費都市とも歓楽都市とも称されるような、空間と景観を生産する[13]」。沖縄の歓楽街形成についても、こうした米軍統治の影響が極めてつよい性質のものであったことが、先行研究において明らかにされている。沖縄の歓楽街は、当初米軍向けに形成されていったが、復帰後には本土観光客向けの観光資源へと転換していくため、沖縄の歓楽街の位置付けとその変化についても戦後沖縄観光を考えるうえで見過ごすことができない点である。

二 『観光沖縄』の議論

一九五〇年代後半に入ると、一九五六年に出された沖縄経済振興第一次五ヵ年計画や一九五七年制定の琉球政府立公園法などと連動して、観光事業育成法、観光ホテル整備法などの法案が通過して公布され、沖縄における観光事業をめぐる議論が活発化してくる。ただし、議論の活発化に比して、実際の事業体制が大方整うまでには時間を要した。『観光沖縄』一九五七年一二月号で、陸運課観光係の新里は、「観光事業が重要な無形基礎産業として、経済振興五ケ年計画に採り上げられて以来政府は鋭意その振興策の具現化を図つて来たのであるが、観光事業は複合産業といわれているとおり、その関係するところが多くて一朝一夕になし得ない憾みがあつた[14]」と振り返っている。この時期、観光事業の中心的な役割を担っていたのが、沖縄観光協会（一九五四年一月設立、一九五六年一〇月社団法人へ改組）である。これは、琉球政府の補助機関として補助金を受ける形で運営されていた。その後、「一九六〇年一月、琉球政府工務交通局陸運課に観光係（係長以下四名）が新設され、さらに、「一九六一年八月には行政府機構改革に伴い、陸運課観光係は廃止となり、新たに経済局に観光課（課長以下七名）が設置される[15]」ことになる。このように、観光を推進する組織が少しずつ用意されていくなかで、戦後沖縄観光はどのように議論されたのだろうか。沖縄観光協会の機関誌『観光沖縄』（一九五七～一九七二）を中心にみていきたい。

事業体制の問題

一九五〇年代後半には、琉球政府でも観光に関する法案が複数公布されるなど、沖縄の観光に対する意識は着実に高まってきていた。にもかかわらず、機構の体制は依然として不十分なままであった。『観光沖縄』一九五八年一月号で、観光協会事務局長の与那国善三は、「観光事業も琉球政府の振興計画にとりあげられて、早や三年目を迎えました。其間当協会は任意団体から社団法人に組織替えを致して強化し事業に専念しています。政府でも去年は観光事業育成法、観光ホテル整備法、公園法が立法院を通過して公布された事は、政府立法院、住民が此事業に歓心を寄せられた結果だと喜びに堪えません[16]」と、沖縄の観光事業への意識の高まりを評価している。しかし、続けて、「こんなに観光に対する法規は制定されても法を味《ママ》く運用する機構と人とが揃はねばなりません、目下政府では観光に関する職員がたつた二名で、機構も陸運課に係がある程度」であると、運営体制の脆弱さを指摘している。そのため、「本年度には是非政府機構内に観光課を設置してほしいと要請して[17]」いると述べる。陸運課観光係の職員新里も、これに関して次のように述べている。

> 都市のうちにも観光都市がある。道路にも観光道路があり、文化財も観光対象となる。こうした事業であるから観光客を運んだり、宿泊させたり、あるいは内外に観光地を宣伝したりすることだけ《ママ》が観光事業ではない。凡そ観光事業は頗る広汎な行政事務に関連するので、これを現在のように僅か二名の職員でこれが行政事務

をすること自体が無理であり、制度の中心となる機構の確立こそ一切のものに優先して決断すべきである。[18]
観光という「広汎な行政事務に関連する」事業を、わずか二名の職員で遂行することは無理であるため、何よりもまず「制度の中心となる機構の確立」をすべきだと主張している。『観光沖縄』一九五八年三月号にも、一九五八年三月一〇日に琉球政府に対して「観光課設置の陳情」を出したとの記述がある。[19] 櫻澤誠「一九六〇年代の沖縄観光について：観光行政の確立過程と観光開発構想の変容」によれば、「琉球政府への観光課設置は、沖縄観光協会などによって再三要請されてきたが、長年実現してこなかった[20]」。こうした状況が変化するのは、日本本土からの渡航条件が緩和されていく一九五九年六月以降のことであり、当初は人材も機構も不十分な状況で戦後沖縄観光のあり方を模索していくしかなかった。

観光事業をめぐる議論

一九五〇年代後半から一九六〇年代前半の『観光沖縄』では、観光の重要性について大きく分けて二つの視点から説明されていた。一つは経済的な視点であり、もう一つは県民の保養という視点である。商工会議所事務局長の松川久仁男は、『観光沖縄』一九五八年六月号で「観光事業の発展こそ沖縄経済安定の鍵だ[21]」と語る。また、『観光沖縄』一九五七年一二月号で、陸運課観光係の新里は、「政府立公園を通じわが沖縄の独特な文化、風景を広く外国人に享用せしめることは、沖縄の国情を海外に紹介し、観光事業によつて国際親善に寄与することはもとより外貨獲得にも至大な貢献をなす事は多言を要しない[22]」と述べる。観光による外貨獲得は、沖縄の経済振興計画を進めるうえで最重要事項ともいえるものだった。新里は同論考で、次のようにも語っている。

沖縄は狭い上に、更に軍用地の問題がありそのため益々人口稠密となり、土地改良法を始めとする産業開発法規の立法となり開拓により景勝地を犯すことも考へられる。又更には水源地、灌漑用又は発電用ダムの築造による自然景観の変化も考へられるがこの場合にも政府立公園の精神が踏みにじられてしまう場合が少なくない。

風景保護による住民の利益は、金戔に見積られないが産業による生産は金戔上の数字で説明されるので、不利な解決が下される場合が充分予想される。[23]

観光は、外貨獲得に貢献しうるものだが、一方で、産業開発と観光との協調がむずかしいものであるという意識も存在していたことがわかる。「風景保護による住民の利益は、金戔に見積られないが産業による生産は金戔上の数字で説明される」ため、産業が優先され、結果として景観が破壊されてしまうことを危惧している。

背景には、観光を経済的な視点からみた場合、琉球政府や行政としては外貨獲得という明確なメリットがある一方で、住民の視点からみれば、いまだ展望がはっきりとせず住民生活にどれほど恩恵をもたらすかもわからないものであったということがあげられる。そのため、観光事業の活性化を目指して景観保護を進めるよりも、目先の金銭的メリットが明確でわかりやすい「水源地、灌漑用又は発電用ダムの築造」など、産業開発のほうが重視されやすい状況があったと予想できる。

こうした状況について新里は、「これは従来の世界各国の例からしても、文化と生活水準の低い国ではいつでもそうである[24]」と述べている。生活が安定しなければ、長いスパンでみた構想よりも、目先の金銭的利益がより大きく確実な産業に意識が向くというのは、沖縄に限ったことではない。裏を返せば、この時期の沖縄は観光事業開発の議論が活発化しつつも、実際の住民生活は、多くの住民が観光や景観保護に高い意識を持ちうるほど生活水準が高まっていたわけではなかったといえよう。このように、新里は産業開発と観光は相容れない面があるということを意識していた。[25]結局、「狭い上に、更に軍用地の問題があり」、ただでさえ土地が不足している沖縄において、すぐに金にならないような景観地保護を進めることとその重要性を住民に理解してもらうことの困難に直面するのである。

このように経済的メリットのみでは観光事業の重要性の理解を促すことはむずかしい。そのため、もう一つの意義である住民の保養についてもたびたび強調されていた。新里は、「現在、近代の健全なリクリエーツ《ママ》ヨン向きの施設はなく、博物や自然現象の観察をたすける博物館もない。そのくせ飲食店や売店は軒を並べて甚だしく景観を害している。要は住民の生活水準が向上して、住民が政府立公園の厚生文化的意義を本当に認識するようにならなければ政府立公園の保護と利用施設の整備は困難である[26]」と述べる。新里は、文化的施設の意義が住民に認識されるためには、まずは住民の生活水準が向上することが必要であると考えていた。

沖縄観光協会会長の大田政作も、「観光ということは先づ住民に厚生施設を興《ママ》え、健全な娯楽を通じて、保健、教化に大きな影響をもたらし、且つ《ママ》、経済的繁栄をもたらす事業で[27]」あると述べている。さらに、「最近政府、住民に真剣に討議されている完全雇傭という失業対策としての事業内容をもっているので政府の政策としても沖縄の再建復興の恒久策として最も重要なものの一つの課題として、とり上げられることは間違いないものと思われます[28]」というように、観光による雇用の確保や失業対策という側面も意識されていた。

外貨獲得、文化の振興に加えて、観光の意義の一つとして、沖縄のことを日本本土の人々に正しく知ってもらいたいという意見もこの時期には確認された。観光協会副会長の親泊政博は、「〝沖縄の真相を〟観光事業で紹介しよう」と題して、次のように論じている。

> 沖縄では日本語が通用するか、沖縄の新聞は英交《ママ》で編集するのか、沖縄の対日惑情《ママ》はどうか、琉球人と沖縄人の仲は、うまくいっているか。こうした愚問を、こちらでは祖国日本とあがめている国に住む人達の口からきかれるから全くやりきれない。

「対日感情はどうか」に至つては、いいとも悪いとも申し上げられない、まあ一度はお出なさって親しく沖縄をご覧になつた方がいいでしようとしかいえない。戦災校舎の復興資金募集をした、《ママ》ころは終戦のなまなましい直後だつたので沖縄は十分知つている筈だと考えていたのに、事実は然らず、沖縄はどこにあるかさえ知らぬ学校の先生も居た。

　ましてや沖縄戦の意義など知る筈もなくバカゲた戦争にまき込まれたものだと思うことが、しばしばだつた。戦後十三年も経過し、既に戦後という言葉さえ無用だとされている今日沖縄を知らぬ人がまだまだ沢山いて、現に東京あたりからボロボロにやつれた沖縄を救援すると云う民間運動の当らぬ処方箋が沖縄に、流れ込んでくる、この処方箋を無条件に飲めば救はれるどころか、吐き下しをするかもしれない。

　もともと善意で書き下した処方かも知れないが沖縄を病める者と見立てていながら正常な方法による打診も脈もとらず、噂にきいての心配から盛つた投薬だとしたら危ない話である。そこで二度はその後の沖縄を実地に見て貰う必要があり、日本の皆さんを大勢招きたくなるのが沖縄人全体の人情である。(29)

本土の人々に沖縄の現状がまるで理解されていないことを嘆いている。さらには、沖縄のことをよく知らないまま、沖縄に対して「病める者」という視線を投げかけ、それを前提に噂に聞いた話のみで展開される本土による沖縄救済の運動がもつ危険性を指摘する。親泊は、沖縄の戦災については、それなりに理解されているものと考えていたのに、沖縄戦どころか沖縄がどこにあるかさえわかっていない本土人に、失望感を隠さない。本土の人々の沖縄に対する無関心さとそこからくる誤った認識は、戦前の日本による沖縄を軽視した扱いから地続きの面があった。本土の人々に沖縄の現状が正しく理解されないことには、本土との対話は不可能である。こうした状況を打破するためには、なによりもまず沖縄の現状を知ってもらう必要があり、その手段として観光は有益だと認識されていた。

沖縄入域者数の増加と渡航手続きの緩和

観光協会副会長の親泊は、前出の『観光沖縄』一九五八年一月号の「〝沖縄の真相を〟観光事業で紹介しよう」と題する記事で、次のようにも語っている。

> 沖縄の観光事業は、すべり出しがおそく、その後進性はお覆《ママ》うべくもないが、最近は関係公私団体も熱意を傾けており着々として見るべき業績をあげている。ところが観光施設はまだまだ不十分であり、それに為替レートの関係もあつて本土に比べて観光費が、かさみ過ぎるのは旅客に対して真に気の毒でならない。
>
> そこで業務の合理的設営が何より望ましく、観光客の負担を軽くする方法を研究して沖縄の旅を心から楽しんで貰うようにしなければならない。
>
> 観光事業は平和産業の尖端をゆぐ《ママ》企業であり、他業以上合理化を必要とすることは云うまでもないことなので今年は特にこうした面に配慮し、多数の観光客を迎え、沖縄の真の姿を観て貰うようにしたいものである。同時に島内観光の方も健康な、レクレエーションとして大いに奨励し、各市町村ではこれが受けいれ態勢を強化し、観光協会支部を結成して手をつないで貰うことにしたい[30]。

先述したように、本土の人々に沖縄のことを知ってもらうためには、本土から観光客を呼び込む必要があるが、本土観光客にとって沖縄観光は困難を伴うものでもあった。まず、為替レートの関係で、本土に比べて観光費がかさみ過ぎることが指摘されている。また、観光を通して、「沖縄の真の姿」をみてもらいたいとしながら、観光という行為のもつ余暇としての側面から、本土からきた客を楽しませるような観光施設を人工的につくっていかなければならないというやや矛盾した状況もあった。本土からの観光客が沖縄の娯楽施設で楽しんで帰ったとして、それはたして沖縄のことが正しく理解されたといえるのか、沖縄のことが理解されるには一体何を見せればよいのか、という問題も検討されてしかるべきはずだが、この時期にはまだそうした点までふみこんだ議論はなされていなかった。

一九五〇年代における、本土観光客にとっての沖縄観光がもつ困難さとしては、移動のための手続きが煩雑であったということもあげられる。これは、沖縄が本土に復帰して手続きが不要になるまで、沖縄観光にとってボトルネックであり続けた。櫻澤によれば、この時期、「日本（本土）から沖縄への移動の際には、日本の総理府よる『身分証明書』の発行、ならびに、米国民政府民政副長官（一九五七年七月以降は高等弁務官）の「入域許可」を得て渡航し、到着の際には入国審査を受ける必要があった」。さらに、「日本政府による外貨割当の制限など、制約も多かった」[31]。『沖縄観光』一九五八年一月号には、「近来、島内は勿論、外国人の観光客も年々増加していますが日本々土の観光客が少ないのは旅行手続の面倒と弗割当が少ない故です[32]」とある。ただし、この問題は一九五〇年代末から一九六〇年代初頭にかけて、段階的にではあるが緩和の方向に向かっていく。

一九五七年の渡航者数をみると、総数は一六、四七九人で、そのうち本土からは一一、七九三人、アメリカからは二、九九六人だった。一九五八年は、総数一九、一三六人、うち本土一二、一三九人、アメリカ四、〇三八人。一九五九年は、総数二一、四八八人、本土一三、〇八一人、アメリカ五、二七〇人となっている。割合でみれば、一九五七年は、本土七一・六%、アメリカ一八・二%、一九五八年は、本土六三・四%、アメリカ二一・一%、一九五九年本土六〇・九%、アメリカ二四・五%となっており、五〇年代末はアメリカからの渡航者数の割合が増加傾向にあった。それが、一九六一年になると、総数三〇、三〇三人、本土二一、五九六人、アメリカ六、一七七人となっており、本土からの渡航者数が二万人を超えている[33]。

この時期の本土からの渡航者数増加の背景には、渡航条件の緩和があった。「一九五九年六月、外貨申請額が一〇〇ドルを越えない場合、渡航審査連絡会の審査を経ずに総理府の認定で許可される形に渡航制限が緩和された」。さらに一九六〇年「二月には、ドル持ち出し制限が一〇〇ドルから二〇〇ドルに緩和され、三月には身元引受証が事実上廃止されたことで手続きが一層容易になった」[34]。
　このように、一九五九年から一九六〇年にかけて本土からの渡航手続きが段階的に緩和されるが、渡航者数ではアメリカ人の割合も依然大きいものであった。そのため、本土からの観光客だけでなく、沖縄に駐留する約五〇、〇〇〇人の米軍関係者も観光市場として開発の余地があった。米国民政府渉外報道局長兼観光協会顧問のカール・F・バーツは、一九五八年四月号の『観光沖縄』で次のように語っている。

　恐らく最も重要な点は―沖縄にとって真の観光市場はこの沖縄本島―即ち沖縄に一時在留している五万人の米人であります。これらの人々の多くは少なくとも二年間は沖縄に滞在します。常に彼等は沖縄に娯楽施設が欠けている事に当惑しているのであります。この為沖縄の米人家族の円購入は日本に比較して極端に少く、又現在沖縄には休暇を求める米人家族を相手にした洋式ホテルは一つもありません[35]。

沖縄に一時在留している五万人の米国人は、少なくとも二年間は沖縄に滞在し、娯楽施設や休暇のための洋式ホテルを求めていると述べている。バーツは『観光沖縄』一九五八年六月号でも、「観光事業の改善に対するこちらの人々の関心が相当深まっているようですが沖縄に駐屯しているアメリカ軍の間により安定したそして大きな利益をもたらしてくれる市場があるという事を言っておきたいと思います」と語っている。さらに、「バー、とかキャバレーなどはこの市場の極く小さい部分であります、沖縄には適当な娯楽と商品を求めているアメリカの家族がたくさんおります（中略）これらの事は沖縄の実業家達に着実な市場を一年中約束してくれるでしょう[36]」と述べ、バーやキャバレーといった娯楽だけでなく米国人家族向けの娯楽の重要性を強調している。これが実現すれば、沖縄にとっては米軍関係者から観光収入をあげることができ、米軍人らにとっては沖縄在留期間が快適になるため、双方にとってメリットとなる。こうした在留米国人向けの娯楽施設の開発という視点は、本土復帰以前の沖縄観光において特徴的かつ重要な要素であったといえよう。

三　観光資源の整備――戦跡・娯楽施設

ここまで戦後沖縄観光をめぐる議論の初期において、観光の意義や問題がいかに語られていたかを確認してきたが、以下では、実際にどのような場所が観光資源として意識されていたかをみておきたい。

戦跡の整備

本土客による沖縄の戦後観光は、戦跡地巡礼から始まったといえる。一九五〇年代の本土からの渡航者の大きな割合を占めていた。『観光沖縄』一九五七年一二月号で陸運課観光係の新里は、「わが沖縄は去つた戦争で荒廃に帰せられたとはいえ、未だ公園となるべき天与の地域が多く、殊に戦跡地は今や世界全民族の中にホウハイとしておこりつつある戦争の忌避、世界平和への発祥の地ともなっている[37]」と、沖縄の戦跡地の価値について述べる。

一方で、戦跡地に関する問題点も指摘されていた。『観光沖縄』一九五九年六月号の「論説　慰霊塔に対する希望」と題する論考では、護国寺の住職が次のように語っている。

お粗末な慰霊塔について

日本遺族団が来島して、南部戦跡巡拝とか中部観光の時には姫百合之塔を始めとして有名な立派な堂塔だけを拝んでまわるので別に問題は起こらないが、さて、縁故地へ自由参拝の日が来て、夫や子供の戦士の地を訪れる場合、その場所に一番近い堂塔へ案内してそこで供養して上げているが、時折、これが納骨堂かと思われるようなお粗末なものに出会う時がある。私の父や私の夫はこんな所に葬られているのかと悲しみと憤りの涙を流しているのではあるまいかと考えると、案内して上げた私は身を切られるような思いがするのである。この人は帰ったらきっと沖縄人の悪口をいうのではあるまいか、遺骨は立派に納められていると聞いて来たのに、こんな所に葬られているとは夢にも思わなかったとその人は思うたに違いない。こういう粗末な堂塔も中にはいくつかあるので、政府の方で堂塔を全部調査して改修すべきものは早く改修して置いた方が霊に対しても遺族に対しても、又沖縄人の面子としても良いのではないかと思う。[38]

図1-12：島守之塔(糸満市摩文仁)(『沖縄　戦後50年の歩み――激動の写真記録』沖縄県、1975年、74頁)

このように、戦跡地巡拝で南部戦跡や中部観光でひめゆりの塔など有名な慰霊塔を訪れる際には問題がないが、縁故地の慰霊塔を参拝した際、なかには粗末なものもあることを問題視している。本土から参拝にきた遺族が、自分の身内はこんな粗末なところに葬られているのかと悲しみ、憤ることを懸念している。また、遺族に対してだけでなく「沖縄人の面子」のためにも改修すべきだとしている。一九六〇年代後半からでてくるような、そもそも慰霊塔を観光対象とするべきか否かという議論や、慰霊塔に手を加え過ぎれば本来の意味が失われるのではないかといった議論はこの時期にはまだでておらず、綺麗に整備しておくことが遺族のためであるという意識が確認された。

背景としては、終戦からまだ日が浅いため、戦跡地をできるだけそのままの姿で保存し、後世に残すべきだという意識よりも、遺族たちに、沖縄で戦死した親族の遺骨が立派に納められているということを確認してもらいたい、それこそが戦死者への弔いでもあるという意識が強かったことがうかがえる。

娯楽施設の整備と県民の保養

先にみたように、県民の保養のための娯楽施設の必要性もこの時期の観光をめぐる議論で確認されたが、その先駆けともいえる娯楽施設を波之上という場所に建設する計画が、『観光沖縄』一九五七年一一月号で示されていた。

おらが国さ　波之上版　波之上文化娯楽センター

次は波之上文化娯楽センターを御案内申上げます！皆様、波之上宮の西側、お宮に向って左側の俗称下波之上（シチヤナンミー）の海面を、埋立中の所が、目下市民の話題となつております波の《ママ》上文化娯楽センターの敷地でございます。

那覇　真和志の両市を併せて、人口は二十万もありますが、映画演劇以外の娯楽機関は、皆無の状態であります。

一家打ち揃って、新鮮な空気や日光に触れる場所が欲しいと云う、市民の声にこたえて計画されたのが、波之上文化娯楽センターでございます。敷地は一万六千坪、アメリカや日本のレクリエーション施設の長所を取り入れて、沖縄の気候風土とマッチさせ、水族館、モーターボート、子供遊園地、プール、テニスコートや各種遊戯場、音楽堂、集会場、映画館は勿論ゆくゆくは最新式設備の観光ホテルも計画いたしております。完成のあかつきは琉球八十万住民の信仰の中心である波之上宮の聖域にふさわしい、名実ともに二十万市民の憩いの場所として、また八十万住民の観光の名所として、琉球はもとより海外にまで知れ渡ることでございましょう[39]。

波之上の埋立地に上記のような大規模な娯楽施設の建設が計画されていた。波之上という場所は、波之上宮、波之上護国寺があり、同時に、この時期には米兵向けバーが立ち並ぶ地域になっていった。そして、復帰後には性風俗街へと変化し、一九七〇年代には「女一本槍」と評される、沖縄の暴力団が運営する売春宿、通称「トルコ風呂」などが立ち並ぶ場所となっていく。そうした場所が、一九五〇年代後半の時期には、家族向けのレジャー施設建設予定地になっていたことは興味深い。また、本土観光客を呼び込むというよりは、沖縄の人々の娯楽保養施設の必要性が重視されていた。以上のように、この時期の観光施設整備をめぐる言説からは、復帰後とは異なる観光への意識が確認された。

四　観光資源としての売春街

米兵向け歓楽街の発展と辻町の復興

また、この時期における観光資源の発掘として、歓楽街の整備・発展も見過ごせない。加藤政洋の研究によれば、「一九四九年夏、米軍統治下にあって基地建設の本格化とともに都市の再建ないし形成がはじまりつつあった沖縄で」、「色町の再建問題」が沖縄民政府の政策として議論されはじめた[40]。そして、それは、現沖縄市・コザにおける繁華街の形成によって大きく動き出すこととなった。一九四九年から「米軍の肝いりで」ビジネスセンターが開発された。当初はショッピング・ストリート（商店街）をつくりたいという構想のもと、都市計画が進められたが、「開発後、わずか数年にして風俗営業を中心とした「繁華街」に成長し」た[41]。さらに、ビジネスセンターの構想が議論されはじめたのとほぼ同時期に、コザに「八重島」という歓楽街も成立した。「八重島」は、米軍から「開放された弾薬庫の跡地を、村長を筆頭に村が主導するかたちで開発し」、誕生した歓楽街であった[42]。

この「八重島」は、『観光沖縄』一九五八年二月号（コザ市特集号）で、次のように説明されている。「終戦後、

図1-13：「新しい観光都市「コザ」」（『観光沖縄』1962年5月号表紙）

殺伐な気分が未だ消えやらぬ時代に、米琉親善の魁として誕生したのがコザ市の名物八重島区である[43]」。続けて、「此の八重島区は、時代の要求に従つて各所に散在していた売春婦達を集めてできた終戦後の特殊歓楽街で、最初から一定の規律に従って米軍相手をしていたものである。そして、今では一段と強化され、米合衆国の衛生面に関する法規が、そのまゝ適用されて、米民政府の厳しい取締りを受け、その認可によつてAサイン看板の下にバーに転業している」とし、八重島のAサインバーでは米軍による規制がつよく働いていることが強調されている。また、同記事のなかで、「売春婦とか、パンパンと兎角世間からうとんぜられさげすまれていた彼女達は、琉球人の人柄を最初に米軍人に理解せしむるに役立つたし、すさみ切つた世相に女性特有の平和をもたらしたものとして、その功は讃うべきものもある[44]」として、売春婦の存在意義を打ち出している。

さらに、『観光沖縄』では、戦跡の他に沖縄らしさをアピールする観光資源として、戦前の遊郭である那覇市・辻町の復興に意義を見出す記事も確認された。戦後、米軍向けに形成された歓楽街に対して、戦前からの歴史を持つ辻町は、この時期の観光言説でどのように位置付けられていたのだろうか。一九五七年一一月号の『観光沖縄』には、「昔の辻町を憶う」との小見出しで次のような文章が掲載されている。

> 終戦後、何もかも変貌したが、人の情けだけはとゞめて置き度いもので、ひからびた現世に辻町の情緒は豊

に懐古的に私達の胸を湧き立たせるものがある。日本国中どの地方をくまなくさがしても辻町の様に家庭的で義理人情に厚くしつけの徹底した所は又とないだろう。金戔づくの町ではあつても、そこは又、儲一点張りの強慾なものは一人も居らず、対手の身の上を想い、客の成功を心から念願して、決して客に無理な負担とならぬよう、己れを犠牲にしてもじーつと、こらえるのが辻町の女であつた。(中略)

今は商売気を離れた愛情は薄れているが　せめて哀調の蛇皮線の音色と、香り床しい琉装だけは確かにここでなければ味えない特徴であろう。(45)

このように、辻町を情緒的に懐古する記事が確認された。「香り床しい琉装だけは確かにここでなければ味えない」とあるように、辻町の情緒や人情に「沖縄らしさ」を見出し、「辻町の女」の「犠牲」が美談調で語られている。これは、一九五〇年代の売春街・歓楽街をめぐる言説の特徴であるといえる。他にも、次のように辻町を紹介する記事もあった。

復興はしたが　「辻町」昔の情緒は今何処?

辿《ママ》情緒は、家庭的雰囲気の内に、洗練された手練手管で、完全に客をチャームしたものでございまして、殿方にはすばらしいいこいの場所であつたのでございます。その為に各所に家庭争議も起きまして、華かな悲喜劇があつた様でございますが、その責任は案外、家庭の主婦達に欠陥があつたようにも聞き及んでおります。

今では僅に松之下、那覇、左馬、花咲、ことぶきの五料亭が、昔の優雅な琉球ガスリとカンプー姿と、琉球料理と舞踊をとゞめ、昔を忍ぶ粋人達に懐古的情緒と、戦争の犠となつた恋人達の旅情を想わせる如く忍ばせています。

一九四四年十月十日の大空襲で町は全焼し、当時は三千人余も居たと言われる美妓達も、その大半は戦争の犠となつたと云われています。この辻町も十三年後の今日は、米軍相手のバー街と変貌し復興したのでございます。昔のカンプー姿に変るパーマネントの軽快な洋装姿のモダンガール達が、サツ爽と米兵と手を組んで街をカツ歩する姿は基地ならでは見られぬ一景観となつています(46)。

この文章では、辻町のもっていた「家庭的な雰囲気」を懐古している。しかし、辻町通いの男たちの家庭で巻き起こった争議については、「家庭の主婦たち」に責任を押しつけるような記述もある。ここでは「家庭」や「家庭的」という言葉が、文脈によって都合よく読み替えられているといえよう。女性に対しての、あくまでも男性本位な認識からの記述であるが、この時期の『観光沖縄』における言説では、こうした性をめぐる問題への意識は低かった。

さらに、辻町は復興したものの、戦前の姿を取り戻したわけではなく、米兵相手のバー街として復興したとされている。「昔のカンプー姿に変るパーマネントの軽快な洋装姿のモダンガール達が、サツ爽と米兵と手を組んで街をカツ歩する姿は基地ならでは見られぬ一景観となって」いるとあるように、基地のある沖縄らしい景観としてある程度好意的にとらえている。古き良き沖縄らしさを象徴するものとして語られていた辻町が、米兵向けのバー街となることは、否定的にとらえられてもおかしくはないが、そうした視点も言説上には表れていなかった。

上記引用文にある料亭「ことぶき」は次のような紹介文を『観光沖縄』に掲載している。

皆様、この「ことぶき」は戦前の辻町の風習をそのまゝ残している料亭でございまして、戦前の芸者達《ママ》な芸者揃で、皆様を楽しませております舞姫達もその若さと美しさをもつて、皆様をチヤームすること請負い《ママ》でございまして、料理も戦前の名のあるイタ前がうでによりをかけて活躍して居りますム《ママ》ダムの渡慶次純子さんは、お客様の御好みが昔の辻町の情緒にありますので、極力その線に添うよう努力していますと語っておられます。

昔の辻町を忍ぶ方は、どうぞ、料亭「ことぶき」におこし下さいませ(47)。

ここでは、風習や芸者や板前などそれぞれ「戦前」が強調されている。「お客様の御好みが昔の辻町の情緒」にあるため、「戦前」の面影を残すことが魅力として強調されているのである。「戦前」への懐古は、戦前の辻名物の復興という形でも表れていた。

辻町の最大行列は尾類馬行列で、上村渠、前仲村渠の美妓連三千余名が、それぞれの意匠を凝らして街中を練り歩く様は、竜宮城の乙姫道《ママ》のように壮観であった。当時は、遠く国頭、離島方面からも見物人が参集し、県庁のお偉方も夫人同伴で、天下晴れての辻町に出入を許されて、桟敷に座を占めて見物したものである。辻町の中心地である中道で行列のかち時、歓声、大鼓《ママ》、銅羅の音響は最高潮に達して地上最大の歓楽境の面目躍如たらしめたものである。一九四四年十月十日の大空襲で、此の歓楽境も全焼し、美妓連も哀れな最後を遂げた者が過半数を占めたと言われている。終戦後十年の空白をあけた辻名物。尾類馬も、一昨年から復活し盛大に挙行されている(48)。

尾類馬とは、戦前に辻名物といわれた、遊女（尾類――ジュリ）の行列のことである。戦争中火災によって辻が壊滅状態となり、尾類馬も途絶えていたが、終戦から一〇年で復興された。戦後の尾類馬は、『観光沖縄』でたびたび取り上げられていたことから、観光客を呼び込むための観光イベントとして意識されていた面もあったと考えられる。

雑誌『月刊沖縄』一九六二年一〇月号には、「むかしの辻の物語」と題して戦前からの辻町の文化について記述されていいるが、そのなかで「今の辻は料亭とバー、キャバレーが雑居、それにちょっぴりホテルが額を出しているのは、どこの色町でも同じようなこと」と、一九六〇年代初頭の状況を示している。[49] さらに、「那覇の歓楽街は桜坂が代表しているみたいだが、ここも桜坂にまさる歓楽街をつくろうと、関係者はやく起になっている」ともあることから、一九五〇年代末から一九六〇年代にかけて、発展が目指されていたようである。

ただし、「ひところはバー街はアメリカさんの天下だったため、コチラさんは遠慮して足がむかなかったものだが、最近はアメリカさんよりもコチラの方が収入は安定しているというわけか、コチラさん大歓迎——と、看板をぬりかえ始めている」ともあり、メインとする客層に変化が生じつつあったことがうかがえる。

桜坂のホステス座談会

『月刊沖縄』一九六三年五月号では、「第二軍征服の秘訣」と題して、「那覇市内にあるナイトクラブのホステス、六人の一年生から十年選手などを招き、いいたいほうだいしゃべってもら」った、ホステス座談会の記事が掲載された。[50] 那覇屈指の夜の町、桜坂で働くホステスたちの話から、一九五〇年代末から一九六〇年代初頭の歓楽街の様子についてうかがい知ることができる。

まず、客層は米兵を中心としつつも、沖縄男性と観光で沖縄を訪れた本土男性の姿もこの頃からみられたようである。座談会に参加したホステスは、「外人客のよいところ」は、「なんでもズケズケいえること」で、「あんたマネーもっているのって聞いても、ちゃんと出してみせるくらい」だと語る。一方、「沖縄のお客さんにそんなこと聞いたら顔をブタれるわ」といい、沖縄男性の厄介な面を語っている。本土男性については、「観光客だけあって、いいお客さんが多い」「おとなしくて、話し上手で、しかも金ばなれはよい」といいつつ、「公務員と記者はダメ」、「飲むのはズウズウシイ、金ばなれはわるい」とも語った。また、本土男性が来店している際の注意点として、次の二点をあげている。まず、「ホステスどうしが、方言ではなしていると、観光客の方、自分の悪口をいわれていると思い、いやな顔をするんです。ですから、そういうときは方言をつかわないようにして」いるのだという。さらに、「観光客が聞きそうな、沖縄に関る《ママ》ことはできるだけ知っておくこと」が大切だとも語った。また、観光客に対しては、「できるだけサービスするようにしてい」るという。「次の観光客の方がそれをつたえきいて、たずねてくるときがある」ためだ[51]。このように、一九六〇年初頭までの時期においても、本土観光客が那覇の歓楽街でホステスとの会話を楽しむ様子はそれほどめずらしくなかったようである。

一方で、別のホステスは、観光客よりも「沖縄のお客さんをこそ大切にすべきだと思うんですよ。観光客は一時的だけど尾をひきますからね[52]」とも語っている。現地在住の沖縄男性とはその場限りの関係で終わりにできない

「第二軍」征服の秘訣

マダムのヤリ方一つで

若いお客は心配

図1-14：「「第二軍」征服の秘訣」（『月刊沖縄』1963年5月号、『月刊沖縄ダイジェスト復刻版（上）』月刊沖縄社、1981年、514～515頁）

公務員と記者はダメ

結婚はしたいけれど

政財界人を採点すれば

電化製品のことならおまかせください！

東部貿易

図1-15：「公務員と記者はダメ」（『月刊沖縄』1963年5月号、『月刊沖縄ダイジェスト復刻版（上）』月刊沖縄社、1981年、517頁）

場合もあるため、本土男性相手の接客とは違う意味で気を遣う面もあったようであった。このように、この時期の言説からは、ホステスの立場からみた米兵・本土・沖縄それぞれの客に対する印象がみてとれる。では、客の側は当時の歓楽街やそこで働くホステスをどのようにみていたのだろうか。

コザの夜の座談会

『月刊沖縄』一九六三年一二月号では、「夜ありてコザはたのし」と題して、匿名の座談会が記事になっている。それは、「ホステスのシツケは上等」といういきなり失礼な小見出しから始まる。まずは司会が、当時の歓楽街の概況について、「ちかごろは夜の観光ということも重要視されてきたせいもあって、歓楽街の発展ぶりは目ざましいものがあります。特に基地のまちといわれるコザに新しい歓楽境が生まれるなどいちぢるしい変化を見せている」と述べる。[53] また、客の年齢層について、「コザは若い人の町」だといい、「ライオンズ・クラブやロータリー・クラブなどでも那覇は五十台《ママ》六十台《ママ》の爺さん連中が多いがコザは殆ど四十台《ママ》、顔を見ただけでも精力旺盛そうなひとばかり（笑い）」なのだという。

コザのホステスと那覇のホステスを比較して、コザの場合は「ホステスなんかも那覇のようにガツガツしないんだ。那覇から移ってきたホステスで三日持ても《ママ》いいというぐらい」で、「那覇ではホステスが客に必ず何か飲物をねだってテラ銭を稼ごうとするが、コザはぜんぜんおとなしい」と語る。先にみたホステス側の語りは、桜坂の歓楽街で働く女性たちによるものだったが、コザのホステスも同様に、沖縄男性客の扱いづらさは感じられるところであったと想像できる。

「夜の相場」はどれくらいかというと、「今は諸物価なみに値上げしている（笑い）」といい、「こちらの人ではワンタイム三弗。オールナイトは十二時から五弗、二時三時すぎると三弗になる。料亭の女は十弗ぐらい」だという。さらに、座談会参加者の一人は、自身の体験談を次のように語った。「夜九時ごろから翌日ひるまで借り切って連

図1-17：コザ十字路　ストリップショウクラブ「クラブ不夜城」広告（『月刊沖縄』1962年10月号、『月刊沖縄ダイジェスト復刻版（上）』月刊沖縄社、1981年、523頁）

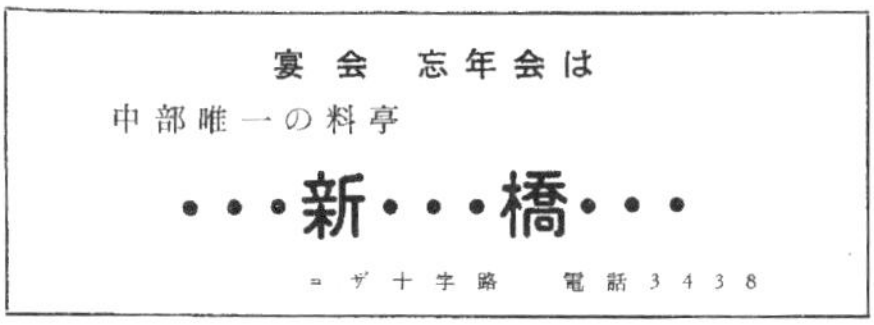

図1-18：コザ十字路「中部唯一の料亭　新橋」広告（『月刊沖縄ダイジェスト復刻版（上）』月刊沖縄社、1981年、520頁）

図1-19：コザ十字路「料亭　大和――美女揃いの大宴会場」広告（『月刊沖縄ダイジェスト復刻版（上）』月刊沖縄社、1981年、521頁）

図1-16：「夜ありてコザはたのし」（『月刊沖縄』1963年12月号、『月刊沖縄ダイジェスト復刻版（上）』月刊沖縄社、1981年、519頁）

れ出したことがあるが七弗だった。ところが彼女たち、風呂に一緒に入ろうというと絶対いやだ、というんだ。昔の遊郭では一緒に入ったもんだが…。あれはどういうことかね。それで結局ホテル賃やあれこれで二十弗ぐらいつかったがね[54]」。戦前の遊郭での遊び方を例に持ち出し、それに近いことを戦後の女性に求めたため、当然、いやがられたのだ。

沖縄男性にとっては、物価上昇とともに「夜の

図1-20：憲兵によるコザ十字路のパトロール（『沖縄　戦後50年の歩み——激動の写真記録』沖縄県、1975年、181頁）

相場」も上がってきたと感じられたようだが、それでも、本土男性からみれば、コザの歓楽街は魅力的なものだった。「先日JC（青年商議所）の連中を案内したんですが、コザはボラれるおそれがないんてんで、喜びましてね。ひとばん精力を浪費して、《ママ》もまた出直してくる、というんです（笑）」「東京から来た教育者なんだがね、吉原に行ってもう感激してるんだ。（笑い）一生の思い出になった（笑）」「観光客でもパーカーを貰うよりは吉原へ案内される方を喜ぶくらいだ」などと、コザの吉原を案内され喜ぶ本土男性の姿が語られる。

桜坂のホステスも語っていたように、本土男性は金払いがよかったようで、「TCの連中は金を持っているから狙われたんだろうが、絶対女には五弗以上はやるな、と念を押したんだが結局十弗やったそうだ。それでもサービス満点だとハレバレした顔をしてい」たという。

当時のコザ・吉原の繁栄ぶりについては、「コザの歓楽境の概略」として、次のように語っている。「吉原が二百軒、一軒に五人平均としても千人の女がいるわけです。実際はもっと多いでしょうが…。ひと晩に二千人の男が出入りするといわれています」。売春街としての規模の大きさがうかがえる。しかし、一晩二千人もの男が出入りしていながらも、売春宿も「通り会がしっかりしているからトラブルは殆どない」と語る。さらに、Aサインバーでは、性病検査にひっかかればすぐさま営業停止となるなど、性病対策は厳しく、そこで生計をたてるホステスも出勤できなければ死活問題となるため意識が高い。そのため、「Aサインからは性病は皆無といっていいだろう」「吉原などもAサインなみだから安心して遊べるところだ」「性病を移されるのは街娼からだ」という。[55]

一方で、コザ十字路は白人と黒人の領域が線引きされていて、両者のトラブルはたえず、喧嘩が頻発する暴力的な面を持つ場所でもあった。これについては、「例の白い町と黒い町ですね」「黒人のいるバーには絶対白人は入らない。そこで時々トラブルが起きるんです」「最近は白人街はさびれてつぶれ」たと語った。さらに、「黒人とつきあった女と白人は絶対寝ない、一度黒人とあれをやるとすぐ分かるらしいんだ」「体臭がうつるんだろうナ。（笑）」などと揶揄していた。これが雑誌『月刊沖縄』の記事として掲載されたことにも、この時期のあらゆる面での問題意識の低さがみてとれる。

また、「黒人兵のことをダッコちゃんと彼女たちはいっているが、この連中が勤め帰りの女を待ち伏せることがよくあってね。十字路付近などは一人で歩くのはこわいそうだ」とも語っている。[56] 当時のコザの歓楽街で働く女性たちは、Aサインバーやキャバレーで客をつけるホステス、吉原の売春宿で客をとる売春婦、「街娼」と呼ばれる店に属さない売春婦など、形態はいくつかあるが、いずれも米兵相手にセクシュアリティを売る仕事である。そして、彼女たちは、米兵との距離の近さゆえに性暴力に巻き込まれやすく、性暴力の被害者となった場合でも、「そんな仕事をしているからだ」と自己責任にされやすいという問題があった。

コザの売買春観光

先にも述べたように、基地に隣接するコザは、米軍向け歓楽街として発展してきた。しかし、一九六〇年代初頭には、コザでも客層に変化がみられていた。「以前はAサインのキャバレーなどは沖縄人を喜ばなかったが、最近はむしろ歓迎している。外人はケチだが沖縄人はのむことだけは気前がいい（笑い）」という。また、「那覇の人はコザは外人が多いからトラブルを心配するが、コザはコザなりのメンツを持っているから、トラブルを起こさせないよう通り会で非常に気を配っている。かえって外人の方が小さくなっている（笑い）」とも語った。[57]

さらに、「外人バーの女より沖縄人バーの女の方がサービスがいい」から、「外人自体も沖縄人の入るキャバレーに入りたがる」ようになったという。コザのビジネスセンターは「アメリカでも有名」だったらしく、次のようにも語っていた。「一度も沖縄にきたことのない兵隊でもコザのBC（ビジネス・センター）へやってくれ、とタクシーの運ちゃんに頼むというんだナ。勝連に上陸した海軍の兵士だったそうだが…。何故知っているかというとアメリカで先輩から沖縄へ行ったらBCの何というバーのスミちゃんのところへ行け、といわれたというんだ。アジが良かったのだろうね（笑）そんなふうに本国へ帰って連中がコザを宣伝している[58]」。

コザに女を求めてくるのは、本土からの観光客も同様である。コザの座談会では、コザの歓楽街に観光資源となりうる可能性を見出し、次のように語られている。「コザといえばAサイン、Aサインといえばコザといえるね。コザの特産物だ。Aサインの客は殆んど外人や観光客で、金のかからないLC事業と同じだ（笑い）。だから政府も今後観光事業のひとつとして、サイン育成をもっと真剣に考えるべきだ[59]」。「コザといえば基地の街だ。白黒の街を見たいという客が多い。もっと〝基地の街〟の性格をうちだしてもいいと思うね。本土で見られないAサイン天国が今できつつある[60]」。

さらに、本土の免税店を例にあげつつ、「例えば観光客や外人は無税の特殊地帯をつくって安く遊ばせる」という案もでていた。その点、台湾は「桃源郷」であり、「台湾の女たちは徹底して」いるという。台湾の売買春観光について、次のように語る。「宴会でも真ッ裸になって一人一人に相手する。官能をくすぐられて引っぱり込もうというわけだ。真ッ裸の女がひざにすわって男たるもの感激しないヤツはいない（笑い）」「比投温泉などはオートバイでこれはどうかと気に入るまで入れ代り立ち代り女を連れてくる。（中略）警察も目をつぶっているんだね。文字通り観光客のことなら何んでもしてやろう、という国策なんですね[61]」。こうした台湾の例をひきあいに、「沖縄も観光客相手なら警察も大目に見る、という慣習をつけてほしい」ともいう。

一九五〇年代末の『観光沖縄』では、戦前の辻がノスタルジックに語られ、「辻町復興論」が出ていた[62]。さらに、「八重島」で働く売春婦たちが、琉球人のことを米軍人に理解させ、「米琉親善」を図る役割を果したと好意的に語られた。この時期には、米軍人と沖縄の良好な関係を築くことが優先事項として意識されており、そのために女性たちを利用しようとする向きがあったことも否めない。さらに、歓楽街をめぐる座談会からは、米兵だけでなく、沖縄男性や本土男性という客層も浮かびあがっていた。そして、コザの売春観光の拡大を目指すような語りが、沖縄男性によってなされた。このように、売春を批判的にとらえる意識は薄く、観光資源として積極的に活用していこうという方向性がみられたのが、この時期のセクシュアリティ観光をめぐる言説の特徴だったといえよう。

本章で扱った終戦後から一九五〇年代までの時期は、本土に向けた本格的な観光開発の前史として位置付けることができる。一九五〇年代後半を中心に、観光への意識が徐々に表出し、それにともなって観光行政整備に向けた動きが出てくる。とはいえ、この時期の観光をめぐる議論は、散漫としたものであった。沖縄の観光の位置付けや沖縄観光開発の方針が、より明確に議論されるようになるには、本土復帰を目前にひかえた一九六〇年代後半まで時間を要した。しかし、一九五〇年代においても沖縄が観光地として本土からのまなざしを向けられるようになる下地がつくられたことが持つ意味は大きい。

この時期の沖縄の都市復興やビーチ開発、歓楽街形成などのちの観光地化への土台形成には、米軍との関係が強く表れていた。この時期には、本土に向けてどのような「沖縄らしさ」を提示するかといったような議論はあまりみられず、それ以前の問題として観光事業の体制をいかに整えるか、観光事業の意義を住民にどのように理解させるかといった点に重きが置かれていた。観光資源についても、戦前の辻町の復興、戦跡などのちの時期には問題視されていくような対象が好意的に示されていた。一九六〇年代後半以降になると、観光事業の体制面がある程度整っていくため観光をめぐる議論も徐々に深まり、同時に本土復帰を視野に入れることになるため、本格的に本土に対して「沖縄らしさ」が問題となっていく。

二章　復帰をめぐる議論と観光言説の関係性
——一九六〇年代〜本土復帰前後における「平和産業」への意識

一九六〇年代の沖縄では、本土復帰とそれに関連する基地との関係性の変化が今後の沖縄のあり方を規定する重大問題として意識されていた。では、そうした復帰をめぐる議論と観光言説はいかなる関係にあったのだろうか。ここでは、沖縄返還への動きが本格化する、一九六〇年代から一九七〇年代初頭までの時期を対象に、観光産業が沖縄でいかに議論されていたかを、行政資料およびメディア言説分析から検討する。[1]

図2-1：『青い海』1972年5月号表紙

> 戦跡と軍事基地とデモの島——といった従来のイメージを、いち早く〝日本人の心のふるさと〟としての青いサンゴ礁のユートピアへ転換させたい——とは、平和を愛する全国民の願いなのである。[2]

これは、雑誌『青い海』一九七二年五月号に掲載された文章の引用である。一九六〇年代後半以降、本土復帰に向けて沖縄のイメージを「戦跡と軍事基地とデモの島」から「日本人の心のふるさと」や「青いサンゴ礁のユートピア」へ転換させるべく、その第一の手段として着目されたのが沖縄の観光事業であった。

ちなみに、復帰を目前にしたこの時期、米軍基地問題や本土政府への不信感を背景に、沖縄社会では徐々に「復帰運動」への違和感が表出し、「反復帰論」が盛りあがりをみせた。それと同時に、政治的な議論だけでは沖縄の経済を現実問題として動かしていくことはむずかしいということも意識されていった。沖縄の経済的自立を夢物語ではなく実現可能な目標としていくためには、従来の産業のあり方を見直す必要があり、そこで注目されたのが観光産業であった。本土への復帰を目指す「復帰運動」と観光は、復帰への期待感、本土への親近感を背景として結びついていた。では、反対に、本土の論理で返還が進められることに違和感を表明する「反復帰論」は、観光をめぐる議論とどのような関係にあったのだろうか。

図2-2：「海洋博は沖縄を拓く」(『青い海』1972年5月号、18～19頁)

観光の面でみればこの時期は、本土復帰と海洋博の開催を契機とする本土観光客の流入の前段階であり、その素地が用意されつつあった時期であるともいえる。「観光沖縄」としてのあり方が本格的に模索されはじめ、沖縄観光政策の体制面が整備されていったのも一九六〇年代後半以降であった。神田孝治「沖縄イメージの変容と観光の関係性——米軍統治時代から本土復帰直後を中心として」では、琉球政府による観光政策について、一九六五年にスタートしていたことが指摘されている[3]。一九六五年二月に「琉球政府行政主席の諮問機関として観光開発審議会が設置され、同年7月には（中略）琉球政府が太平洋観光協会への加盟を果たした」。さらに、一九六五年一〇月には、沖縄海岸政府立公園、沖縄戦跡政府立公園、与勝海上政府立公園

図2-3：「戦後はまだ終わらぬ　復帰実現しないかぎり」『沖縄タイムス』1965年8月19日夕刊1面（『激動の沖縄百年――新聞・雑誌・教科書復刻版』月刊沖縄社、1981年、174頁）

図2-4：「ようこそ!!佐藤総理の沖縄訪問（『観光沖縄』1965年9月号）

の三つの琉球政府立公園が指定された。

後述するように、一九六〇年代の沖縄観光は、本土観光客による戦跡観光と買い物観光が中心だったが、この時期には観光産業のあり方を抜本的に見直そうとする議論が展開されるようになる。背景には、台湾や香港など東アジアの観光地の台頭や米軍基地との関係があった。一九六九年一一月の佐藤―ニクソン共同声明後、アメリカのドル防衛策の一環として在外基地の再編合理化政策が進められた影響を受け、二千数百名におよぶ基地労働者が解雇された。こうした背景から、沖縄の基地に依存した経済雇用体制への危機感が強まり、観光経済への議論が一層活発化していく。沖縄返還へ向けた動きが本格化し、本土およびアメリカとの関係が大きく変化していく時期、沖縄で観光はどのように位置付けられていたのか。そこに復帰への期待と反感がどのように関わっていたのだろうか。

一　復帰運動と沖縄観光ブーム——一九六〇年代前半の沖縄観光言説

復帰運動の盛り上がり

『観光沖縄』一九六〇年六月号では、アイゼンハワー米大統領の沖縄訪問を伝える記事が表紙を飾っている。そこでは、「全琉住民にとって世紀の出来事と目されるアメリカ大統領アイゼンハワーの来島は各方面において大きな期待と喜びの内にその時の来るのを今や遅しとして待って居たものである」とアイゼンハワーの沖縄訪問を好意的に報じている。オープンカーでパレードを行い、「立ち通し大山、城間、安謝、泊を経て久茂地へ。御成橋通りからタイムス社、琉球新報社前そして政府え《ママ》の三百メートルでパレードは完全に人の渦の中に巻きこまれた」という。「空には「ウエルカム・アイク（歓迎）―大統領閣下」のつり幕や横断幕がバタバタゆれ」た一方で、「地上は復帰協の約二万のデモ隊が「沖縄は日本に帰せ」「アイクカエレ」のプラカードや赤旗、日の丸を振り回してワッショイワッショイと気勢をあげた[4]」とある。こうした状況の背景にあったのは、一九六〇年代初頭の沖縄における日本への復帰を主張する運動の盛りあがりである。

図2-5：来沖のアイゼンハワーと大田主席（『観光沖縄』1960年6月号表紙）

一九五〇年代から一九六〇年代にかけての復帰運動の状況について、福間良明『戦後日本、記憶の力学』は次のように整理している。まず、一九五〇年代には、「米軍基地建設と土地収奪の加速もあり、サンフラン

復帰協を中心とした革新陣営は、臨時議会を控えた10月20日、主席指名阻止闘争本部を設け実力闘争に踏み切った
The Reformists, comprised mostly of the Reversion Council members, met in special session on October 20, to launch a movement to halt the system of nominating and appointing a Chief Executive.

図2-6：復帰協を中心とする革新陣営(『沖縄　戦後50年の歩み――激動の写真記録』沖縄県、1975年、195頁)

図2-7：具志川村(現具志川市)の民家への米軍機墜落事故(『沖縄　戦後50年の歩み――激動の写真記録』沖縄県、1975年、189頁)

図2-8：石川市宮森小学校米軍ジェット機墜落事故(『沖縄　戦後50年の歩み――激動の写真記録』沖縄県、1975年、188頁)

シスコ講和条約が調印された一九五一年ごろには、沖縄でも日本への復帰運動が高揚していた。しかし、条約発効（一九五二年四月二八日）に伴い、沖縄が占領終結を果たした日本本土と切り離されることが確定すると、急速に復帰運動は停滞した。一九五〇年代半ばには土地収奪がさらに激しさを増し、一九五六年六月には島ぐるみ闘争と称される土地闘争が高揚した。しかし、生活の糧に直結する土地（や基地労働）の問題の解決が焦眉の課題であった一方、日本復帰は現実味に乏しい夢物語でしかなかった。米軍政府も、復帰運動を共産主義とみなして弾圧する姿勢を明確にしていただけに、復帰への漠然とした憧れはあっても、それが社会運動として盛り上がることはなかった[5]。

一九六〇年代に入り、「一九六〇年四月二八日に沖縄県祖国復帰協議会（復帰協）が結成されると、復帰運動は急速に高揚するようになった。その背景には、土地問題の一定の解決とともに、米軍基地があるがゆえの事件・事故の続発があった」。一九五九年六月に起きた石川市宮森小学校に米軍ジェット機が墜落する事故は、「児童・教職員を含めて一三〇余名の死傷者を出した。米兵の凶悪犯罪も頻発していたうえに、裁判や処罰もうやむやにされる場合が多かった。こうした背景もあり、米軍統治からの脱却をめざすべく、復帰運動が盛り上がるようになった[6]」。

こうして一九六〇年代前半の沖縄で復帰運動が盛りあがりをみせるなか、本土観光客による沖縄観光ブームが到来する。経済面や政治体制、そして思想的な面でも祖国（本土）との同化を目指す復帰運動は、沖縄に本土観光客を呼び込み、本土の人々に沖縄の現状を知ってもらおうとする観光事業の推進と親和性が高かったと考えられる。以下、その様相を詳しくみていきたい。

沖縄観光ブームの到来

一九六〇初めには、本土観光客による沖縄観光ブームがあったことが『観光沖縄』で盛んに報じられていた。「今秋は観光ブーム？――日本交通社に早くも団体申し込み」と題する『観光沖縄』一九六〇年六月号の記事では、「日本々土における観光事業は非常に普及して行くべきところは、ほとんど行きつくされてしま」ったため、本土

沖縄本島タクシー運賃表

（那覇バスターミナル基点。タクシー協会調べ）

	距離	小型	中型	普通
首里	4 KM	$ .35	$ .45	$ .55
与那原	11 〃	.90	1.15	1.35
普天間	17 〃	1.35	1.75	2.00
コザ	24 〃	1.90	2.45	2.75
嘉手納	25 〃	2.00	2.55	2.90
知念	28 〃	2.20	2.85	3.20
石川	38 〃	3.00	3.85	4.35
名護	69 〃	5.35	6.95	7.75
本部	85 〃	6.60	8.55	9.55

各航空会社1km当り運賃比較表

（運賃は税（20%）抜き）

航空会社名	区間	距離	運賃	1 KM当運賃
		KM	$	$
南西航空	沖縄－久米島	146	5.00	3.42
〃	沖縄－南大東	372	18.00	4.83
〃	〃－宮古	293	9.50	3.24
〃	〃－石垣	424	13.90	3.27
〃	〃－与那国	548	18.50	3.37
〃	宮古－石垣	139	5.20	3.74
〃	石垣－与那国	124	5.00	4.03
日本国内航空	札幌－旭川	116	7.82	6.74
〃	札幌－帯広	165	8.28	5.01
〃	札幌－函館	179	8.73	4.87
全日空	東京－三宅島	202	9.60	4.75
〃	東京－大島	126	6.06	4.80
〃	名古屋－小松	135	9.10	6.74
東亜航空	鹿児島－種ケ島	212	12.12	5.71
〃	鹿児島－屋久島	133	8.08	6.07
〃	奄美大島－喜界島	33	3.03	9.18
〃	米子－広島	176	9.60	5.45
HAWAIIANAC	HONOLULU －HILU	400	19.14	4.78
〃	〃－KAMUELA	318	16.95	5.33
〃	〃－KONA	315	16.95	5.38
〃	〃－KAUAI	190	12.57	6.61
〃	〃－MOLOKAI	101	9.05	8.96

図2-10：「タクシーより安い南西航空」（『月刊沖縄』1968年2月号、『月刊沖縄ダイジェスト復刻版（下）』）月刊沖縄社、1981年、697頁

図2-9：「明治橋」を走る沖縄観光バス（『観光沖縄』1960年12月号表紙）

観光客の沖縄への意識が高まっているとしている。さらに背景として、日本政府のドル割り当てが拡大されたことがあげられている。「最近日本の国際収支が好転して外国行きの旅費に使用されるドル割当が寛大になった。といっても欧米の旅行は限られた人のみであるが未知の沖縄旅行の場合はドル貨が二百ドルまで割当てられ渡航手続も簡素化されちょっと外国気分が味わえるし、かたがた沖縄戦で戦死した将士の慰霊巡拝もできるので、「沖縄へ、沖縄へ」の動きは今春来盛り上がって来た(7)」との指摘である。

さらに、「ぐっとふえた観光客――五月末すでに四九九名」と題する記事では、「沖縄の魅力」との小見出しで、沖縄観光事業の将来性について次のような見解を示している。

> いまのところ軍事基地というのが大きな魅力となっているようで、激戦の地として知られているが、果たしてそこに住民はどういう生活をしているか、旅館はあるのかという位に知られていない、また本土からは渡航手続きがうるさいとかの、陰

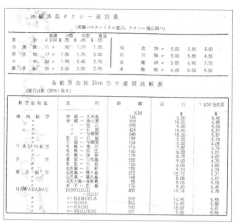

路があるとされている。しかし、沖縄の観光事業はかなり将来性があるというつまり為替の自由化もさることながら日本の国内旅行ブームは沖縄にのびる可能性がある、沖縄は観光地としてその条件に恵まれている、景色よりも避寒地としての設備が必要だ、例へば「夏は北海道へ冬は沖縄」というキャッチ・フレーズで観光客を誘致すべきだという。

しかし現状は台風というマイナス面もある上に、施設がない、資本がない、旅館らしい旅館がない、加えてサービスが悪いということだ、そこで行政措置による観光事業の促進対策が必要になってくる。(8)

沖縄は本土の人々に軍事基地と激戦の地として知られており、為替の自由化や本土の国内旅行ブームが追い風となって沖縄観光事業が発展する見込みがあるとしている。ただし、問題点として施設やサービスなどが不十分であるという「行政措置による観光事業の促進対策」の遅れが指摘されている。

本土と米軍政府の板挟み

さらに、本土から沖縄への渡航手続きの煩雑さの問題は依然として大きかった。そのため、一九六〇年代を通して段階的に渡航手続きの簡素化は進められていくが、『観光沖縄』においても現行の制度の問題点と簡素化の要望は継続的に示されていた。『観光沖縄』一九六〇年六月号では、「沖縄に一週間観光にやって来るのに一月、または三月間もかかるということは、渡航者の意欲を失う。再びきたいという気持がなくなる。沖縄がいかに観光地としてすぐれていても渡航するのがむずかしいとあっては折角の観光地も死んでしまう。いまのような調子では観光に大きくを期待することは無理で、渡航手続の簡素化が急務といえよう」(9)とある。

『観光沖縄』一九六〇年六月号では、本土各地から沖縄へ渡航する際、これまで必要とされていた沖縄側の「身元引受証」制度が事実上廃止されたことが報じられている。これにより「短期間の沖縄渡航は、現地側に引受人がいなくても外貨の割当てさえ受ければ気軽に行なえることになり、事実上の渡航緩和策がとられたものと各方面から喜ばれている」とある。ただし、「入域許可を与えるか否かについては、これまで通り民政府の決定によって行なわれることになっており、こんどの制度が「沖縄渡航者オール・パス」と一口にいうことはならない[10]」としている。

前述のように、一九六〇年代前半には復帰運動が高揚したが、一方で、第三代目高等弁務官のキャラウェイ中将は、それに真っ向から反対する政策をとっていた。一九六一年二月から六四年七月まで、キャラウェイ高等弁務官在任中は、最も強硬な直接統治が行われたといわれる[11]。『沖縄大百科事典　上巻』（沖縄タイムス社、一九八三年）によれば、キャラウェイは、ケネディ新政策に示された日米協調路線に反対して、（一）アメリカが主体となって沖縄の民生向上をはかること（対沖縄援助額を定めた「プライス法」の改正や米国資本の導入）（二）本土と沖縄の政治的・経済的隔離（三）高等弁務官の「直接統治」、権限の強化・拡大、これらのことを目標として政策を推し進め、自らの手で沖縄基地の維持を図ろうとした[12]。また、キャラウェイは、沖縄の自治を消極的にとらえると同時に、「排日的」とも称された「離日政策」をとったことでも知られる。本土―沖縄間の渡航制限の強化も、離日政策の一環としての側面があった。このように、キャラウェイは、政治的・経済的な面でも、渡航に関わる制度の面でも、本土と沖縄の距離を広げようとしていた。この意味で、沖縄観光の活発化の妨げとなるような政策をとっていたといえる。

しかしながら、一方で、沖縄観光はそうしたキャラウェイの離日政策にも親和的な面を持ち合わせていた。立法院開会席上でキャラウェイ高等弁務官が観光事業育成に関する演説を行ったことが、『観光沖縄』一九六二年二月号で報じられていた。そこでは、「「外資導入と観光事業」と題し重点施策として取り上げるべきだと強調された。この点は従来かって《ママ》ない米民政府の観光事業に関する施策で、立法院、行政府、米国民政府がどの位予算化して観光事業を推進するか衆視の的になっている[13]」とある。米民政府としても沖縄の観光事業を育成していくべきだとする考えであったことがわかる。背景としては、沖縄の経済的安定および自立は、米軍にとって占領コストの削減につながるというメリットがあったことがあげられる。櫻澤誠によれば、「すでに一九四〇年代末の沖縄政財界では、米軍基地の存在を前提としながらも、経済の自立的基盤を形成して輸出を促進し、基地への依存度を下げていこうとする「自立経済」論が提起されていた。それは米軍にとっても占領コストの削減につながるものであり、基地の維持に影響をおよぼさない限りにおいて、むしろ積極的に推奨されるべきものであった」[14]。同時に、観光を充実させ沖縄経済の向上を図ることにより、復帰運動を抑え込もうとする意識も、キャラウェイによる観光推進の演説から透けてみえる。

こうした状況のなか、本土の側も沖縄観光に着目しつつあった。本土では観光ブームの延長線上で沖縄観光ブームが盛りあがりをみせ、それを受けて沖縄でも観光推進の議論が高まっていくが、沖縄観光をめぐって本土側と地元沖縄側に意識のずれも存在していた。『観光おきなわ』一九六〇年九月号では、「調査団と地元側のギャップ《ママ》——観光問題を話合いで解消(日航調査團との懇談会)」と題する記事が掲載されている。そこでは、まず、本土側の意見としてこのように語られる。

> まず調査団一行を代表して、東京中央営業所の丸山氏が調査結果について大要次のような要望と感想を述べた。
>
> 本土では「夏は北海道、冬は沖縄」のキヤッ《ママ》チフレーズで沖縄観光ブームの熱が高《ママ》っているが、地元沖縄は観光に対して消極的であり、何等見るべき施設がないことを指摘、双方の間には、観光に対する考え方にかなりのギヤップ《ママママ》があるとも述べ、本土の沖縄熱に対して地元側はもっと努力して欲しい。(中略)
>
> 軍施設も立派な観光施設であるので、利用方法を考える必要がある。(中略)
>
> ジエ《ママ》ット機時代の沖縄は観光地としての条件が具備され、日本での沖縄観光ブームと日本人がちよ《ママ》っとした

> 外遊気分を味うに手近な場所にあるから、観光事業に対して強力に推進する必要がある。（中略）
> 沖縄の現状はちょうど北海道の三年前とよく似ているので、官民一体となって観光事業を推進するよう希望する。(15)

沖縄の現状を三年前の北海道と重ね、地元沖縄にはもっと観光施設の整備に力を入れてもらいたいと求めている。しかしながら、当時の沖縄にとっては、それは過大な要求だった。

そもそも、ここでは本土側は、本土の沖縄観光ブームと、沖縄が「日本人がちよ《ママ》っとした外遊気分を味うに手近な場所にある」ことという本土側の論理のみで観光事業の推進を要望している。だが、沖縄の側にはそうした本土側の要望を容易には実行できない状況があった。これについて、沖縄側の意見を確認しておきたい。

(7)　(NO38)　観光沖縄　1960年9月10日

沖縄観光についての所見

調査団と地元側のギャップ

観光問題を話合いで解消

日航調査団との懇談会

図2-11：「調査団と地元側のギヤツプ――観光問題を話合いで解消」（『観光おきなわ』1960年9月号、7頁）

> これに対して地元側は、第二次世界大戦で沖縄が焦土と化し、住民がまったくの裸から復興今日に至ったが、戦後五、六年間は貿易も行われず、その後貿易が出来るようになってからは復興に重点を置き、民生の安定に努めてきた。これまで日本からの観光客はみられず、わずかに遺族団が訪づれるに過ぎなかったが、経済的には何等プラスになることがなかった。（中略）沖縄の観光事業は国家の保護がなされず琉球政府の貧乏財政ではど

うにもならなかったと戦後沖縄の特殊事情をるる説明し了解を求め、沖縄の観光事業を育てるために本土の方々も協力して貰いたい。今沖縄としても観光事業を推進させるため、観光事業振興協議会を結成する準備を進めつつある。ホテル旅館の整備については沖縄が本土と違って海を渡らねばならない関係上、来客はおのづから制限があり、一年を通じて来客数をいくらに見積ればよいか予測出来ないし、このブームが何時まで続くか見通しがつかないと業者の悩みを訴えた。(16)

このように、沖縄側は第二次大戦で焦土と化し、終戦後に米軍統治下に置かれたため、復興や民生の安定化に努める必要があった。財政的な問題で設備投資ができず、インフラ整備も進んでおらず、さらにキャラウェイも本土と沖縄の政治的・経済的隔離を促すような離日政策をとっていた。そのため、沖縄の観光開発は本土の側の要請と米軍政府の要請のはざまで立ち往生せざるを得ない状況にあった。本土の沖縄観光ブーム到来の背後には、本土と沖縄の観光をめぐるこうした温度差も垣間見られた。

ただ、こうした齟齬をはらみながらも、一九六〇年代中盤以降、復帰が現実味を帯びると同時にさまざまな情勢が変化していったことを背景に、沖縄観光はいっそうその重要性が認識されるようになる。次節では、この時期の主要な観光構想をとりあげつつ、一九六〇年代にみられた沖縄観光の変化とその背景について検討する。

二　沖縄観光をめぐる複数の構想

「日本の戦跡」としての沖縄

沖縄ではすでに、ひめゆりの塔（一九四六年四月七日建立）、健児の塔（一九四六年四月九日建立）を中心とする南部戦跡が、一九五〇年代初頭から戦跡参拝のメッカとなっていた。特に、ひめゆりの塔には沖縄県住民が盛んに参拝に訪

1964年12月30日　観光沖縄　（No.89）　(6)

林立する慰霊塔

南部戦跡

△昨年中に建立された塔

賀正

琉球商工会議所

会頭　竹内和三郎

副会頭　船越尚友

副会頭　仲田睦男

副会頭　安座間実

専務理事事務局長　松川久仁男

図2-12：「林立する慰霊塔　南部戦跡」（『観光沖縄』1964年12月号、6頁）

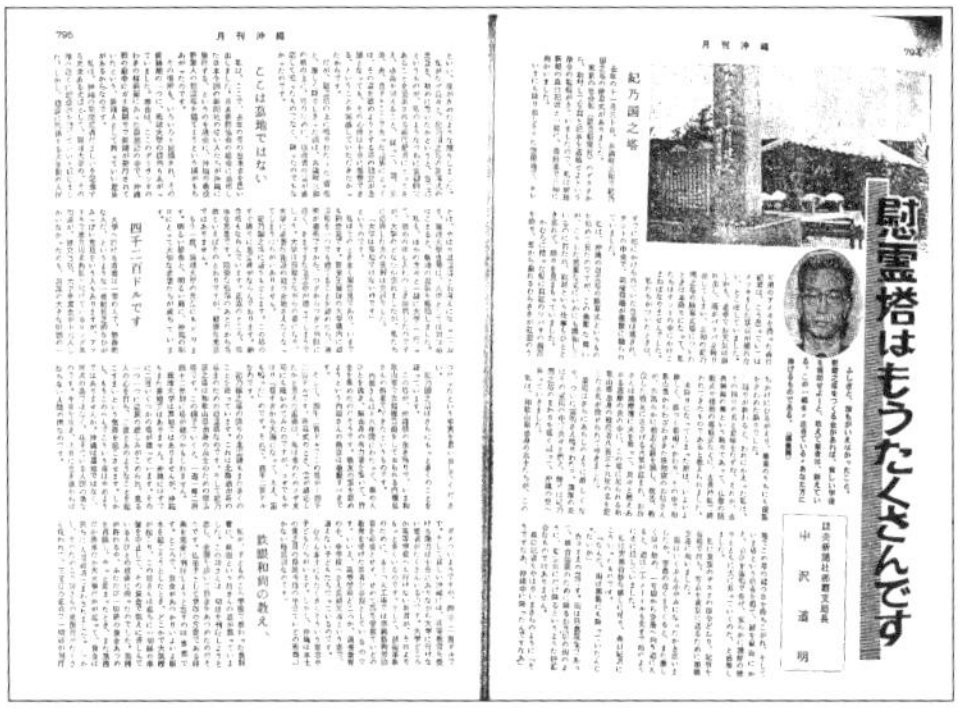

慰霊塔はもうたくさんです

図2-13：「慰霊塔はもうたくさんです」（『月刊沖縄』1962年1月号、『月刊沖縄ダイジェスト版（下）』月刊沖縄社、1981年、794〜795頁）

れていた。しかし、一九五〇年代の時点では、本土から沖縄への渡航は容易ではなかったことから、本土から訪れる遺族団・巡拝団はごく一部に限られていた。[17]

一九六一年頃から、渡航規制の緩和を背景に、沖縄への渡航者数は急増した。一九六〇年には一五、〇〇〇名弱であったものが、翌一九六一年には四六％増の二一、六〇〇名、一九六三年には三年前の倍以上の三五、〇〇〇名が沖縄を訪れていた。[18]一九六〇年ごろから米国民政府は沖縄観光者のために沖縄を開放する方針をとるようになり、一九六四年四月に観光目的の海外渡航が自由化されると、沖縄への渡航は格段に容易になった。「遺族団による戦跡巡礼も、このころから増加の傾向が見られるようになった。それに伴い、さまざまなモニュメントが建てられ、なかでも府県別慰霊塔の建立の動きが顕著になった」[19]。摩文仁丘に本土各県の慰霊塔が乱立する状況がつくりだされ、そのことは、摩文仁の丘を戦跡観光のシンボリックな場として成立させ、戦跡観光地としての沖縄の位置付けをますます際立たせることになる。[20]

このようにして、一九六〇年代中頃までには戦跡巡拝が本土から訪れる観光客の定番となったわけだが、こうした状況は一九六〇年代後半の沖縄において、観光開発の面からどのように議論されていたのだろうか。『観光沖縄』一九六五年一月号には、「飾りすぎた戦跡」と題して、日高信六郎、藤島敏男、嘉治隆一による座談会の内容が載せられている。

嘉治　沖縄の亡くなった方々のための慰霊塔は、これは当然だと思いますが本土からきて、ここで戦死したからといって、いくつも慰霊塔をつくらなければいけないということには、ちよ《ママ》っと賛成しかねますかね。（中略）本土の人たちには、それぞれ郷里にお墓もあるのですから……。それよりも無名戦士の碑を立ててやることでいいと思います。（中略）

インタビュアー　あの摩文仁の丘は慰霊塔の花ざかりというところですね。

藤島　お祭りの出しものを競っているみたいです。

日高　黎明塔の近くに、こわれた城壁らしいものがありました。本土でも同じようなことがいえますが、自然と歴史が戦地としましても一つの記念です。それが戦死者を弔うために戦地そのものの形を変えてしまい、その重みといいますか、真ずいが失われてしまった。歴史上の記念物をなんとかして保護するという見地からここは手をつけてはいけないという保護地域ができていいと思います。そのまま放っておきますと、やがてわからなくなります。新しいものができたために古いものがなくなってしまう。――それでは戦跡が戦跡でなくなってしまいます。（中略）

藤島　できるだけ簡素にして、訪れた人が、いかにも悲惨だという感じを受けるようにしておいた方がいい。それをあとから手を加え碑を立てると、その感銘がうすれます。[21]

ここでは、摩文仁の丘に慰霊塔が乱立する状況について、批判的に論じられる。「戦跡が戦跡でなくなってしまう」という事態を避けるためには、自然のままにしておくほうがいいと述べられている。摩文仁の丘にこうした日本各県の慰霊塔が乱立する戦跡のあり方は、沖縄県内でたびたび批判されていた。戦跡の現状と課題について、沖縄観光協会事務局長の山城善三は、「観光事業開発について」と題して『今日の琉球』一九六六年一〇月号で次のように述べている。

沖縄の観光にかかせないものに戦跡地めぐりがある。太平洋戦争最大の激戦地といわれる南部は当時の悲惨なおもかげをほとんどとどめていないし、霊域の感じがない。そういう意味でもっと木を植えて霊園化する必要がある。

そのほかに戦時中、日本軍司令部のあった壕を復元しようとの構想もある。ひところ、那覇市がその壕を発掘しようとしたが、このあたりの地形は激烈な戦闘ですっかり変わってしまい、いまだに発掘するに至っていない。この壕の復元を進めるとともに政府立公園計画のある首里末吉に山田真山氏の平和慰霊の像を設置し、その他戦争記念館を建てて、当時の写真や記録、戦具その他の資料を展示し、また平和への願いをこめた記念館として後世に残すことも必要だと思う。(22)

南部戦跡が、「当時の悲惨なおもかげをほとんどとどめていない」こと、「霊域の感じがない」ことを問題視しており、木を植えて霊園化することや、「日本軍司令部のあった壕を復元」するといった構想を示している。また、戦争記念館の建設という案もみられる。

こうした議論は、『観光沖縄』においても展開されていた。

日本人にとっては、余りにも悲しい南部コースですが、この痛ましい悲劇が洞窟と碑の羅列に終っているようで例えば原爆にやられた広島の「平和資料館」のそれのようにその時の写真、着ていた服、遺言状、血染めの日の丸、銃器などを集めた「沖縄の平和記念館」の南部建設などあれば、観念的でなく、もっと具体的に観光客に訴えるものが多いと思いますが…[23]。

上記の引用文では、沖縄の戦跡が具体性に欠けるとの認識から、広島の「平和資料館」を参考に記念館を建設するという案が示されている。『観光沖縄』の誌面上ではさまざまな案は提示されるものの、沖縄の戦跡をどのように扱うのがいいのかについてのまとまった見解はみられなかった。結局方針が定まらないままに日本各県の慰霊塔が乱立するような状況になったことが推察される。ただし、そこには、今後の沖縄の観光は戦跡観光だけではやっていけないという共通認識が存在していた。では、戦跡観光と並んで沖縄観光の二大柱とされていた買い物観光についてては、どのように議論されていたのだろうか。

買い物観光の限界

外国製品などを日本本土よりも安く買うことができるということから買い物観光も戦跡観光と同様に、初期の沖縄観光の中心的役割を担っていた。沖縄観光で土産品に使われる金額は、『観光沖縄』一九六一年一二月号によれば次のとおりである。「観光収入は約五百万ドルと予想されているが観光課の話によるとこのうちの一八％がみやげ品代だという。観光収入百ドルのうち二十九ドルが食事代、二十ドルが宿泊代、二十一弗が交通費、十八弗がみやげ品代だとされ、のこりが娯楽その他の費用につかわれるという[24]」。土産品や買い物についてはこの時期の沖縄観光を支える重要な要素であったため、『観光沖縄』でもたびたび議論がなされていた。『観光沖縄』一九六二年四月号には、「買物にはまだ魅力がある。外国製品が安く買えるといふ点で、しばらくは有望だ[25]」とある。沖縄で買い物観光といえば、沖縄の名産品などではなく、主に外国製品の購入のことを指す状況があった。これについいて、『観光沖縄』一九六一年一二月号「みやげ品には島産品と舶来品がある」が、「沖縄を訪れる観光客が買ってかえるみやげ品を、島産品と舶来品にわけてくらべてみると大体七対三の割で舶来品が多いといわれる」とされている。沖縄での舶来品の購入について、免税店制度を導入してより強化していくべきとの声もあった。

　沖縄にいけば舶来の時計や宝石や、ゴルフセットなどが買える。ということは、一つには観光沖縄の魅力となっているという。だから、舶来品が多く売れるということは悪いことではない。むしろ、懇談会で販売業者側から要望されたように、免税売店をつくることによってもっと助長すべきである。日本本土でも御木本の真珠など、パスポートを示すと税金の払い戻しができるようになっていて、欧州からの訪問客にとって一つの魅力となっている。沖縄の場合、観光誘致のキャッ《ママ》チフレーズの一つに、「沖縄で安い舶来物と《ママ》」ということを打ち出してもいいように免税売店制度はぜひ検討せよという声がでるのもむりのないことだ[26]。

　このように、外国製品の買い物が沖縄観光の魅力となっている一方で、沖縄の名産品や島産品、沖縄らしい土産品が乏しいことが問題視される面もあった。「沖縄の場合、本土の真珠やカメラなどと違って自分の手でつくったものではなく、海外から輸入したものだという点に問題がないわけでもない。島産みやげ品との競合という別の問題もあるわけで、免税売店の設置は、品目指定によるべしとか、地域指定がいいとかの議論もあり、慎重な検討が必要」だとしている。さらに、「九州あたりで、琉球泡盛、漆器などが安価に量産されつつあることに対する対抗策」として「琉球産マークの表示」をするべきだとの意見もあった。こうした問題意識から、「経済局観光課と商工課がタイアップして観光みやげ品懇談会」が開かれ、「琉球産マークの表示や、免税売店設置などの検討が強く要望されたほか、生産面における技術、施設面の改善、強化、金銭面の隘路打開といった多くのことがらについて政府の積極的な施策がのぞまれた[27]」と報じる「琉球新報」の記事が『観光沖縄』一九六一年一二月号に転載されている。琉球泡盛や漆器といったその後の沖縄みやげの定番となるような物品に対して、この時期に「琉球産マーク」の表示などの対策で琉球産としてブランド化しようとする意識が強まっていたことがわかる。

一九六二年七月には、「沖縄観光みやげ品協会」が設立され、『観光沖縄』で次のように報じられている。「沖縄観光ブームに乗って、観光団への沖縄産のおみやげ品が少なく、又デザインや包装内容等についても充分検討する必要があると叫ばれていた。しかも価格不統一のため観光客より不評を買っていた業者が今回観光おみやげ品協会を作り、共同の宣伝をやる外品質の改善、販売の統一を図ることになった」[28]。一九六〇年代前半における本土観光客の沖縄観光ブームの到来は、沖縄産土産品の脆弱さを意識させ、検討を促すきっかけとなっていた。

このように、一九六〇年代前半においては、買い物が沖縄観光の大きな魅力であるため、土産品をめぐって沖縄産の物品を強化していくべきだとの問題意識が強くみられた。そのことは裏を返せば、舶来品・外国製品の売り上げが好調であることを前提としていたといえる。

しかし、一九六〇年代後半以降になると、このまま買い物観光に頼っていてよいのかという懐疑的な意見が出てくる。背景には、沖縄観光をめぐる状況の変化があった。まず、一九六〇年代後半の沖縄観光に関わる制度面の大きな変化として、入国手続きの簡素化がある。そもそも、「日本本土から沖縄への渡航は容易ではなかった。沖縄に米軍基地が多く設けられていたこともあり、渡航に際して、パスポートに類する身分証明書を携行しなければならなかった。その発給のためには、身元申告書や入域許可申請書が必要であり、これらの手続きには一カ月以上を要した」[29]。手続き簡素化の要望は一九六四年頃から沖縄観光協会を中心に提示されていた。

われわれは香港、台湾、沖縄の三点を結んだ観光ルート大いに提唱してきたにもかかわらず最近は香港、台湾の線のみ利用されて、沖縄が完全に除外され出し先日も本土の旅行業者の集まりで沖縄の不振が出された。その理由についてては判然としている、それは手続きが面倒くさいということである。[30]

上記のように、沖縄観光の不振の原因は手続きの煩雑さにあるとの認識が示され、一九六四年から一九六五年にかけては、特に入国手続きの制度変革が焦点となっていた。

その背景には、同時期に本土観光客の人気を集めていた台湾、香港などのアジア諸国の存在がある。一九六五年六月号の『観光沖縄』においても、「これまでは、いわゆる〝買物観光〟で沖縄入りした「層」はすでに、ハワイや台湾、香港に足を伸ばしているし、舶来品はむしろ沖縄よりも安く買える状態である。そして、この傾向はますます発展するものと容易に予想されるものである[31]」と指摘されている。買い物観光で沖縄を訪れていた層が、ハワイや台湾、香港に流れ出す事態は、沖縄観光の危機としてとらえられ、盛んに議論された。それは同時に、それまでの観光のあり方を根本的に見直すべき時期に入ったことを観光関係者たちに意識させた。

琉球東急ホテル専務取締役の辻又一郎は、「事業団の設立で観光開発を──積極的な観光客の誘致をはかれ」（『今日の琉球』、一九六六年一一月号）と、沖縄の観光について次のように語る。

> 沖縄の観光客はほとんどが日本本土からで、その目的は以前はショピング《ママ》だけでしたが、現在はショピング《ママ》のほかに戦跡地巡拝、さらに沖縄のけしき、風物にふれるためにくるのが多くなりました。この点沖縄の観光は世界の観光地としてよりも一億の人口をもつ本土にもっと観光沖縄のイメージを与えるべきです。観光地というものは最初は学生や特殊な人びとが訪れ、珍しいところだったとか、おもしろいところだったということで一般に宣伝され、それから一般の観光客が行くようになり、有名になって金が落ちるというのが普通に発達している観光地です。
>
> ところが沖縄の場合は逆です。沖縄には米軍の基地があり、米軍が沖縄を宣伝している格好になって基地の中の街、ドル紙幣の流通、安い外国製品などの魅力に引かれたものです。（中略）

戦跡地としての沖縄だけでは観光客を誘致する魅力に欠けており、戦争で血を流した場所を観光地として売り物にするのは間違いだと思います。戦跡地は観光資源というよりはむしろ沖縄の「宝」といったほうがいいでしょう。こういった宝は宝としてとっておき、観光客はお金をもって教育をうけにくるのではなく、物見遊山にくるのですから気軽に楽しく遊べるような施設をつくるべきです[32]。

沖縄の観光は、外国製品を中心とする買い物観光で始まり、その後戦跡観光も定番化したが、本土の渡航制限が解かれたことから、ハワイおよび台湾・香港・韓国などの東アジアの国が沖縄と競合する観光地として浮上していった。これらの国の方が外国製品を安く買えるため、沖縄の買い物観光は急速に魅力を低下させていく状況があった。そのため、それまでの観光のあり方から方向転換をしなければならないという議論がなされるようになっていた。買い物観光と戦跡観光は、一九六〇年代までの沖縄観光の中心を担うものであったが、一九六〇年代後半は、台湾や香港などアジアの観光地の台頭によって、沖縄の買い物観光の限界がみえてきた時期であったといえる。

「必要悪」としての売春

買い物や戦跡と並んで、売買春を中心とした性を消費する観光のあり方も存在した。田中雅一によれば、一九六九年三月の時点で、売春に携わる女性（特殊婦人）は、全体で七、三六二人だった。「そのうち那覇に三〇九六人、コザ二五七五人、石川市九六四人などとなっている。しかし、売春に関わる店舗がおよそ三一〇〇軒、それ以外の飲食店が三〇〇〇軒あることから推察すると、一万人を超していたのではないかと考えられる[33]」。沖縄の観光に関する議論でも売買春問題が取り上げられることがあった。例えば、「沖縄の恥部〝売春〟」（『観光沖縄』一九六五年五月号）という小見出しで、以下のような意見が述べられている。

沖縄の売春問題は十数年前から論ぜられているが、その防止法は今のところ見通しもつけ難い、つまり沖縄は殆ど島全体が基地の街で、若し売春禁止法でも出来た場合は、軍人が一般民家の婦女子に乱暴をはたらくだろうことはあきらかで、それらの婦女子を護るために必要だとのことだ、また現在管理売春業者が約千軒、売春婦が約一万人、あるいは実在数は二万人とも言われてを《ママ》り、それらの生活保護にもやはり〃必要悪〃だとして売春防止法は時期尚早だとする論がある。（中略）

更に最近では観光問題が大きくとりあげられ、防止法とは逆に売春地帯を設けたらとの意見が堂々と述べられるようにもなった、台湾をはじめ世界の何れの国でも観光には〃女〃がつきものだ、むしろ性病予防の検梅など衛生検査を行い〃旧辻町の復活〃あるいはおき屋を置いて黙認制を行なえなどの話しも出てきた。売春も観光産業というのであろうが、なかなかむつかしい問題である。(34)

1965年4月30日　観光沖縄　(No.93)　(4)

ちょっと一言

観光沖縄とはいうけれど（3）

松川久仁男

図2-14：「観光沖縄とはいうけれど(3)」(『観光沖縄』1965年4月号、4頁)

売春防止法の議論はされてきたが、もし実際に成立した場合には、「軍人が一般民家の婦女子に乱暴をはたらくだろうことはあきらか」であり、米軍関係者による性犯罪への懸念や生活保護の観点から、一般女性を守るためにも、性風俗業に従事する女性の生活保護のためにも、売春は「必要悪」だとしている。沖縄の売春は、米軍の慰安としての性質が強く、基地の存在と切り離すことのできないものであった。さらには、「観光問題」と関係して、防止法とは反対に「売春地帯を設けたら」いいのではという意見まで出てくる状

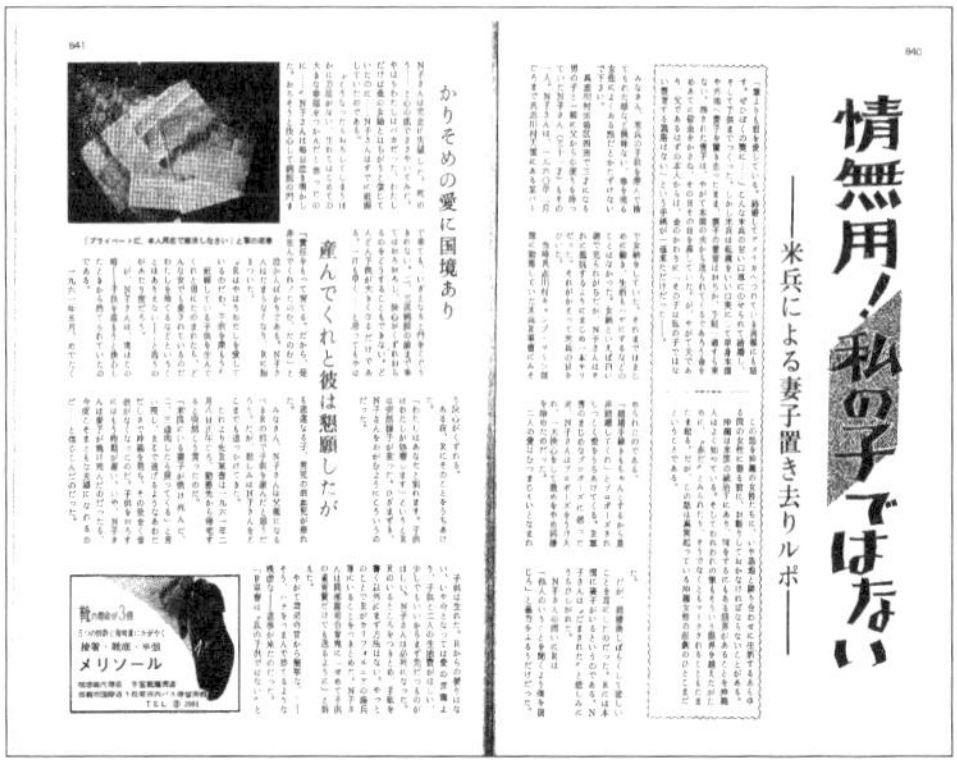

840

情無用!私の子ではない

――米兵による妻子置き去りルポ――

841

かりそめの愛に国境あり

産んでくれと彼は懇願したが

メリソール

図2-15「情無用!私の子ではない――米兵による妻子置き去りルポ(『月刊沖縄』1963年12月号、『月刊沖縄ダイジェスト　復刻版(下)』月刊沖縄社、1982年、840～841頁)

797

あなたの夜を買います

観光客にBGを

売るたくましき商売鬼

案内するだけで十弗!

銀行員にモーションかけた旅行社

図2-16:「あなたの夜を買います」(『月刊沖縄』1963年7月号、『月刊沖縄ダイジェスト復刻版(上)』月刊沖縄社、1982年、797頁)

況があったことがわかる。本土からの男性観光客が観光地での娯楽の一種として楽しむという風潮もあり、売春を観光産業の一部として容認する向きもあった。一九六〇年代中頃の時点では、沖縄女性が、米軍人、本土男性客の消費の対象とされることへの危惧は薄かった。

背景として、当時の沖縄の売春は米兵中心のものであったことが大きい。一九六三年七月号の『月刊沖縄』でも、「売春天国におどる男たち――悪質なブローカー・金融業者・私立探偵・暴力団」と題する記事のなかで、「米兵隊相手の売春婦がなくなるとした場合、そのときは終戦直後のように社会は外人に荒らされるにちがいない。つまり、兵隊たちの暴行事件が多くなるのは明らかだ[35]」と語られている。この時期の売春は、一般女性を米兵犯罪から守る防波堤として位置付けられていた側面があった。米兵犯罪を助長する危険性があるならば、禁止するよりもむしろ売春を公的に認め組織化したほうがいいと考えられたのである。

しかし、米兵中心の売春は同時に別の問題も引き起こしていた。米兵による「妻子置き去り」問題である。一九六三年一二月号の『月刊沖縄』では、「情無用!私の子ではない――米兵による妻子置き去りルポ」と題する記事が掲載された[36]。米兵との子どもを妊娠した性風俗業で働く女性が、「生んでくれと彼は懇願した」から出産したにもかかわらず、米兵のアメリカ本国への帰国に際して結局沖縄に置き去りにされ、ますます貧困となっていく事例が多数紹介されている。「本土では法があるが」、沖縄では誰も守ってはくれないという。米兵が置き去りにした子どもは「混血」と呼ばれ、貧困な家庭で育った彼女たちもまた貧困のためにしかるべき教育や職業を手に入れることができず、女性の場合、若くして性風俗業で働くしか選択肢がなくなる場合が多い。

こうして、「混血」と呼ばれた女性たちが沖縄の歓楽街・売春街で働くようになり、それが本土の男性観光客にとって異国情緒を感じさせる「沖縄らしさ」として消費されていくのである。このような貧困が再生産される状況が、歓楽街・売春街では顕著に現れていた。

一方で、一九六〇年代にも、米兵相手だけでなく本土男性を相手にセクシュアリティを売る商売も少なからずあったようである。一九六三年七月号の『月刊沖縄』に掲載された「あなたの夜を買います——観光客にBGを売るたくましき商売鬼」という記事では、昼間の職業についている女性たちも本土男性相手のコールガールをする場合があったことが記されている。

「内地の人ならOK」沖縄には、売春禁止法がないため、赤線地帯は必要悪として許されている。誰でも知っている名前を上げると、コザの吉原、那覇の十貫瀬、二中前、浦添村の家町、などなどだ。(中略)ところで、売春街らしくないところに、それらしい女たちが多くなっているのが最近の那覇の街である。都会的色をおびていくにしたがって、〝誰も知らないのだ〟というでき心?が起こるのか、それとも食べていけなくなって、春を売るのか、政府公務員の中にも、コールガールの組織さえできていると噂さのあるこの頃である。また、貴金属店の店員や、デパートの売子たちにも、春を売って、青春をたのしく送っているということもよく耳に入る。[37]

ここでも、「沖縄には、売春禁止法がないため、赤線地帯は必要悪として許されている」とある。このように、沖縄の売春は「必要悪」だと繰り返し語られることによって、性風俗業を主たる収入源にしているわけではない女性に対しても売春の敷居を下げているかのような状況があったのではないだろうか。加えて、「内地の人」であれば、沖縄に長居するわけではない場合が多いため自身の私生活が守られるという点から、沖縄に一定期間とどまり続ける米兵相手の売春に比べてリスクが低かったことも要因としてあげられる。ただし、ここでは「内地の人」とあるが、それが仕事のために沖縄に訪れた人なのかあるいは観光客なのかは不明である。少なくとも、この時期には「観光売春」が復帰後にみられるような形で非難の対象となっていたわけではなかった。

大田昌秀・大江健三郎編の雑誌『沖縄経験』の一九七一年秋（一一月）号では、「基地・軍隊・売春——売春問題に焦点をあてて」と題する記事が掲載され、売春問題について意見が示された。そのなかでは、「沖縄の婦人問題を解決するためには、どうしても基地をなくし、米軍も自衛隊も沖縄から追っぱらうことが先決である」ということが指摘される。(38) また、売春禁止法は一九七〇年七月一〇日に立法されたが、議会では「売春をさせられている女たちの人権に対する配慮は何一つなかった」という。続けて著者は、「敗者の女たちが勝利者の男たちの性の犠牲になる悲劇は昔も今もかわらない」と述べる。しかしそこで問題として取りあげられているのは「日本軍と慰安婦」「米兵の性犯罪」「基地と売春」である。つまり、沖縄の女性の身体を消費する主体は「昔」は「日本軍」であり、「今」は「米兵」であるという構図でとらえている。ここでは、終戦後の日本人男性による観光売春についてはふれられていなかった。このように、復帰前の一九六〇年代の段階では、沖縄の売春問題は米兵問題としてとらえられていたことから「必要悪」であるという語り方が一般的であった。

以上でみてきたように、一九六〇年代の沖縄における観光の中心には戦跡観光とショッピング観光があったが、一九六〇年代後半以降それに対する問い直しの議論が顕著になっていった。売春については観光産業としての側面が徐々に意識されつつも、本土男性観光客が沖縄で女性の性を消費することへの問題意識以上に、米兵による一般女性への性犯罪に対する問題意識の方が大きかったため、「必要悪」として容認される面があった。

三　復帰を見据えた観光開発の展開

明確なビジョンの不在

では、一九六〇年代以降復帰を見据えて沖縄の観光開発を展開していくなかで、その全体を総括するようなビジョンは存在したのだろうか。沖縄観光のビジョンと「沖縄らしさ」の問題がいかに語られたかをみていきたい。

一九六〇年代は、一九七二年の復帰へ向かってあらゆる面からその下地が用意された時期であった。一九六九年五月四日、極東放送（KSDX）で時事通信那覇支局長を八年間務めた東田幸雄のインタビューが放送され、その内容が一九六九年七月の『今日の琉球』に再録された。そこで、一九六〇年代の沖縄について次のような見解が述べられた。

　沖縄の将来、つまり七〇年、七一年、七二年の時代は沖縄にとって大きな変化の年だといわれていますがそこに至るまでの間を考えた場合、六〇年代があって始めてでき上がったものでこの六〇年代は終戦直後の何年かに匹敵する変り方でした。言葉をかえていうとこの六〇年代にレールが敷かれたわけですね。レールを敷くまでが大変だったわけです。このあとはいつレールの上を走らせるかが問題です。(39)

東田元時事通信那覇支局長によれば、「六〇年代は終戦直後の何年かに匹敵する変り方」だったという。続けて、一九六〇年代の琉球の政治、経済の発展は一九七〇年代へのレールの敷石であるとも述べていた。七二年の本土復帰は沖縄の大転換をもたらしたことは周知のとおりであるが、「レールを敷くまでが大変だった」とあるとおり、一九六〇年代の沖縄は、沖縄戦後史を考えるうえで重要な過渡期であったといえる。観光に関する議論もまた、復帰を視野に入れて展開されていくことになる。

では、その方向性はいかなるものだったのだろうか。琉球民政府の広報誌『守礼の光』一九六六年六月号では、松岡行政主席へのインタビュー記事が掲載されており、そこでは、「いま砂糖とパインに次ぐ大きな産業として観光事業がありますが、政府の予算が非常に貧弱なように見受けるんです。それで政府の予算を増額して、観光事業を振興していくという構想はございませんか」と観光事業の構想に関する質問がなげかけられた。それに対して、松岡主席は次のように答えた。

観光事業に対してこれまであまり重点がおかれていなかったんですが、今度そういう面を検討して、観光公社というのを立法化し、初年度は約五万ドルで始め、それから徐々に進めていきたいと思っているんです。統計から見ると砂糖が那覇の第一産業で、二が観光、三がパイン、四がマグロです。だから観光事業を大いにみんなで研究してもらう。政府だけでやってもどうにもならないので、民間人が各家庭で花を植えるなり、道のそばをきれいにそうじするなりして、沖縄を訪れる人にいい感じを与えること、そのために少しずつでもよくしようと思って三、四か月前から手がけたのが路傍にさまよう精神病者の収容です。そうすることによって観光客に非常に良い感じを与えることになります。幸いにこじきがいないことは非常に結構なことだと思っています。こういうふうにして今後は政府としても観光事業に全面的に力を注いでいきたいと考えています。(40)

このように、観光公社を設立し「これまであまり重点がおかれていなかった」観光事業を琉球政府としても推進しようとする姿勢が示されていた。砂糖やパイナップルといった沖縄の主要産業に並ぶものとして観光が意識されている一方で、具体的にあげられたのは「各家庭で花を植える」ことや、「精神病者の収容」といったことであった。ここには、観光地としての美化を促進することが、そこに相容れないと思われる人々を排除する論理へとつながっていく状況がみてとれる。沖縄に限らず観光地化は「美化」と「排除」の志向が連動して進められる面を持つが、沖縄も例外ではなかった。この時点では、観光地化と美化の意識が強調される一方で、どのような観光地を目指すのかという明確な方針は提示されていない。一九六〇年代後半に入り観光開発の推進へと動き出したものの、初期の段階では漠然と観光事業を進めなければならないという意識があるだけで、具体的なビジョンが明確に描かれているわけではなかった。

沖縄観光開発事業団の設立と観光娯楽施設の開発

琉球政府による観光開発の明確な方針は示されないまま、さまざまな観光施設やレクリエーション施設の開発が構想・実施されていく状況のなかで、沖縄観光事業団設立を求める議論が展開されていく。琉球東急ホテル専務取締役の辻又一郎は、『今日の琉球』一九六六年一一月号で、「事業団の設立で観光開発を――積極的な観光客の誘致をはかれ」と題する次のような提言を示している。

沖縄では観光から得る収入は糖業の五千四百十四万ドル（六五年）に次いで一千五百三十万ドルと二位になっています。これだけの収入をもち、さらに充実した観光政策を推し進めようと政府が腰をあげて、観光事業団を設立するための法案を立法院に送っています。（中略）

近年、韓国が観光に非常に力を入れており、〝観光韓国〟ということで本土にも相当PRしています。本土にとっては沖縄よりはむしろ韓国の方が地理的にも近く、また異国情緒という点でずっと魅力があり、現在の沖縄―台湾―香港というルートも観光公社のできた韓国が本気になって力を入れると、沖縄はこのルートから

図2-17：「座談会　観光の拠点づくりを急げ」（『月刊沖縄』1970年3号、『月刊沖縄ダイジェスト復刻版（下）』月刊沖縄社、810～811頁）

はずされないとも限りません。

　こういった観光に対する最近の国際的な動きをよく考えてできるだけ早く観光開発事業団を設立していただきたいと思います。[41]

　上記のように、韓国・台湾・香港など東南アジア諸国の観光地の動向は、沖縄観光を論じる際強く意識されていた。そういったライバル観光地の台頭も後押しして、一九六七年八月九日の立法院定例議会の最終日、「沖縄観光開発事業団法」が成立した。琉球政府によって設立された沖縄観光開発事業団（総裁は渡名喜守定）は、その一大事業として、海中公園の建設に取り掛かった。海中公園の建物のうち最初に完成したのは海中展望塔であり、ブセナ岬の一、四〇〇平方メートルの敷地に二〇〇万ドルをかけて造られた。[42]

　沖縄観光開発事業団は、海中公園以外にもさまざまな計画を立てていた。例えば、『守礼の光』一九七〇年一二月号によれば、「観光客誘致のために旧日本軍の首里司令部壕を再建する計画」もあった。ただしこれは「いろいろな理由からとりやめになった」が、「小禄の海軍壕は再建され」たという。さらに、「沖縄観光開発事業団のいまひとつの計画であった沖縄南部の摩文仁丘の休息所「海の家」の工事は、急を要するものとして琉球政府厚生局に移された」。また、同開発事業団が建設・運営している娯楽施設として沖縄北部屋我地島の屋我地釣センターもあった。同事業団は「将来の一大計画」として、「沖縄中部の地に、観光客や若い人たちに昔の建築様式や伝統的な民芸品を見せる、古代沖縄のモデル部落を造ること[43]」も掲げていた。

他にも、『守礼の光』によれば、レクリエーション施設の定番として、ゴルフ場を誘致しようという動きが出てきて、一九六六年一月には琉球実業人のグループによる沖縄カントリー・クラブが発足した[44]。一九六九年には大規模リゾートホテル「沖縄ヒルトン」の建設が開始されたが、これは、「地元実業家とヒルトン国際社、および貨客輸送に世界的なジェット機輸送網を持つトランスワールド航空会社（ＴＷＡ）の協同企業[45]」によるものであった。『守礼の光』一九六九年一二月号は、「中部沖縄北中城村の海に突き出た丘の上で、多くの工事関係の人たちが一九七一年の観光シーズンまでに完成を目ざし、第一級のホテル、沖縄ヒルトンの本館および付属バンガロー建設工事に大わらわで取り組んでいる[46]」と伝えている。また、一九六九年七月には、恩納村に海水浴場をはじめレジャー施設として万座ビーチ大京ランドが店開きした。同施設は、三四万ドルを投じて第一期工事を終え、完成までに一三〇万ドルが投資される予定であることが、『今日の琉球』で示されている[47]。このように、本土資本および外国資本による観光開発も一九六〇年代後半の沖縄において徐々に見られるようになっていた。

図2-18：「守礼門」の前に立つバスガイドたち（『観光沖縄』1961年1月号表紙）

図2-19：1964年の首里城周辺（『観光沖縄』1964年4月号表紙）

「沖縄らしさ」の検討

沖縄観光開発事業団の設立により個別的な娯楽施設の開発は進められていった。しかし、沖縄観光の統一的なビジョンの不在という問題と表裏をなして、観光開発における「沖縄らしさ」の問題が浮上してくる。ここでは、観光をめぐる議論のなかで沖縄らしさの問題がどのように語られていたかをみていく。

> 観光の非常にむずかしいところは、特色を持っていないと意味がないということですね。観光客というものは、何か変ったところを見たいということと、また多勢い《ママ》くるとあまり不便でもいけないので便利であることを求めます。（中略）そうい《ママ》た意味で沖縄の観光というものも、あくまでも沖縄らしいところを残しておくことです。(48)

これは、『観光沖縄』一九六五年一月号に掲載された「飾りすぎた戦跡」と題する記事の一部である。沖縄に限らず観光地は、その場所らしさを演出する必要がある。沖縄が、メインターゲットである本土観光客にとってより魅力的に映る観光地となるためには、「沖縄らしさ」の問題は避けて通れないものであった。沖縄の復帰運動では祖国復帰や日本への同化を目指してきたが、観光の面でいえば単なる日本化は沖縄の観光地としての魅力を低下させてしまうことになりかねない。本土復帰が現実味をおびていく時期にあたって、本土が求める沖縄像を模索していくことは必要不可欠であった。

『観光沖縄』一九六〇年一〇月号では、「観光沖縄について――独自の風土活かせ」と題し、本土側の観光関係者からの要望として次のようなもの示されていた。

> 沖縄が観光に新しい領域を開拓するなら、まず第一に沖縄独自の風土を観光資源として、しっかりつかんでもらうことです。
>
> 国際通りの街路樹の如きも、柳の並木にしては、沖縄らしくなく、銀座のマネゴトにしかすぎません。北海

道がポプラの並木を売りものにするように沖縄では沖縄独得のガジマルやデイゴなどを植えて特異な感じを出していただきたいものです。

つぎに沖縄はパインやバナナ、パパイヤの産地ですから料理屋さんや旅館でも沖縄産のくだものを〝沖縄の味覚〟として出していただきたい[49]。

このように、一九六〇年代初頭の時期においては本土側から「沖縄らしさ」の問題にふれられることがあったが、沖縄の側から「沖縄らしさ」を打ち出していこうとする意識は薄く、そうした議論もそれほどみられなかった。内容としては、街路樹には柳などではなく、沖縄らしさの感じられる植物を植えてほしいということや、旅館や料理屋では沖縄産のパインやバナナ、パパイヤなどの果物をだしてほしいと求めている。ここでは、「沖縄らしさ」を根本的に問い直すというよりは、容易に対応できそうな要望の提示となっている。しかし、こうした要望が出されること自体、当時の沖縄ではあらゆる面で「沖縄らしさ」に対する意識が薄く、旅館で出される果物一つとっても本土観光客の期待に答えられていなかった状況の裏返しであるといえよう。

一九六〇年代後半には、本土側の沖縄に求めるものを意識してより議論が深められていく状況があった。琉球放送テレビで放送された世界旅行家の兼高かおるへのインタビュー（聞き手は川平清琉球放送製作局長）のなかで沖縄観光について語られた部分が、『今日の琉球』一九六六年五月号に「観光資源に恵まれた沖縄」と題して掲載された[50]。この記事では、七年間をかけて一二〇数ヵ国を回ってきたという兼高による沖縄観光に対する提言が示されていた。

まず、聞き手の川平が「今は沖縄の三大産業の一つに観光ということが大分進出して来ているんですよ。砂糖、パイナップル、そして観光というふうに。これだけ聞きますと、ハワイみたいですけれど、そういった面で観光は大分立ち遅れているのではないかと思います」と沖縄観光の現状を伝えた。それに対し、兼高は「やはりハワイみたいだといわれたらということですけれど、沖縄は沖縄というユニークな面で、そのユニークさを活かして、世界のどこにもないようなものをつくり出したほうがプラスになるのではないかと思うんです」という。

それを受けて川平は、沖縄独特のものが失われつつある現状について次のように述べている。「沖縄の独特の風景である赤がわらに白いしっくいの屋根は最近だんだんなくなって来ましてね。コンクリートづくりの家が多くなりました。それでまあ、観光を意識することももちろん政策的に必要だと思いますが、ある地区を風致地区にしてそこに行けば沖縄独特の家がみられるとか、武家屋敷だとか尚家屋敷だとかそういうものが見られるようにすべきではないか。また沖縄的な名前をかえて本土的な名前にかえる風潮があるんですが……」。これに対し、兼高は「もったいない話だと思うんです。やはり沖縄だけしかないものはあくまでも保存するべきだと思います」と主張した。

一方、川平は「観光事業の中によく人々は昔のものだとか暗い独特のものだとかをなくして、なるだけモダンなものにしようという気持もあるんですが、それはなにも郷土愛とか国粋的にならなくても、いわゆる劣等感をすてて、もっと保存すべきだと……」と述べ、沖縄の「劣等感」にふれている。ここには、沖縄独特のものを「昔のもの」「暗い独特のもの」とする当時の風潮をみてとることができる。目標として「本土並み」を掲げてきたこの時期の沖縄において、沖縄独特のものや昔のものは、沖縄の異国性や後進性といった本土に対する「劣等感」を意識させるものでもあった。この時期の沖縄においては、沖縄独特の文化を異国情緒として積極的に本土に打ち出す段階にはまだ至っていなかったといえる。

しかし、本土出身の兼高は「ええ、古いものとか伝統的なものはかえって保存するのが道だと思うんですよ。それを悪いと思うのが間違いでね。劣等感というのはほかのことからくることなんです。ほかの国にないものは、絶体《ママ》に沖縄の人が守って、こわすなんて絶体《ママ》になくすること、そして守ることをもっと積極的にしたほうがいいと思います」[51]とあくまでも古いものを保存すべきだと主張した。そして最後に、「みなさんがもう少し沖縄を見せるんだというプライドをもって沖縄のものを活かす努力をしてくださること[52]」との提言で締めくくった。

ここには、沖縄と本土の「沖縄らしさ」に対する意識のずれをみることもできる。古いものや伝統的なものを地元の人々が積極的に保存するべきだとする兼高の意見は、本土や世界中のさまざまな地域で当てはまるものだ。しかし、川平がそれを全面的に肯定することに躊躇するような姿勢をみせたことの背後には、沖縄独特の歴史的なものや古いものに対するネガティブな意識があり、それが本土への劣等感と結びついていた。沖縄の独自性を示すものの一つとして現在では「琉球」が想起されるが、この時期においてはまだ「琉球」を沖縄らしさの代表格として積極的に打ち出す状況には至っていなかったといえる[53]。

他にも、日本交通公社旅行クラブ会員の宮良薫は『今日の琉球』一九六七年九月号で、「国際親善に寄与する観光——施設の拡充で観光客の誘致を」と題する文章で次のように述べる。

> 沖縄観光の魅力は「海」と「空」の自然の景観であり、「沖縄にきた」という実感を植えつけるため「沖縄らしさ」を強調する必要がある。（中略）沖縄県花に「でいご」が選ばれているので、那覇市の近郊に「でいご園」を建設してはどうだろう。かつての名園「識名園」を復元して「でいご園」にし満開時に大々的に「でいご祭り」など催せばきっとPRに役立つことであろう。それに沖縄本島の南端から辺土岬までの道路の両わきに「でいご」を植え、全島を真紅の花で埋める。この景観をみて、観光客はきっと「沖縄にきたか…」という実感を肌で感じることであろう[54]。

ここでは、「「沖縄にきた」という実感を植えつけるため「沖縄らしさ」を強調する必要がある」とし、その具体案として沖縄の県花に選ばれた「でいご」の花を沖縄本島の南端から辺土岬まで道路の両脇に植えることや、「でいご園」をつくることがあげられている。しかし、こうした案がさまざまに提示されること自体、現状では観光客に「沖縄にきたか…」という実感を十分与えるような「沖縄らしさ」が備わっていないということの裏返しでもあろう。

以上のように、「沖縄らしさ」を大切にし、残していくべきだという議論はみられたものの、何をもって「沖縄らしさ」といえるのか、という点に関しては一九六〇年代後半を通してみてもまとまった答えが出されていたわけではなかった。

目標としてのハワイ——リゾート化路線へ

一九六〇年代後半には、「沖縄らしさ」をめぐる議論は平行線をたどったが、沖縄観光の今後を担うものとして「ハワイ」路線が強く意識されるようになる。沖縄のリゾート化である。本格的なリゾート開発は、一九七五年の海洋博開催が決定してから急速に進められることとなるが、一九六〇年代後半にも、徐々にリゾート路線へシフトしていく傾向がみられた。『今日の琉球』一九六九年九月号掲載の「沖縄経済の今後の発展——長期総合経済開発計画の早期立案を急げ」には、次のようにある。

観光産業はあらゆる経済報告書が指摘しているように最も有望視されている産業の一つである。一九六一年に八百万ドルであった観光収入が一九六八年には二千九百万ドルと三・六倍に著しく増加し、年率二五・五パーセントの伸びで砂糖に次ぐ第二の外貨獲得産業である。また砂糖とちがって将来の成長産業である。

ところが沖縄観光はショッピングと戦跡地参拝が中心であり、復帰するとその魅力が失なわれる可能性が充分にある。沖縄独得の地理的条件を生かした沖縄ならではの独占的な見せ場を売り出す必要がある。そのためには日本本土並びに東南アジアのどこにも見られない亜熱帯の風土と海洋資源を有効に生かした海洋資源立地型観光地が考えられる。観光産業は総合産業と云われるように、いろいろな要素が重なり合って成り立つものである。

このように、復帰を視野に入れた観光産業への期待が高まるとともに、新しい沖縄観光の方向性として、「沖縄独得の地理的条件」を活かした「海洋資源立地型観光」すなわち、ビーチや水族館、海中公園などの娯楽施設をつくり、リゾート開発を進めるという議論が盛んになっていく。このリゾート開発路線には、明確な目標があった。沖縄の目指すべき観光地としてのハワイである。ハワイと沖縄の類似性およびハワイの観光の見習うべき点は、沖縄の観光開発について論じる際も頻繁に引き合いに出されていた。

琉球政府は、観光の国際組織である太平洋地域観光協会に加入して国際的な宣伝を活発化していくことを目指し、その一環として「第一回観光セミナー」が那覇市天久の琉球東急ホテルで開催され、関係者役一五〇人が参加し観光の改善策を討議した。太平洋地域観光協会専務理事のマービン・プレーク氏による講義内容が『観光沖縄』誌面で紹介され、次頁で松川久二男が次のように語っている。

沖縄とハワイは気候、産業、あるいは基地経済が中心となっている点など、よく似ていることからハワイの繁栄について学ばねばならぬが、この観光事業などは最もなものだろう。ハワイの十年前の観光客九万一千人だったのが、昨年は約五倍の五十万九千人、来年は五七万五千人、五年後には百万人になる予定だというから大変なものである。(56)

沖縄とハワイの類似点として、気候、産業だけでなく、基地経済が中心となっている点もあげられている。沖縄が「第二のハワイ」を目指す背景にも、基地の存在は少なからず関わっている。渡名喜守定（沖縄観光開発事業団理事長）は、「近年沖縄の観光産業の進展は著しいものがあり、観光客数は毎年増加の一途を辿り一九六八年には前年の三一・二パーセント増の約十五万人に達している」ことにふれ、「沖縄の観光産業がハワイと同じく基地収入に次いで砂糖、パインをはるかに凌ぐ重要産業になり得る可能性がある[57]」という展望を示している。

一九六八年一〇月に琉球政府通産局、沖縄観光開発事業団および沖縄観光連盟の三者が共同で作成したマスター・プラン「沖縄観光開発五ヵ年計画」は、一、海中公園計画、二、亜熱帯観光基地計画、三、平和公園計画の三つの柱が基礎として計画された。このなかで、二、亜熱帯観光基地計画に関しては、「これは一言にしていえば沖縄を極東のハワイにすることである。九州以北、台湾以南に見ることのできない亜熱帯諸島と海洋性気候との調和のとれた亜熱帯風物の中に天恵の地理的条件を利用して沖縄全体を包むことである[58]」と、明確に「極東のハワイ」という目標が示されていた。

以上のように、一九六〇年代後半における沖縄観光のあり方としては、それ以前から続く戦跡観光と買い物観光を柱としつつも、本土観光客の渡航自由化による影響を受けて、新しい方向性としてリゾート開発が浮上してきた。従来の観光のあり方や今後の成長性が不安視されるなか、具体的な沖縄像を描き出すには至らず、漠然と「第二のハワイ」を目指す路線が主軸となっていった。

ただし、一九六〇年代後半は同時に、本土復帰をめぐる違和感が噴出し、反復帰論が盛りあがった時期でもある。それは、本土との親和性を前提にする観光と齟齬をきたす可能性もあったが、実際はどうだったのか。以下では、反復帰論が隆盛する社会背景と沖縄観光の関係性を検討する。

四　反復帰論高揚期における沖縄観光の方向性――本土復帰への期待と反感

復帰運動への違和感と反復帰論

一九六〇年代末頃、徐々に復帰運動に対する違和感が沖縄社会で表出してくる。その最大の要因は、米軍基地問

547

沖縄は沖縄人のものだ！
われわれは日本復帰を急がない

沖縄人の沖縄をつくる会

図2-20：「沖縄人の沖縄をつくる会」の「時期尚早」広告「沖縄は沖縄人のものだ！ われわれは日本復帰を急がない」（『月刊沖縄』1969年11月号、『月刊沖縄ダイジェスト復刻版（下）』月刊沖縄社、547頁）

早期復帰
反対の声を本土へ

空しく消えた毎日新聞広告一頁買い取り作戦

五人有志会 本土政府の圧力に分裂

図2-21：「早期復帰反対の声を本土へ」（『月刊沖縄』1963年7月号、『月刊沖縄ダイジェスト復刻版（下）』月刊沖縄社、548～549頁）

琉球新報

沖縄基地、大部分は残る

日・米政府、返還協定に調印

安保・拡大変質の不安も

"核抜き"明記されず

"県民無視の協定拒否"
復帰協 抗議大会開く

ワシントン

東京

201

図2-22：「"核抜き"明記されず」『琉球新報』1971年6月18日、1面（『激動の沖縄百年——新聞・雑誌・教科書復刻版』月刊沖縄社、1981年、201頁）

題である。一九六七年二月、外務事務次官の下田武三によって「核つき返還論」と呼ばれる発言がなされた。さらに、一九六九年一一月、佐藤―ニクソン会談において発表された沖縄返還の方針は、沖縄に全国の五三％もの米軍基地を集約させ、なおかつ沖縄基地への核兵器の持ち込みについての制約も曖昧なものだった。こうしたなかで本土復帰に沖縄住民が幻滅を抱いたのは当然であり、それが思想としての「復帰論」の盛りあがりや県民大会といった大衆の運動として表れていった[59]。「また、沖縄が「日本国の施政の下にある領域」になったため、自衛隊が配備された。在沖米軍基地を自衛隊が防衛し、米軍は外部への攻撃に専念するという役割分担に基づく共同作戦態勢が確立し」た。「自衛隊配備の強行」は、「改めて沖縄戦における日本軍の実態を想い起こさせるきっかけになった[60]」。

反復帰論は、沖縄の総合誌『新沖縄文学』で二度にわたって特集され、それが反響を呼んだ。「特集・反復帰論」(『新沖縄文学』)では、反復帰論を編む目的を次のように論じている。

一九七二年という復帰は、日・米両政府の権力者たちによって設けられた。この既定の上を否が応でも走らなければならぬ、不条理なレール、それも多分に幻影と仮説に満ちた架空のレールを前にして、わたくしたちは再び仮構を叩いて模索する。

即ち、「反復帰論」を編む真の目的はそこにある[61]。

反復帰論は、復帰そのものへの否定ではなく、米政府と本土政府が決めた「不条理な」復帰のあり方を批判的に問い直すという性質のものであった。小熊英二『〈日本人〉の境界』によれば、「「反復帰」の思想は、一九七二年返還の方針が日米政府間で決定された一九六九年ころから、急速に台頭した」が、「それまで、沖縄の人びとが圧倒的に復帰を支持しているという認識に立っていた本土の政党や運動、知識人などは、この思想の出現にあるいはとまどい、あるいは共鳴し、あるいは激しく反発した[62]」。さらに小熊は、「それまでの復帰運動を問い直すこの思想は、一九四〇年代から存在した旧来の琉球独立論とはやや異質なものであった。それは、「日本人」への同化を批判するだけでなく、それまで左右を問わず支持されてきた国民国家の論理そのものに、「否」を唱える思想であった[63]」と述べる。

永積安明も、沖縄県民の復帰に対するこうした複雑な心境を次のように語っていた[64]。

アメリカに占領されて以来、「一日も早く本土に復帰したい」ということが、全沖縄の——全と言っていいぐらい、広い範囲の沖縄の人たちの熱願であったわけです。それが、復帰を目前にひかえまして沖縄の人たちには、「これは大変だ」という気持が非常に広くひろがって来たように、つまり、一番喜ばなければならない人たち、その沖縄の人たちが復帰を喜べない、単純に喜べないという複雑な心境であるわけです。例えば、ドルの問題、軍事基地の問題、核兵器の問題など、未だはっきりしてないし、そういう復帰の仕方が重くのしかかって来ている。むしろ復帰することで、今まで以上に重い圧力の下に縛りつけられるんじゃないか、ということが見えて来たと思います。その不安感は、復帰の報道がつぎつぎと出されて来るにもかかわらず、消え去るようではないのです(65)」

「永積は日本古典文学の研究者であったが、日本学術会議や日本文学協会において、米原子力潜水艦の日本寄港に対する反対声明に関わっていたこと」から、沖縄渡航を拒否されたことがあり、それだけに沖縄問題に深い関心を寄せていた(66)。永積によるこうした発言は、沖縄の人々の「復帰を喜べない、単純に喜べないという複雑な心境」を、本土に向けてわかりやすく説明するものであった。背景としては、「ドルの問題、軍事基地の問題、核兵器の問題」などがあげられている。

こうした復帰のあり方に対する違和感や不信感は、沖縄県内でもさまざまな論者によって語られた。米国民政府の広報誌『守礼の光』一九六九年一〇月号では、復帰に対する違和感を表した次のような文章が掲載されている。

現在の沖縄は矛盾に満ちている。心棒の欠けた歯車が懸命に回っているかのようだ。
「復帰だ、復帰だ!」と声高らかに叫んでいいものだろうか。暴力で権利を奪い返してよいものだろうか。(中

略）

皮肉にも沖縄は、米国の経済政策のおかげで戦後の発展をみたのである。それを今になって、沖縄人のあるものは米国に対して反抗的態度をとり、米国の軍事支出で満たされる物質的欲求よりも、精神的満足のほうが大事だ、と言い張っている。だれしも基地と鼻を突き合わせて暮らしていたら、ある種の不満をいだくのは当然だ。でも、ここで考えなければいけない。沖縄の経済成長、福利厚生、教育施設は、米国の援助だけで伸びてきたものではないか。

沖縄の軍事基地が今すぐに撤去されたなら、沖縄の軍雇用員はあしたからどうして暮らせばいいのか。私は「即時復帰」を叫ぶ人々にお尋ねしたい。全軍労は解雇に反対している。これは全軍労が基地収入をたよりにしている証拠ではないか。もし彼らがほんとうに祖国復帰を望むなら、それが沖縄軍雇用員の大幅削減になることがわかるはずである。全軍労は祖国復帰を主張する一方、米軍の雇用に依存しているのだ。この沖縄の現実の姿を見れば、その自己矛盾がよくわかると思う。[67]

ここでは、「即時復帰」の問題点を指摘している。特に、米軍の撤退による雇用問題と経済問題が強調される。復帰目前のこの時期になると、米国民政府、本土政府ともに沖縄返還の方針を固めているため、反復帰寄りの意見は米民政府の方針を否定することになりかねない。しかし、上記の投稿文では、「だれしも基地と鼻を突き合わせて暮らしていたら、ある種の不満をいだくのは当然だ」としつつも米国の援助による恩恵を強調することにより、米国を直接的には批判しない形で「即時復帰」反対の意見を示している。

他にも、この時期の沖縄県内で発刊された雑誌では、復帰をめぐるさまざまな議論が展開された。沖縄のオピニオン誌『青い海』一九七二年五月号の特集「沖縄県の可能性　復帰――そして青春の出発《たびだち》を前に（読者投稿）」では、復帰を目前に控えた読者の声が紹介される。「〝米軍政のおわり〟への感傷も」（事務員　上地初美）と題する読者投稿では以下のように論じられていた。

> 沖縄の「本土復帰」は、単なる法形式的な施政権と領土の返還であってはいけないと思う。本土と切り離され、戦後の苦難を身をもって体験したわれわれにとって、この「復帰」こそ平和の回復と人権の回復であると信じている。はたして復帰後の沖縄が、われわれの望んだ「平和で明るく豊かな島」でありうるだろうか。この事は、復帰してみなければわからない事であり、復帰を喜び、感激したわれわれの誰もが持っている不安ではないだろうか。
>
> 五月十五日に復帰、という事が決まりとなった時、喜びよりも先に不安、淋しさを感じた私である。現時点で復帰すると、他府県と肩を並べていけるかという不安から、まだ早い——という感がした。遠くに感じていた、「復帰への足音」が、いつの間にか身近に迫まっていたという感じて《ママ》「復帰」によって変わるいろいろなものに対しての不安と、アメリカ軍政の終りに対する淋しさを覚えたのだ。
>
> 通貨切り替えは、ドルに愛着を覚えた私にとって、嫌な問題のひとつである。
>
> 「核ぬき、本土並み、基地の整理縮小、通貨問題、自衛隊問題」など、これらはむしろこれから新しい闘いが始まるのではないかと思う(68)。

先にみた米民政府の広報誌である『守礼の光』と異なり、沖縄の論壇誌である『青い海』ではより自由な論考が掲載されていたが、その『青い海』においても「アメリカ軍政」やドルに対する「愛着」が示されている点が興味深い。米軍による統治は「本土と切り離され、戦後の苦難を身をもって体験」させるものであったと同時に、すでに生活に浸透し、その終結に「淋しさ」を覚える面もあるという複雑な心境が垣間見える。

ここで語られる「はたして復帰後の沖縄が、われわれの望んだ「平和で明るく豊かな島」でありうるだろうか」

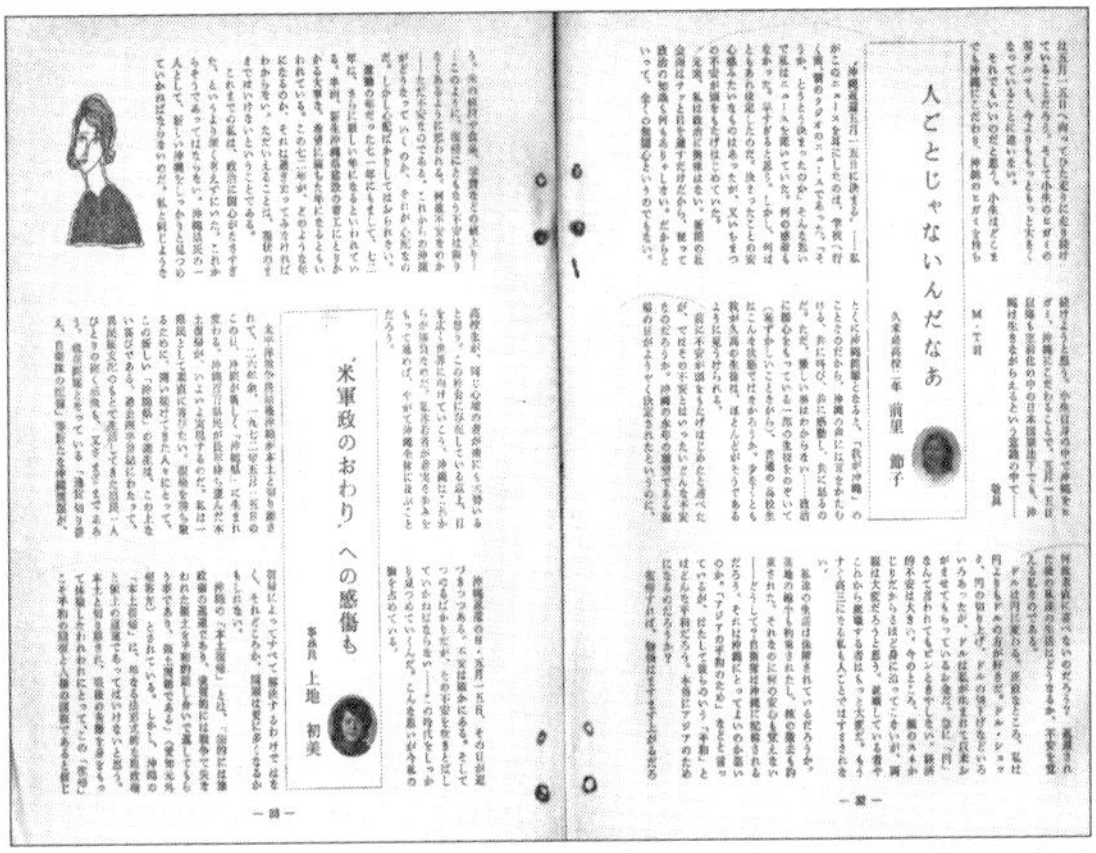
人ごとじゃないんだなぁ

"米軍政のおわり"への感傷も

図2-23：「人ごとじゃないんだなぁ」「"米軍政のおわり"への感傷も」（『青い海』1972年5月号、32～33頁）

という切実な思いは、沖縄の多くの人々に共有されていた不安感である。復帰自体を否定するのでなく、むしろ復帰自体は長年望んでいたことではあるのだが、復帰後の沖縄が果たして望んでいたような「平和な島」になりうるのか。本土政府が用意した復帰への道筋は、その点に大きな不安と不信感を抱かせるようなものであった。

同じく、雑誌『青い海』一九七二年五月号に掲載された「人ごとじゃないんだなあ」という読者投稿は、久米島高校の二年生によって書かれたものである。ここでは、沖縄返還が五月一五日に決まったという報道を受けての所感が記されている。

> 「そうか、とうとう決まったのか」そんな思いで私はニュースを聞いていた。何の感激もなかった。早すぎると思う。しかし、何はともあれ決定したのだ。決まったことの安心感みたいなものはあったが、又いちまつの不安が頭をもたげはじめていた。（中略）
>
> ではその不安とはいったいどんな不安なのだろうか。沖縄の永年の願望である復帰の日がようやく決定されたというのに、何故素直に喜べないのだろう？　返還された後の私達の生活はどうなるか、不安を覚える私なのである。（中略）
>
> 私達の生活は保証されているだろうか。基地の縮小も約束されたし、核の撤去も約束された。それなのに何の安心も覚えない――どうして?自衛隊は沖縄に配備されるだろう。それは沖縄にとってよいのか悪いのか。「アジアの平和のため」などと言っているが、はたして彼らのいう「平和」とはどんな平和だろう。本当にア

ジアのためになるのだろうか?[69]

ここでもやはり復帰を素直に喜ぶことができない、不安感が表されている。そして、「はたして彼らのいう「平和」とはどんな平和だろう」という言葉で示されるのは、本土政府が復帰により得ようとする「平和」は、本土にとって都合のいい「平和」であって、沖縄は復帰後もまた本土の「平和」の外部に追いやられるのではないかという疑念である。

こうした復帰をめぐる一連の議論で最も重要な点は、その背後には常に「平和」への意識があったことである。復帰、反復帰運動の立場は違えども、「平和」を志向しているという点では共通していた。

「平和産業」としての観光

一九六七年は、国連により国際観光年とされ、「観光は平和へのパスポート」というスローガンが掲げられた。沖縄では、観光は「平和産業」と語られることもあり、復帰が近づくほどに重視されるようになった。その理由は、一つには沖縄が日本になることでこれまでとは比べ物にならない数の本土観光客の流入が予想されたことである。そしてもう一つには、七二年復帰の方針が、復帰後は基地依存経済では立ち行かなくなることを予見させたことである。

沖縄観光開発事業団理事長の渡名喜守定は、復帰と観光について以下のように述べた。

沖縄県民悲願の日本復帰は七二年と決まりました。二五年間にわたり沖縄経済の重要なファクターを占めていた基地収入は当然漸次減少するでしょう。従ってこれに代るべき産業を振興させ、自立経済の達成を図ることが沖縄の今後の大きな課題であります。この課題に答えるのがズバリ観光産業であります。[70]

復帰の決定にともない、沖縄の経済的自立が最重要課題として浮上した。そして観光産業の発展は、自立経済達成の最も有力かつ現実的な方法であるとの見方が広がっていった。

一九七〇年四月に、沖縄観光会館が落成した。これは、観光案内所や観光文化センター、観光人材育成センターなど観光に関わるさまざまな役割を担う場として、「米国民政府よりの援助金・琉球政府の補助金・那覇市他各市村を始め沖縄観光連盟傘下の会員の出資金其の他財界人の寄附により総経費約26万ドルで完成された」[71]ものである。『観光沖縄』一九七〇年三月号には、「沖縄観光会館の使命と機能」と題して次のような館長の言葉が掲載された。

沖縄に於ては復帰を目前にひかえ、基地の縮少《ママ》による基地経済退潮の兆しが見え初《ママ》めて来たが更に復帰と同時に今までパスポートという障壁と県外資本の自由流入を防止していた防壁が取りのぞかれるようになると経済界が益々きびしくなることは必至である。そこで復帰に備えて沖縄独自の力で発展することの出来る平和産業の発生を待望する声が高まり、その声は沖縄の地理的条件を資源として無限の開発可能性を持つ観光産業に集中され、今や企業界の意志と県民の関心が高まって来たことはよろこびに堪えない。

此のように政府の施策と企業界の意志と一般県民の関心が三位一体となって結合され、こゝにそのシンボルのように建設されたのが観光会館である。[72]

復帰により「経済界が益々きびしくなることは必至」であるため、「復帰に備えて沖縄独自の力で発展することの出来る平和産業の発生を待望する声が高まり」、その声は「無限の開発可能性を持つ観光産業」に集中されているという。

このように、復帰目前の時期には、「平和産業」としての観光は、沖縄経済自立への切り札的存在として極めて重要視されるようになっていた。現実的かつ平和的な方法で沖縄の自立を果たしうる唯一ともいえる可能性が、観光に見出されていたともいえよう。そして、この自立経済への希求は、本土復帰のあり方への批判と本土に向けた観光推進の両立を可能にする。

反復帰と観光の親和的関係

以上のような状況をふまえたうえで、反復帰論と観光の関係性について検討していきたい。雑誌『青い海』一九七二年五月号の特集「沖縄県の可能性　復帰――そして青春の出発《たびだち》を前に（読者投稿）」で掲載された北部農林高校三年生による投稿「若者は、まやかしの手を拒否する」では、次のような論が展開されている。

私達沖縄県民が、日本国民として歩み始めるのもまじかです。しかし、はたしてその第一歩が、私達県民にとって安心してふみ出せる一歩でしょうか。沖縄県民の願いをまったく無視した返還協定の復帰が、心から喜べるはずがありません。（中略）

また、米軍によって発展してきた沖縄の米軍中心の経済が、復帰後何を中心とした経済に変っていくのか。軍で働いている労働者の職場の転換は、どこにどのように行なわれるのか。この沖縄の経済的弱点をにぎり、沖縄に進出しようとしている本土の公害企業、そのためのブルー《ママ》の空、コバルト色の海は、やがて死の空、死の海へと変っていくのではないだろうか。この問題は沖縄県民がよく自覚し、自然保護のために努力しなければならないと思います。これは来る七五年に開かれる沖縄海洋博を中心に、この沖縄が日本に残された最後の美しい自然の楽園として、観光を中心にした経済に発展させるのが最もよいのではないでしょうか。（中略）

米軍と自衛隊とが密接な関係で結びつき、アメリカは極東の安全だとか自由世界の防衛だとか、日本の自衛隊は自国防衛のためだというふうに、国民をだましたような口実をつけて着々と共同計画を進めつつあります。

（中略）

二七年間親元から離れていた子供が、このような親の行動を見せられて、ほんとに安心して親の元へ帰ることが出来ると思いますか。沖縄県民が求めていた、平和で豊かな愛の手を日本政府は口先だけで、中味は戦争へつながる、県民を不幸に落とし入れる正反対の手を差しのべています。これを本土の若者はどのように見ているのでしょうか。(73)

上記投稿文では、「沖縄県民の願いをまったく無視した返還協定の復帰」を「心から喜べるはずが」ないといい、まさしく反復帰論的な意見を展開している。そして、「米軍中心の経済が、復帰後何を中心とした経済に変っていくのか」、雇用問題、「本土の公害企業」進出の問題などをあげ、「この問題は沖縄県民がよく自覚し、自然保護のために努力しなければならない」としている。ここで重要なのは、その解決方策として、「これは来る七五年に開かれる沖縄海洋博を中心に、この沖縄が日本に残された最後の美しい自然の楽園として、観光を中心にした経済に発展させるのが最もよいのではないでしょうか」というように、復帰を記念する一大イベントである「沖縄国際海洋博覧会」およびそれを契機とする観光の発展に期待を寄せている点である。

このように、反復帰論においても観光はその重要性が意識されていたのである。本土に対して批判的な立場をとりながら、海洋博という本土復帰を記念するイベントに期待を寄せている点は、矛盾しているようにもみえる。しかし、当時の沖縄には、復帰を目前に至急沖縄経済を再構築していかなければならないという切迫感があり、基地経済から脱却するには観光以外に道はないという意識が強まっていた。こうした意識は言説上でもたびたび確認された。

> 本土復帰のあと、ニクソン・ドクトリンもあって、沖縄からの米軍の撤退とか、基地の整理縮小などが行なわれて、いずれは基地経済の〝アダ花〟はしぼむことになりましょうが、復帰したからといって、すぐさま基地経済がくずれるわけではありません。基地経済が当分続くとしても、「基地経済からの脱却」が、沖縄経済の目指すところである以上、そのための計画が実施され、努力が払われなければならないことは、いうまでもありません。
>
> しかし、果たして基地経済から脱却し、沖縄を富ます有効適切なキメ手とか、即効薬があるでしょうか。天然資源を産出しない、というこの根本的な欠陥をどう克服したらいいでしょうか。沖縄経済をささえている柱のひとつは、基地収入をのぞけば砂糖とパイナップルであります。しかし、この二つの主要農作物は、毎年のように襲う台風と、ときに発生する長期干ばつに、その作柄が強く影響されます。加えて耕地面積が小さく、これらの作物は本土政府の特別な保護措置で、かろうじて命脈をたもっているような状態です。耕作可能な土地の多くは、米軍用地にとられている現状であります。耕地面積が狭く地形に起伏が多い、という状態では機械化は困難でしょう。（中略）
>
> いまのところ、わずかに、沖縄の将来に希望をつないでいるのは、七五年における国際海洋博の開催と、これを契機に観光地、保養地としての爆発的な発展であります。したがって、海洋万博は、なんといっても成功させなければなりません。この催しのために、沖縄本島を縦断する道路が建設され。ホテルも立ち並び、観光施設も整備される、《ママ》ことはまずまちがいありません。だれしも〝第二のハワイ〟を夢想するでありましょう。[74]

ここでは基地経済からの脱却の必要性を強調し、現在の沖縄で基地収入に次いで主要な産業である砂糖とパイナップルは、台風や干ばつといった自然環境や、米軍の存在による耕地面積の問題があり、今後の展望をこれに見出すことは難しいとしている。そこで、「わずかに、沖縄の将来に希望をつないでいる」ものとされたのが、七五年に予定されている海洋博とそれを契機とする観光開発であった。

これまで、復帰運動と観光は、復帰への期待感、本土への親近感を背景として結びつくものであった。反対に、反復帰論はアメリカにも本土にも批判的なものであるため、本土観光客を呼び込もうとするような観光とは、一見相容れないようにみえる。しかし、実際には、沖縄の経済的自立という至上命題のもとにおいて、反復帰論と観光もまた親和性が高かった。基地経済からの脱却は、復帰後の沖縄にとって最重要事項として意識されていたものであり、それを下部構造において実現していくために観光が必要であった。観光経済は、現代でこそ疫病の流行や自然災害の影響による不安定性が浮き彫りになっているが、一九六〇年代後半から復帰までの沖縄にとっては、基地経済や砂糖・パインの栽培に比べれば、はるかに安定したものとして、観光産業がとらえられていた。

以上のことから、沖縄の経済的自立を目指すという点で、反復帰論と観光推進は合理的に結びつくものであったといえる。つまり、観光は、復帰賛成派にとっても反対派にとっても、否定できないものであった。

一九六〇年代の観光言説の錯綜

本章では、一九六五年から一九七二年の復帰に至るまでの沖縄観光のあり方とその方針をみてきた。この時期の観光は、一九七五年の海洋博の際に大々的に示された「南国リゾート」化というような展望は開けていなかったため、戦跡観光とショッピング観光を柱としつつ、複数の観光のあり方が同居するという雑多な状況であった。「沖縄らしさ」を模索する向きもあったが、結局具体的な方針や場所、観光資源が見出されるには至らなかった。ショッピング観光も、台湾や香港の台頭により沖縄の専売的特許ではなくなった。同時に、戦跡観光は、摩文仁丘における日本各県の慰霊塔の乱立によって沖縄固有の戦跡ではなく、「日本の戦跡」を担う地となった。このように本章で扱った時期の沖縄観光は、さまざまな面でこれまでの観光のあり方では立ち行かなくなりつつあった。そうした状況に危機感を覚えつつも、沖縄の固有性を打ち出すには至らず、観光の方向性はあいまいなまま「日本のハワイ路線」が主軸となっていった。

こうした沖縄の観光構想のあり方は、米軍基地の存在および復帰をめぐる議論とも深く関わっていた。復帰派と反復帰派の共通認識として、平和への志向があったことを確認したが、平和を志向するだけでは、沖縄の経済的自立を達成し得ない。基地経済からの脱却、沖縄の経済的自立を、下部構造において実現しうるものが、観光経済への転換であった。そのため、観光は、本土への親近感と結びつきやすい復帰派だけでなく、本土批判を展開する反復帰派にとっても親和性が高く、重要視されるものであった。では、こうした状況は本土復帰後にどのように引き継がれ、あるいは変化していったのだろうか。

三章

海洋博批判とセクシュアリティ観光の接合
——一九七〇年代における本土—沖縄のヒエラルヒーの再生産

本土復帰前後の時期である一九七〇年代には、復帰を記念する一大イベントである沖縄国際海洋博覧会を契機として観光開発が急ピッチで進められ、復帰後の観光沖縄としての形がつくられていった。しかし、本土資本による開発や本土観光客の大量流入は、沖縄の観光産業を活性化しただけでなく、沖縄と本土の間のひずみをさまざまな面で浮き彫りにしていた。例えば、沖縄の作家である大城立裕は論壇誌『沖縄思潮』（一九七四年五月号）のなかで次のように語っていた。

図3-1：『沖縄思潮』1974年5月号表紙

> そもそも「観光」とはおかしなものが産業になったものである。これは自分の生活を裸にして見せる、ストリップ・ショーまがいのものではないか。さらに言葉をきびしくしていうならば売春的産業である。媚びが破滅を招く、という論理がそこでは通用する。いわゆる観光資源は本来自分のためにあるものであって、自分の生活を豊かにするものとしてまず考えられるべきだ。[1]

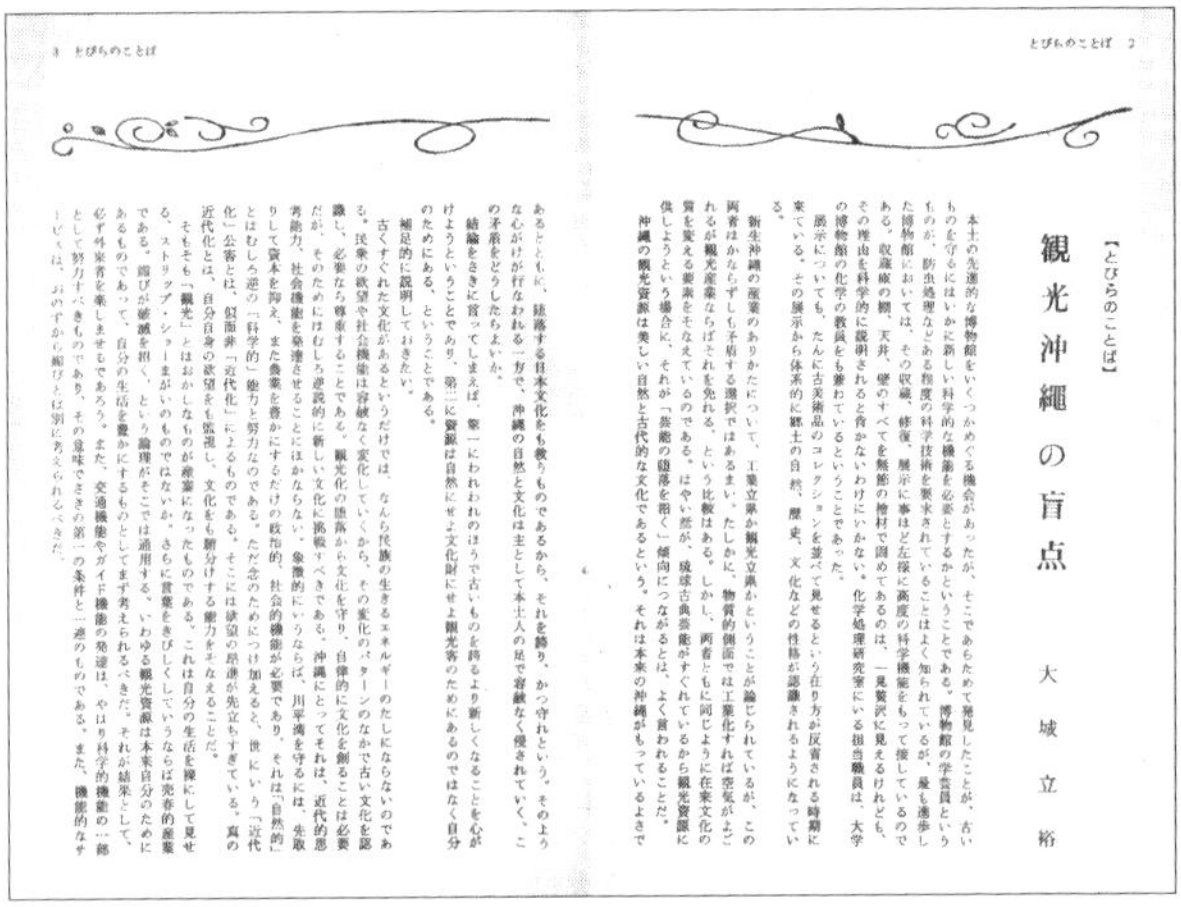

3　とびらのことば

とびらのことば　2

【とびらのことば】

観光沖縄の盲点

大城立裕

本土の先進的な博物館をいくつかめぐる機会があったが、そこであらためて発見したことが、古いものを守るにはいかに新しい科学的な機能を必要とするかということである。博物館の学芸員というものが、防虫処理などある程度の科学技術を要求されていることはよく知られているが、最も進歩した博物館においては、その収蔵、修復、展示に事ほど左様に高度の科学機能をもって接しているのである。収蔵庫の棚、天井、壁のすべてを無節の檜材で固めてあるのは、一見贅沢に見えるけれども、その理由を科学的に説明されると肯かないわけにいかない。化学処理研究室にいる担当職員は、大学の博物館の化学の教員をも兼ねているということであった。

展示についても、たんに古美術品のコレクションを並べて見せるという在り方が反省される時期に来ている。その展示から体系的に郷土の自然、歴史、文化などの性格が認識されるようになっている。

新生沖縄の産業のありかたについて、工業立県か観光立県かということが論じられているが、この両者はかならずしも矛盾する選択ではあるまい。たしかに、物質的側面では工業化すれば空気がよごれるが観光産業ならばそれを免れる、という比較はある。しかし、両者ともに同じように在来文化の質を変える要素をそなえているのである。はやい話が、琉球古典芸能がすぐれているから観光資源に供しようという場合に、それが「芸能の堕落を招く」傾向につながるとは、よく言われることだ。

沖縄の観光資源は美しい自然と古代的な文化であるという。それは本来の沖縄がもっているよさであるとともに、堕落する日本文化をも救うものであるから、それを誇り、かつ守れという。そのような心がけが行なわれる一方で、沖縄の自然と文化は主として本土人の足で容赦なく侵されていく。この矛盾をどうしたらよいか。

結論をさきに言ってしまえば、第一にわれわれのほうで古いものを誇るより新しくなることを心がけようということであり、第二に資源は自然にせよ文化財にせよ観光客のためにあるのではなく自分のためにある、ということである。

補足的に説明しておきたい。

古くすぐれた文化があるというだけでは、なんら民族の生きるエネルギーのたしにならないのである。民衆の欲望や社会機能は容赦なく変化していくから、その変化のパターンのなかで古い文化を認識し、必要なら尊重することである。観光化の堕落から文化を守り、自律的に文化を創ることは必要だが、そのためにはむしろ逆説的に新しい文化に挑戦すべきである。沖縄にとってそれは、近代的思考能力、社会機能を発達させることにほかならない。象徴的にいうならば、川平湾を守るには、先取りして資本を抑え、また農業を豊かにするだけの政治的、社会的機能が必要であり、それは「自然的」とはむしろ逆の「科学的」能力と努力なのである。ただ念のためにつけ加えると、世にいう「近代化」公害とは、似而非「近代化」によるものである。そこには欲望の路線が先立ちすぎている。真の近代化とは、自分自身の欲望をも監視し、文化をも腑分けする能力をそなえることだ。

そもそも「観光」とはおかしなものが産業になったものである。これは自分の生活を犠牲にして見せる、ストリップ・ショーまがいのものではないか。さらに言葉をきびしくしていうならば売春的産業である。媚びが破滅を招く、という論理がそこでは通用する。いわゆる観光資源は本来自分のためにあるものであって、自分の生活を豊かにするものとしてまず考えられるべきだ。それが結果として、必ず外来者を楽しませもするであろう。また、交通機能やガイド機能の発達は、やはり科学的機能の一部として努力すべきものであり、その意味でさきの第一の条件と一連のものである。また、機能的なサービスは、おのずから媚びとは別に考えられるべきだ。

図3-2：大城立裕「観光沖縄の盲点」（『沖縄思潮』1975年5月号、2～3頁）

大城は、「本土に媚びる」かのような沖縄の観光産業のあり方に疑問を呈し、観光を文化問題としてとらえ直そうとしていた。一九六〇年代には、復帰後の沖縄を支える主要産業となることが期待されていた観光産業が、なぜこうした批判を招くようになったのだろうか。本章では、本土復帰後における観光言説の象徴的な変化として売買春観光と歓楽街観光をめぐる言説を中心に検討していきたい。ただ、この時期の議論の前提として海洋博の存在は無視できないものであるため、まずはその概要を以下で整理しておきたい。

一　一九七〇年代の沖縄観光をめぐる状況

復帰と沖縄国際海洋博覧会の開催

一九七二年五月一五日、沖縄の施政権がアメリカから日本に返還され、沖縄は日本に「復帰」した。「復帰に際して、日本政府は、一九七二年から八一年まで一〇ヵ年の沖縄振興開発計画（一次振計）を立て、この計画に基づく諸事業の推進をはかるために沖縄振興開発特別措置法（沖振法）を制定した」。この計画は、「一九六〇年代の高度経済成長政策を後追いしつつ、多額の公共投資によって社会資本を充実させ、それを呼び水として企業誘致をはかる、というものであった[2]」。その起爆剤として位置付けられたのが、一九七五年開催の沖縄国際海洋博覧会である[3]。

沖縄国際海洋博覧会は、国際博覧会条約（ＢＩＥ）による万国博覧会史上初の「海」をテーマにした特別博で、

琉球新報
「沖縄県」あすスタート
混乱と不安のウズ
復帰「祝賀」「抗議」で二分
新たな決意の日
あす、大規模な抗議集会
金融機関は引き出し増
預金高十一億ドルの大台
87施設・区域を提供
持ち回り閣議で最終決定
日ヤケ・シミ・ソバカス
ハイシーA
212

図3-3：「「沖縄県」あすスタート」『琉球新報』1972年5月14日1面(『激動の沖縄百年——新聞・雑誌・教科書復刻版』月刊沖縄社、1981年、212頁)

図3-4：『旅行読売別冊　沖縄国際海洋博特集号』(読売旅行出版社、1975年7月)表紙

沖縄本土復帰記念事業の一環として一九七五年七月二〇日〜一九七六年一月一八日の期間開催された。最終的にテーマは「海——その望ましい未来」、会場は沖縄県本《もと》部《ぶ》半島に決定した。来場者は三、四八五、七五〇人を数えた。会場は沖縄本部半島の海面を含む約一〇〇万平方メートル、海に開いている形になっており、海岸に沿ってクラスター方式というブドウの実が連なるような形で、民族・歴史、魚、科学・技術、船の四つに区分された各パビリオンや広場が配置された。海洋博の準備期間だった一九七三年に生じた第一次オイルショックの影響で、開催期間が一四〇日間延期になっている。入場者数の面では、約三四九万人にとどまり、目標の四五〇万人には遠くおよばなかった。理由としては、開催地が本土から離れた沖縄であったこと、そのうえ沖縄のなかでも本部は過疎地であったことがあげられる(4)。

海洋博を契機に大規模なインフラ整備が進められたが、沖縄振興計画に基づいて投下された多額の公共投資は、沖縄に蓄積されることなくそのまま大企業を経由して本土に還流していった。政策的要請に応じて過剰投資を行った建設業、ホテル業など地元企業が倒産する事態を

沖縄タイムス
苦しくなった生活 復帰一年
朝日新聞社世論調査
物価急騰にあえぐ
"基地不安"も解消されず
海洋博 自然破壊を懸念
"沖縄処分"を糾弾
5・15県民総決起大会
押しつけられた状況
選挙改革に柔軟姿勢
重要法案成立に全力 困難な情勢に
木工塗料
岩波文庫
古事記
日本民謡集
こころ
魔の山
饗宴
世界憲法集
空想より科学へ
5月28日(月) 那覇市 市民会館
岩波の文化講演会
新しい時代に向って
大江健三郎氏 言葉によって
小林直樹氏 国家について
エンジン発電機
エンジン溶接機
223

図3-5:「復帰一年　苦しくなった生活」『沖縄タイムス』1973年5月15日、1面(『激動の沖縄百年――新聞・雑誌・教科書復刻版』月刊沖縄社、1981年、223頁)

波紋投げる海洋博倒産
目が覚めてみると―
一獲千金の"白昼夢"
国や県へ不信感渦巻く
一億五千万の負債抱え倒産
株式会社ジーベン
債権保全のため運営を継続
最高賞に輝く4氏
壁厚く15人脱落
変電所に落雷 停電
山の中に"大輪ザル"
今浦島の里帰り
ひと足早いトーカチ
貴方の希望を満す 名護市に初の分譲マンション
好評発売中 自己資金120万円から
ローンのご相談は―
岸本マンション
238

図3-6:「波紋投げる海洋博倒産」『沖縄タイムス』1975年9月7日、11面(『激動の沖縄百年――新聞・雑誌・教科書復刻版』月刊沖縄社、1981年、238頁)

招き、沖縄経済は「海洋博不況」と呼ばれる深刻な不況に陥った。本土資本流入による過激なインフレが沖縄住民の生活を直撃し、本土資本による土地の買い占めや乱開発により赤土汚染やサンゴの死滅といった環境破壊をもたらした。海洋博のテーマは「海――その望ましい未来」だったが、海洋博のための用地開発はむしろ沖縄の海や自然の破壊をもたらし、沖縄県内では「ギマンのテーマである」(5)とも評された。沖縄の現状を顧みない本土の論理は、海洋博をきっかけに、海洋博用地開発にともなう環境破壊、本土資本流入による「海洋博不況」や住民生活への打撃といった形で次々に可視化されていった。

このように、多くの批判と本土への不信感(6)を掻き立てた海洋博であったが、復帰後の沖縄観光の発展を長い目でみた場合、その後の観光地としてのあり方の基盤を築いたことは否定できない。海洋博は、飛行機などの旅客数、ホテルなどの客室数、バス・タクシー・レンタカーなどの移動手段といった受け入れ態勢の基盤整備を短期間で押し進め、観光業の成長に決定的な役割を果たした。沖縄県への入域観光客数は、海洋博が行われた七五年に激増し、その後、一時的な落ち込みはあったものの、八〇年代以降右肩上がりに増加し続けていくことになる。[7] 沖縄の一九七〇年代は、観光産業が主要産業となっていった変革の時期だといえる。

観光産業の活性化

『沖縄公論』一九八二年一月号に掲載された「県外受取の推移」の表によれば、復帰した一九七二年の「観光収入」は四〇八億五、一〇〇万円であったのが、海洋博があった一九七五年には、一、二七六億五、五〇〇万円と激増している。翌年には海洋博の反動による減少がみられるが、一九七七年以降は一、〇〇〇億円以上の高水準を維持しつつ増加の傾向を示している。さらに、県外受取の比率をみてみると、「観光収入」「砂糖及びパイン缶詰類」「石油製品」「農水畜産物」「軍関係受取」という項目のなかで、一九七二年までは「石油製品」の比率が最も大きい。それを、一九七八年から「観光収入」が上回っている。[8]

県外受取の推移　　単位：百万円・%

項目／年度	県外受取総額	比率	観光収入	比率	砂糖及びパイン缶詰類	比率	石油製品	比率	農水畜産物	比率	軍関係受取	比率	その他	比率
実数														
昭和47年度	329,682	100.0	40,851	12.4	17,769	5.4	47,315	14.4	6,089	1.8	78,031	23.7	139,627	42.4
48年度	495,095	100.0	47,592	9.6	23,066	4.7	71,303	14.4	7,887	1.6	79,015	16.0	266,232	53.8
49年度	714,933	100.0	57,486	8.0	21,513	3.0	137,944	19.3	9,392	1.3	97,498	13.6	391,100	54.7
50年度	779,843	100.0	127,655	16.4	30,785	3.9	162,311	20.8	7,005	0.9	102,509	13.1	349,578	44.8
51年度	784,569	100.0	65,971	8.4	35,047	4.5	155,747	19.9	7,746	1.0	107,616	13.7	412,442	52.6
52年度	821,795	100.0	106,382	12.9	38,135	4.6	170,931	20.8	8,582	1.0	101,992	12.4	395,773	48.2
53年度	911,333	100.0	143,498	15.7	41,003	4.5	133,022	14.6	10,226	1.1	99,310	10.9	484,274	53.1
54年度	1,063,684	100.0	182,175	17.1	43,523	4.1	153,895	14.5	14,294	1.3	101,440	9.5	568,357	53.4

図3-7：沖縄県外受取の推移（『沖縄公論』1982年1月号、24頁）

沖縄県は、こうした観光産業を更に推進させ、今後の経済開発の主力とするべく、第二次沖縄振興開発計画の中核に据える方針を決めた。その構想では、一九八二年から一〇年後の観光客数を三〇〇万人、収入額を三、五〇〇億円と見込んでおり、それが実現すれば、これまでの公共投資依存型の沖縄経済の構造も大きく変わるとみられていた。[9]

ただし、経済界には「観光王国」を唱える積極論もある一方で、観光事業に携わる業者の間には業界の将来を不安視する向きもあった。『沖縄公論』一九八二年一月号に掲載された「成るか「観光王国の夢」——二次振計の目

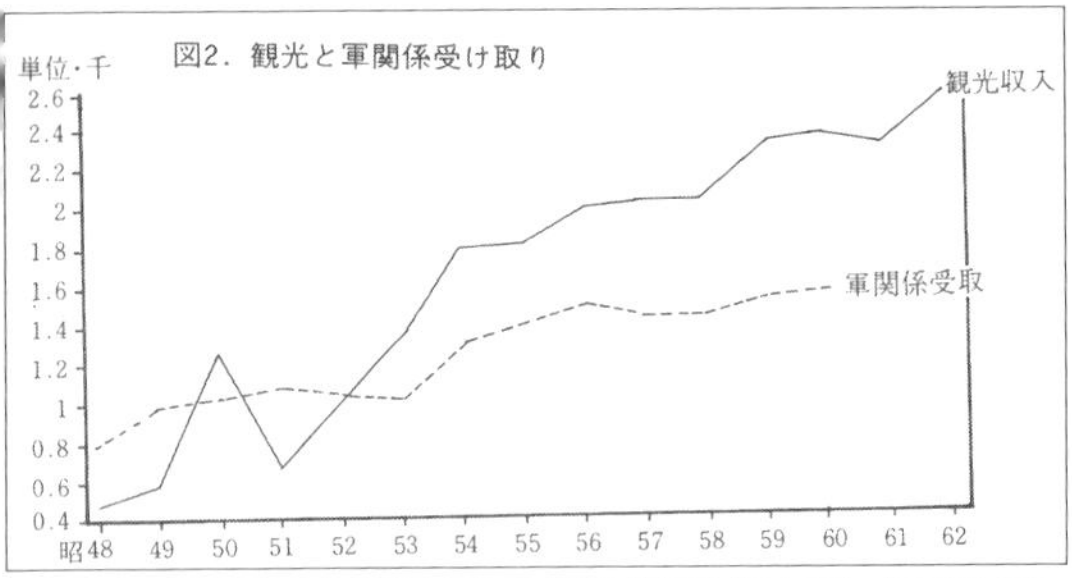

図3-9：観光収入と軍関係収入の推移(『新沖縄文学』1988年10月号、21頁)

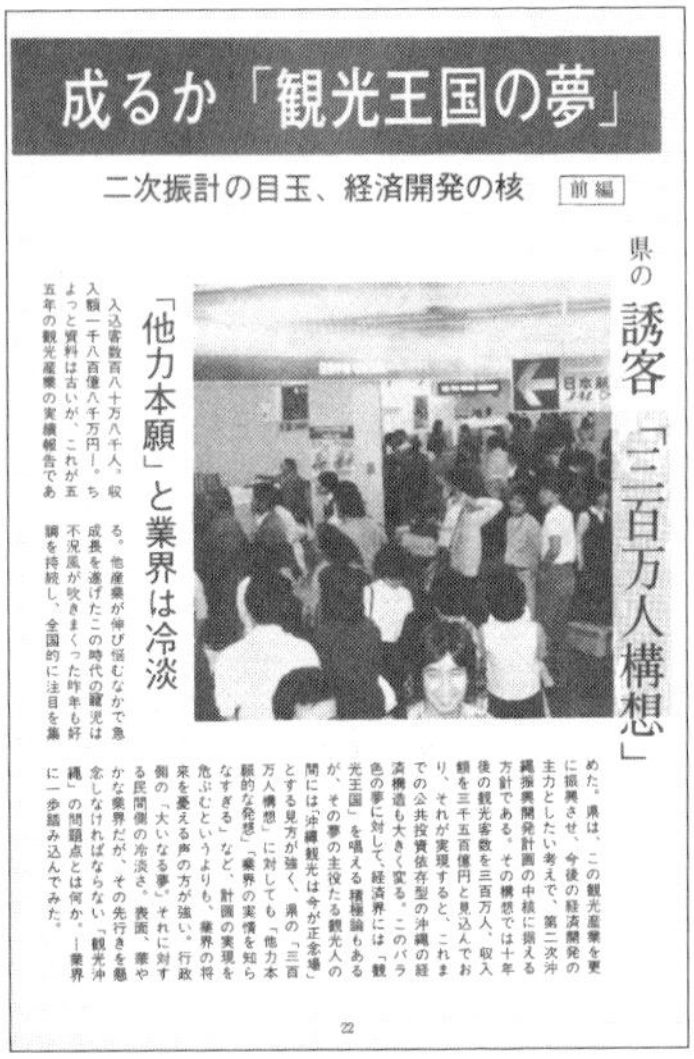

成るか「観光王国の夢」

二次振計の目玉、経済開発の核　前編

県の誘客「三百万人構想」

「他力本願」と業界は冷淡

入込客数百八十万八千人。収入額一千八百億八千万円――。ちょっと資料は古いが、これが五五年の観光産業の実績報告である。他産業が伸び悩むなかで急成長を遂げたこの時代の寵児は不況風が吹きまくった昨年も好調を持続し、全国的に注目を集めた。県は、この観光産業を更に振興させ、今後の経済開発の主力としたい考えで、第二次沖縄振興開発計画の中核に据える方針である。その構想では十年後の観光客数を三百万人、収入額を三千五百億円と見込んでおり、それが実現すると、これまでの公共投資依存型の沖縄の経済構造も大きく変る。このバラ色の夢に対して、経済界には「観光王国」を唱える積極論もあるが、その夢の主役たる観光人の間には「沖縄観光は今が正念場」とする見方が強く、県の「三百万人構想」に対しても「他力本願的な発想」「業界の実情を知らなすぎる」など、計画の実現を危ぶむというよりも、業界の将来を憂える声の方が強い。行政側の「大いなる夢」それに対する民間側の冷淡さ。表面、華やかな業界だが、その先行きを懸念しなければならない「観光沖縄」の問題点とは何か。――業界に一歩踏み込んでみた。

22

図3-8：「成るか「観光王国の夢」」(『沖縄公論』1982年1月号、22頁)

玉、経済開発の核（前編）」では、「大いなる夢」を掲げる行政側に対して、民間側は「冷淡」な反応を示していると、温度差も指摘されていた。[10]

『新沖縄文学』一九八八年一〇月号で組まれた特集「「カンコウ」に巣くう妖怪」の一部として掲載された「基地と観光――観光産業は沖縄経済の「救世主」に成り得るか」と題する論稿では、復帰後の観光収入は、一九七五年には基地関係受け取りを上回り、「沖縄経済のリーディング・セクター（主要産業）となった」とされている。[11]一方で、この時期の観光ブームについて、「昭和六二年六月にリゾート法（総合保養地域整備法）が制定されて後は、観光、カンコーと草木もなびき、沖縄県の地域開発は観光一色に塗りつぶされた感は否めない[12]」とも述べている。

また同記事では、沖縄経済の自立に焦点を当て、なぜ観光産業が選び取られたかについて次のように述べている。「沖縄経済の自立、発展論はおおまかに言って（観光主要論を除けば）農業主要論、工業主要論、貿易主要論に分けられるであろう[13]」。しかし、第一次産業自体の比率が減少傾向にあるため、農業を中心とした経済振興を進めるのは困難である。工業については、地場産業の力量が小さいため発展の推進力にはなっていない。貿易の面では、「円高やアジアNIESの台頭により」、「輸出加工型の産業立地が不可能」となっている。このように、「現実的に「アレもダメ、コレもダメ」であるならば、手っ取り早く「観光でいこう」というネガティブな発想と、折りからの政府のリゾート法制定に見られる保養地整備政策があいまって、今日の観光ブームがあるのではなかろうか[14]」。この時期の観光ブームは、他に実現可能な選択肢がないため消去法的に選ばれたものだという。

観光に浮かび上がる本土と沖縄の不均衡な関係性

他方で、沖縄の観光産業においては、本土との関係だけでなく、アメリカとの関係もその方針を根底的に規定する面があった。前掲の『新沖縄文学』一九八八年一〇月号でも、沖縄経済の自立・発展を論じる際に「不可欠なファクターが基地依存経済である[15]」と述べている。「基地への依存が低下し、財政依存経済に転換した現在、観光産業の台頭は基地依存経済を片隅に追いやったかに見える。しかしながら、戦後の復興発展のプロセスから沖縄経済に深く関わってきた基地は、今なお、水面下で社会、経済を大きく規定しているのである[16]」。

沖縄では復帰以前から、基地経済の危うさが指摘され、経済的自立の方途として観光開発が重要視されてきた。しかし、実際に復帰後の大規模な観光開発とそれにともなう本土観光客の大量流入を目の当たりにすると、沖縄では次々に本土への不信感が表出した。観光開発は、本土と沖縄の不均衡な関係性を浮かびあがらせもしたのだ。その際、特に本土男性観光客による沖縄のセクシュアリティを消費する観光のあり方が大きな問題として焦点化されていた[17]。冒頭の引用文で大城が、当時の観光産業のあり方を「売春的産業」と表現したのは、単なる比喩というだけでなく、この時期実際に観光売春がさまざまに論じられていたことも関係するだろう。

では、復帰後の混乱のなかで展開された沖縄の観光をめぐる議論はどのようなものであったか。そこに映し出される本土と沖縄の関係はいかなるものだったのだろうか。以下では、セクシュアリティ消費観光に関する議論を中心に、本土復帰を果たした直後の沖縄では、観光を通して本土と沖縄の関係性がどのように語られていたのかを詳らかに検討する。そのうえで、この時期の沖縄観光言説に映し出された本土の開発の論理が持つ課題と限界について考察する。[18]

二　沖縄におけるセクシュアリティ消費の観光

沖縄の「ナイトライフ」案内

一九七二年の復帰以降、本土観光客の増加にともない本土の旅行雑誌でたびたび沖縄特集が組まれるようになった。特に、一九七五年の海洋博開催前から開催期間中にかけては、本土の旅行雑誌で、海洋博に訪れる観光客のために海洋博を中心に沖縄を特集する記事が組まれ、「海洋博特集号」も多数の出版社から発刊された。本土の旅行雑誌において、沖縄のセクシュアリティ消費観光は本土観光客に対してどのように提示されていたのだろうか。『るるぶ』の前身誌にあたる日本交通公社発行の旅行雑誌『旅』一九七五年八月号では、「特集ガイド　沖縄と海洋博のすべて」が掲載された。そのなかには、「ナイトライフ　那覇のバーエトセトラ」との小見出しで、以下のように「那覇の夜」の過ごし方がレクチャーされていた。

> まず那覇を地域別にみると、桜坂、前島、辻町が三大遊興地。桜坂は約三〇〇軒のバー、クラブ、キャバレー、飲食店がひしめいている。（中略）
> もうひとつ、沖縄ならではの楽しみ方に米軍クラブの利用がある。那覇からタクシー代一五〇〇円を奮発すれば、中部の米軍基地内のリージョン・クラブ（毎日）、タッパー・クラブ（木曜日のみ）などの解放日に、外国気分が味わえるというわけ。飲み物も安く、週がわりのショーもある。[19]

この記事では、桜坂、前島、辻町が那覇の「三大遊興地」として紹介されると同時に、「沖縄ならではの楽しみ方」として、「米軍クラブの利用」が紹介されている。米軍基地内のクラブに、本土からの観光客が遊びにいく状況があったことを確認できる。当時の本土観光客が「ナイトライフ」に求めた「沖縄らしさ」には、「外国気分」をもたらしてくれるような「アメリカらしさ」のイメージも重ねられていた。海洋博目当てに沖縄を訪れる観光客たちは、夜の観光で休感することのできる「沖縄らしさ」も楽しみの一つにしていたようである。

同時期に発行された余暇やレジャーを主に扱う本土の雑誌『レジャーアサヒ』からも「沖縄――この未知の島」という特集を掲げた臨時増刊号が一九七五年七月に出された。そこでは、「沖縄おりじなるガイド　知らない町の知らない案内所で…」と題して次のように那覇の夜の過ごし方が提案される。

BARのオープンは早くても8時。そのぐらいにノコノコ行くと、まだお客さんはまったく見えず、みんなで食事をしてたりする。どうせ行くなら11時ぐらい。閉店が11時半だからといって心配することはない。沖縄人の夜の遊びを知るには、店のシャッター《ママ》がおりてからなのだ。

那覇には歓楽街が四ヶ所ある。波の上、桜坂、前島、栄町。この中で沖縄らしい夜遊びをするには、国際通り裏の桜坂。川沿いに国際通りから少し歩いた(10分くらい)前島。この二ヶ所には沖縄の呑ん兵衛の心が渦巻いている。(20)

前掲の『旅』では、「桜坂、前島、辻町が三大遊興地」とされていたが、『レジャーアサヒ　増刊号』では、そこに栄町を加えた四ヵ所(波の上は辻町)を歓楽街として紹介している。ただし、波の上は飲み屋街というよりは性風俗街の色調が強い場所であった。『レジャーアサヒ』では、波の上について以下のように詳細な紹介をしている。

図3-12：那覇市のピンクサロン（『青い海』1983年5月号、58～59頁）

図3-10：『レジャーアサヒ』1975年7月臨時増刊号表紙

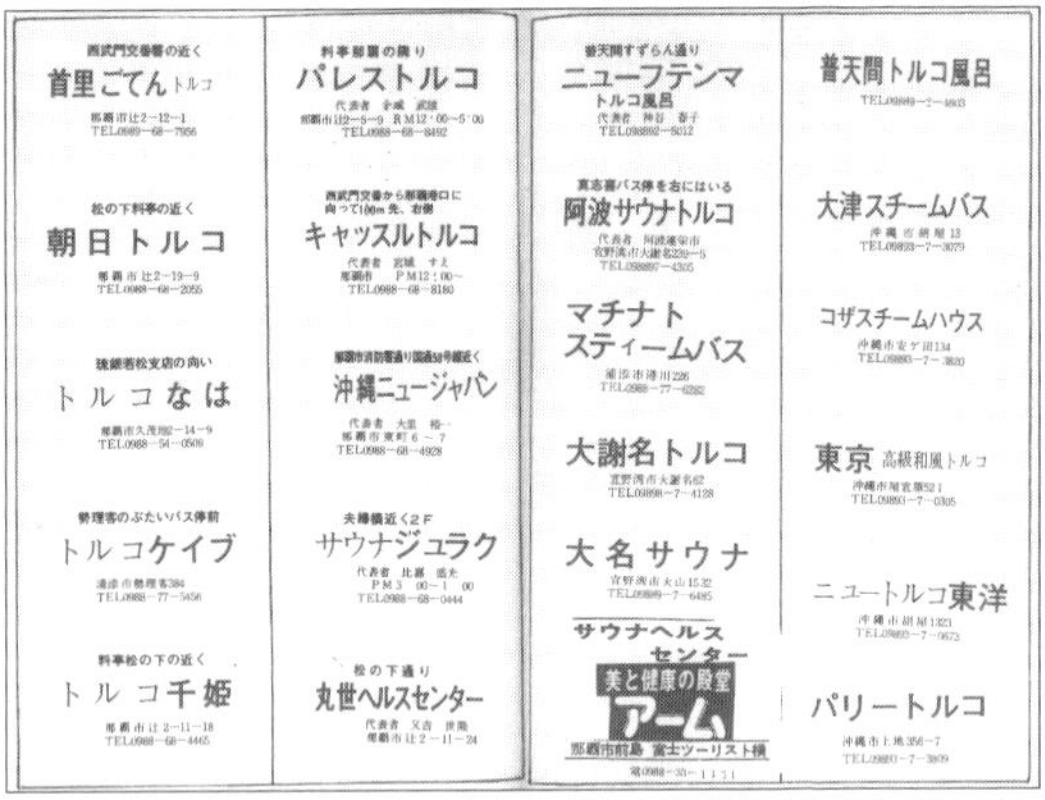

図3-11：「トルコ風呂」店一覧広告（『沖縄観光年鑑』昭和50年版、338頁）

前島と並び称されるのが波の上。こちらはオンナ一本やりという所。昔の高級茶屋の面影はどこへやら、いまではすっかりさびれた八月十五夜の茶屋あたりを中心に、トルコが立ち並ぶ風景は、新宿の裏通りとまったく変わらない。

この地帯は有名な暗黒地帯で、沖縄の暴力団が完全に掌握している。本土系の暴力団ですら、地元の彼らには全く手がでない。（その主たる理由は沖縄側の武器の豊富さといわれる）だからトルコ、売春、コールガールの巣ともいわれ、波の上をとり巻くようにしてある、観光ホテルの客から多くの利益をあげている。

ここのトルコで働く女性たちは、ほとんど本土出身。料金も高い。

沖縄に関しては、女性の問題はまったく、魅力のある題材ではない。

お奨めできるのは、前島、桜坂、栄町あたりでじっくり飲むことぐらいである。どうしても女がいないと、と言われるなら波の上のトルコへ。ただし、本土出身の子が多く、料金が高くてもOKだったらの話だが――。[21]

「トルコ」とは、個室付特殊浴場、つまり売春を行う性風俗店の俗称で、いまは「ソープランド」と呼称されている。波の上の性風俗街は、沖縄の暴力団の管理地区であるため、料金が高く本土出身の女性が多く働いていることから本土観光客にはおすすめできないという。裏を返せば、本土観光客たちは一般的には、あくまでも沖縄現地の女性を求めていたということであろう。しかし、波の上周辺の「観光ホテルの客から多くの利益をあげている」ということから、本土観光客の一定数は波の上の性風俗店へ流れ込んでいる状況があったと推察される。

米軍関係者向け慰安施設から本土客向け観光売春へ

沖縄の歓楽街や売春街は、復帰以前と以後でどのように変わったのだろうか。一章でも述べたとおり、Aサインバーという呼び名が象徴するように沖縄の売春街・歓楽街はアメリカとの関係で形成されたものであった。だが、一九六〇年代末からアメリカによるドル防衛策の一環として行われた在外基地再編合理化政策やその後のベトナム戦線の縮小、一九七三年のパリ協定、沖縄返還による自衛隊配備などを背景として、在沖米兵が減少する。米兵に代わって沖縄の売春街・歓楽街にセクシュアリティ消費の主体として現れたのは、本土からの男性観光客であった。

特に、一九七五年の海洋博開催時期には本土からの観光客が激増した。こうして、一九七〇年代半ばから急速に、沖縄のセクシュアリティ消費の主体が米兵から本土男性客へと移っていく。
『沖縄観光年鑑　昭和五〇年版』には、そのことを端的に表す次のような文章が載せられている。

　やさしい人情が生きている街でもあり復帰後は本土からの観光客もグット増えている。ホテルも安いし、吉原もそのまま残っているコザ十字路は白人街と黒人街にわかれおたがい他人の街には入れないことになっている。でも日本人は出入り自由というからおもしろい。那覇からタクシーで一〇〇〇円位だがコザまできた以上はやはり日本人向けのバー街中之町を見ていただきたい、美人ホステス揃いの明朗会計、安心して飲める、金髪の三世《ママ》の女の子がハーイなんて声をかけてくれるからビックリするよ。兎に角コザの夜を知らずして、沖縄は語れない[22]。

「基地の街」や「白人の街」と称されてきたコザ十字路が、本土の男性観光客向けに紹介されている。コザ十字路では「白人街」と「黒人街」の線引きが決められており、相手の街に入った場合には暴行を受けることがある危険な領域であった。しかし日本人は「出入り自由」だといい、「基地の街」を本土男性の観光スポットとして打ち出そうとしていたのである。そこでは、「金髪の三世の女の子」という言葉に象徴されるように、「基地らしさ」や「アメリカらしさ」も「沖縄らしさ」の一部として提示されていた。しかし、必ずしもコザの観光地化は成功していたわけではなかった。
　コザの街が、メインターゲットを米兵から本土観光客へと移していくさまは、前出の『レジャーアサヒ』臨時増刊号でも、「コザとカテナでは沖縄の顔を」と題して次のように語られる。

コザとカテナは基地の町。米兵の数が減ったとはいえ、横文字の多い町の風景は、やはり沖縄のひとつの顔である。

それにしてもコザ、カテナの変貌には著しいものがある。毎日のように横文字が消され、その上に家具屋とか衣料店などの文字が書かれていく。ＢＡＲ・サロンも次々と廃業しパチンコ店、スナックなどに衣替え。本土の観光客に的をしぼっている。しかし地理的に見て、コザ、カテナまで本土の観光客がやってくる見込みはまずない。たとえ海洋博があったとしても、単なる通過点に過ぎなくなるだろう。そういう点でコザ、カテナはいま凋落の途を歩いている。[23]

「本土の観光客に的をしぼって」横文字が消されていく状況がありつつも、地理的に那覇からやや距離のあるコザや嘉手納まで「本土の観光客がやってくる見込みはまずない」といい、海洋博で一時的に本土観光客が増加したとしても「単なる通過点に過ぎなくなるだろう」と述べている。沖縄県内でも、中心部である那覇市と、基地の町であるコザやアメリカ空軍基地の嘉手納飛行場で知られる嘉手納では、海洋博による観光客増加の程度にかなりの差があった。昭和五〇年版の『沖縄観光年鑑』では、「金髪三世の女の子」をコザのウリとして本土観光客へアピールをしていたが、多くの観光客は那覇市内の歓楽街へ流れており、コザまでわざわざ足を伸ばす可能性は低いと考えられたのである。記者は、コザの街の実情について次のように語っている。

復帰後、売春禁止法がこの沖縄にも適用されたのだから、もちろん理屈上は、コザの白人相手の売春宿も消滅したはずである。しかし、建前と本音は常に別であるところ《ママ》か、前よりももっと本音をさらけ出すことがある。コザの白人相手の売春宿がそのもっともいい例である。

コザの街は、ある種の暗黒街かもしれないと前にも書いた。その意味は、顔は本土に向いても、体は依然として沖縄人と、米兵の町だということだった。まったくその通りで、おそらく相当腕っぷしに自身のある、恐いもの知らずの連中でなければ、夜のコザ街に繰りだすことはできない。

そのコザ街の裏通りには数少なくなった、ふところの淋しい米兵を狙った、売春宿がいくつもある。復帰後、表面的にはスナックやバーに衣替えはしていても、店のつくりを見れば売春宿はすぐ判る。（中略）いまでは、この売春宿も、先がないのを考えて、「やらずぶったくり」が多いといわれる。米兵ですら最近はあまり、寄りつかないといわれるほど、ここらあたりはますますその暴力色を強めている。

金のない米兵を連れ込んで、女も抱かせず、金だけふんだくって、おっぽりだす。だから、米兵とのもめ事が絶えない。この裏町までくると、そこはもう野獣地帯といっていいかも知れない。性に飢えた、金のない米兵と沖縄人の売春婦。この争いは単に悲劇の枠を通りこえ、沖縄の歴史のすべてを、語っているかのようだ。少なくとも、コザの街にとって、ベトナム戦争の終結は、決してプラスになっていない。米軍レポートのところで詳しく書いたように、むしろ一触即発の危機さえある。

本土に復帰して、顔は本土へ向いたけれど、体はまだ米軍に依存し、しかも米軍は少なくなり、本土もなにもしてくれない。

コザの住民こそ、本土復帰の最大の犠牲者と呼ぶべきかもしれない。[24]

記者は、コザの街は顔は本土に向いても、体は依然として沖縄人と、米兵の町だという。しかも、商売の限界から米兵を騙して金だけ取る「やらずぶったり」が横行して揉め事が絶えないなど復帰後ますますその暴力色を強めていると述べている。本土復帰と海洋博開催によって沖縄は本土の観光地となり、観光産業は沖縄経済の主要産業となっていった。しかし、コザには、基地と売春の根強い関係が依然として残っていたのである。ただし、コザは基地の街としての性質が強いためこの傾向も強いというだけであり、那覇など他の場所でも程度の差こそあれ基地と売春の根底的な関係はこの時期においても切り離せるものではなかった。そこには、基地が残した「消費する主体」としてのアメリカと「消費される客体」としての沖縄という構図があった。そして、その構図は「消費する主体」としての本土観光客の参入によって、基地の縮小後も維持されていくのである。このように、一九七〇年代にみられたセクシュアリティ消費の主体の変化は単純な交代劇ではなかった。

本土復帰以前、一九六〇年代にもセクシュアリティ消費の観光をめぐる言説は多少みられた。ただし、本土復帰後の時期とは語られ方が異なっていた。復帰以前には、売春は、一般女性を守るためにも、性風俗業に従事する女性の生活保護のためにも、「必要悪」だとする認識がみられた。むしろ売春地帯を整備した方がいいという意見まで出てくる状況があった。背景として、当時の沖縄の売春は米兵中心のものであったことが大きい。一九六〇年代の売春は、一般女性を米兵犯罪から守る防波堤として位置付けられていた側面があった。米兵犯罪を助長する危険性があるならば、禁止するよりもむしろ売春を公的に認め組織化したほうがいいと考えられたのである。

また、売春防止法は一九七〇年七月一〇日に立法されたが、それをめぐる議論で問題とされていたのは「日本軍と慰安婦」「米兵の性犯罪」「基地と売春」であった。つまり、沖縄の女性の身体を消費する主体は「昔」は「日本軍」であり、「今」は「米兵」であるという構図で、一九六〇年代の売春問題がとらえられおり、終戦後の日本人男性による観光売春については焦点化されていなかった。[25] このように、復帰前、一九六〇年代の段階では、沖縄の売春問題は米兵問題としてとらえられていたことから「必要悪」であるという語り方が一般的であった。それが、一九七〇年代以降、在沖米兵の減少と本土復帰にともない、買春の担い手が米兵から本土の男性観光客へと移っていく。米兵犯罪を抑止するための売春は「必要悪」であると語られていたが、本土男性客による観光買春は、娯楽の性質の強いものであったため「必要悪」とはみなされなかった。そうした売春をめぐる状況の変化および売春に対する認識の変化から、一九七〇年代には「観光売春」が問題として焦点化されていくのである。では、復帰後の「観光売春」はいかに語られたのかを次節でみていく。

三 「本土の男対沖縄の女」という語り

観光売春問題の焦点化

本格的に観光売春の問題が焦点化されていくのは、一九七二年の復帰から一九七五年の海洋博開催前後にかけての時期が中心となるが、復帰目前の時期から徐々に気運は高まりつつあった。[26] 本土では、売春防止法が一九五六年に立法化、翌年四月一日に実施され、罰則規定は一九五八年四月一日から施行されている。[27] 沖縄の売春防止法は、一九七〇年六月八日に立法院で可決され行政主席の署名をへて公布された。一九七二年七月から施行予定であったが、五月一五日に復帰となるので、その後は本土の売春防止法が適用されることになった。[28]『月刊婦人展望』一九七一年一一・一二月号に掲載された「沖縄の婦人問題」と題する論考によれば、法案可決の前には、「法の実質的な発効はどうせ七二年からである。七二年といえば本土復帰年でどの方面でも本土法が適用されるのだから無理して、いま沖縄で売春禁止法を成立させなくてもいいではないか」という意見もあったという。さらに、「本土法と同程度になるまでには変遷があった。最初に準備された法案よりレベルダウンしている。すべてを本土に合せておこうという配慮、圧力がここにも現れたのであろうか」と述べている。[29] 売春防止法成立をめぐっても本土への配慮は欠かせないものであった。同論考では続けて、沖縄の売春問題について次のように語る。

沖縄の売春は構造的であるといわれる。基地と貧困という構造から必然的に生じるというわけである。基地のまちには横文字が氾濫し、ネオン輝くAサインバー（Approved の略）がひしめく。若い女性は収入の良いこの外人バーのホステスになるがそれは結果的には売春を前提としている。売春のいやな子はハーニー（オンリー）になる。（中略）若い米兵はベトナム行きを避けるため女性相手の刑事事件をおこして延期にもちこむ。

少女暴行事件は頻発し、転落・離婚の原因に「暴行を受けて」があるなど基地存在の重荷は直接間接に男性より弱い女性が負担している。[30]

これは、一九六〇年代からみられた基地問題としての売春の語りである。「基地存在の重荷は直接間接に男性より弱い女性」が負担しているとあるように、沖縄の男性も女性も貧困をはじめとする重荷を背負わされた被害者であることを前提としつつも、男性よりも弱い立場にある女性の方が実際の負担はより大きかった。それは、米兵による性犯罪という形で端的に表れ、単なる女性問題としてだけでなく、沖縄社会全体で基地の存在にともなう中心的な問題の一つとして認識されてきた。そのため、先述したように売春を米兵犯罪抑制のための「必要悪」とみる向きも強く存在していたのである。

一九七〇年代に入り復帰を目前にひかえると、一九六〇年代までとは異なる売春問題の語り方が表れるようになる。「観光売春」の焦点化である。上記論考の続きをみてみたい。

沖縄での売春の拡大に〝観光〟が近年は登場している。本土からの男性観光客は買春も観光のメリットに加えているらしい。買春は農協グループでも総評の労働者大訪沖団でも行なわれた。本土の男が沖縄の女の心身を傷つけているのである。観光客目あての飲み屋街は発達し女給のアルバイト売春は本業化し、キャバレーのホステスも本土客が値をつり上げて売春させているようなものである。[31]

ここでは、沖縄の売春拡大と「観光」が結びつけられ批判される。「本土からの男性観光客は買春も観光のメリットに加えて」おり、「本土の男が沖縄の女の心身を傷つけている」という。米兵による買春が「必要悪」とみなされたのに対し、本土男性観光客による買春は、「不必要な悪」であった。そこには、観光自体が余暇や娯楽と

図3-13：「売春天国におどる男たち」（『月刊沖縄』1963年7月号、『月刊沖縄ダイジェスト復刻版（下）』月刊沖縄社、858～859頁）

いう要素をふくんでいるため、「沖縄の女の心身」が娯楽の一環として消費されることへの拒否感もあったと考えられる。同時に、米兵犯罪が沖縄社会全体において重要な問題とみなされたのに対し、この時期の観光売春は主に本土と沖縄の女性たちによって論じられ、「女性問題」として扱われる面が大きかった[32]。沖縄において、米兵犯罪は社会問題であったが、観光売春はあくまで女性問題であるという認識があったと考えられる。そのため、本土復帰以前の時期に沖縄の男性や本土の男性から観光売春の問題性が指摘される状況はほとんどみられなかった。

『月刊沖縄』の一九六三年七月号に掲載された「売春天国におどる男たち――悪質なブローカー・金融業者・私立探偵・暴力団」という記事では、一九六二年二月一一日の米国ワシントンポスト紙掲載のジャン・G・ノリス記者の記事として次のような文章が紹介されている。「あちら（沖縄のこと）では悪徳が大きな事業だ。（中略）軍当局が売春やバクチのことについて公式な見解を発表するに対して、長年兵隊にいた人々は強く悪徳を支持している。〃もしも性がそのように容易に満たされないようになれば、われわれ兵隊は気違《ママ》いになるであろう〃と[33]」。そのため、売春禁止法が制定されては困るというのであった。このように、アメリカにおいても売春は「悪徳」として認識されてはいたが、米兵たちも自分たちにとって不可欠な「必要悪」であるとみなしていた。

こうした米兵の事情と比較すると、沖縄返還後の本土の男性観光客たちの態度は、全く異なるものであった。当然ながら、売春禁止法が制定されたからといって本土観光客が「気違いになる」というような状況は考えにくい。観光客たちは娯楽のために極めて短期間沖縄を訪れるだけであり、遊びの一環として「女を買う」のである。この点も、米兵の買春と本土観光客の買春の語りの違いを生み出していたと考えられる。

さらに、観光売春の焦点化のあり方には、「米兵と沖縄の女」という関係軸から「本土の男と沖縄の女」という関係軸への変化をみることができる。敗戦後、日米関係において「男性的」で支配するものとしての「アメリカ」と、「女性的」で支配されるものとしての「日本」という構図が存在した。[34]それに対し、この時期の日沖関係では、「支配するもの（男性的）」としての「日本（本土）」と「支配されるもの（女性的）」としての「沖縄」といったヒエラルヒーが投影されている。「米兵」に代わって「本土の男」が「沖縄の女」を支配する立場になることは、本土側からみれば敗戦により傷ついた「ナショナルな主体」や「男性的」で「支配するもの」としての日本本土という意識を、「沖縄」を利用して回復する行為であったともいえよう。[35]こうして「本土の男」は、観光買春を通じて沖縄で「基地的な暴力」を再現していくのである。

沖縄女性のイメージと売春言説──「沖縄の女性は働き者」という語り

沖縄の観光売春に関する語りのあり方には、沖縄の女性イメージも無関係ではなかった。沖縄の論壇誌のなかで確認された「沖縄女性のイメージ」を確認しておきたい。『新沖縄文学』の一九八五年九月号では、「「沖縄の女性」と「日本の女性」」という論説が掲載された。

「沖縄の女性問題」というと、何を思い浮かべるであろうか。「トートーメー（位牌継承）」問題やユタ問題など、沖縄独特の慣習・習俗をめぐっての女性の問題がまずある。それから、基地や観光に関わっての売春問題がある。これが、沖縄の女性問題の二大課題といってもよいだろう。いずれも沖縄の女性団体が、これに対して熱心な取り組みをしていることは、周知の事実である。

ところで、この「沖縄の女性問題」から「問題」をなくして、「沖縄の女性」となるとどうなるか。こんどは一転して、一つのイメージが流布していることに気づく。「おおらかでたくましい沖縄の女」である。こうなると、沖縄の女性に「女性問題」など存在しないかのようなムードになるから、おもしろい(36)。

上記では、「沖縄独特の慣習・習俗をめぐっての女性の問題」と、「基地や観光に関わっての売春問題」が「沖縄の女性問題の二大課題」とされている。しかし、「問題」を外して「沖縄の女性」ということでみると「おおらかでたくましい沖縄の女」というイメージが流布しているという。このように、「女性問題」と「女性イメージ」は切り離して考えられる面があった。

「おおらかでたくましい沖縄の女」というイメージの一つには、古くから語られてきた「男逸女労《だんいつじょろう》」の考えがある。この「男逸女労」がしばしば売春問題と結びつけられて語られた。例えば、『月刊婦人展望』の一九七一年一一・一二月号掲載の「沖縄の婦人問題」という記事では、次のように書かれる。

貧困もまた売春への大きな要因である。（中略）前借金で病人を治したいという美談調の身売り娘も出現しよう。「男逸女労」の語があるように沖縄の女性は働き者で伝統的な生活習慣がある上に、女も働かなくては生活できないきびしさが沖縄にはあり多労働家庭が多い。本土より女性の就労率は高く受入れる大産業はなく基地をはじめとするサービス業ばかりが異常に発達している。女性が自らの性を売ることに罪悪感をもし持たなかったら〝貧困〟にとりかこまれた地では稼ぎの場としての売春がはびこる素地は充分である。男性は屈曲した感情のはけ口として酒と女に溺れがちであるし、沖縄ではいままで売春の供給と需要が異様に作用しあったといえよう(37)。

ここでは、売春の要因として貧困をあげつつ、「男逸女労」という「沖縄の女性は働き者で伝統的な生活習慣」もあるとしている。沖縄の女性は元来「働き者」であるから、貧困から脱するためには手段が売春であろうとも一生懸命に働くというのである。貧困から性風俗業へと流れていく状況は日本各地でみられるものであったが、ここでは「働き者」であるという「沖縄の女性」イメージが重ねられている。

そして、沖縄の女性が売春を稼ぎ口とすることは、そうさせなければならなかった沖縄男性の「屈曲した感情」へとつながり、沖縄男性はそうした感情の「はけ口」として「酒と女に溺れ」る。つまり、沖縄女性が生活のためにセクシュアリティを売るほどに沖縄男性はプライドが傷つき「屈曲した感情」が増大し、「女」を買うことで慰められようとするためセクシュアリティ消費の需要が高まる。それによりますます沖縄女性はセクシュアリティを供給することになる。このように、この時期の沖縄では売買春をめぐって、需要と供給が完全に一巡するような状態になっていた。

ただしこの論考では、沖縄男性も貧困が蔓延する社会の被害者として扱われている。米兵による買春や本土男性の観光買春が問題とされてきた一方で、沖縄の男性による買春はほとんど問題にされることがなかった。本来なら、「沖縄の男対沖縄の女」という構図もあり得たはずである。にもかかわらず、貧困と「沖縄の女性イメージ」を強調することにより、沖縄の売買春に関しては沖縄の男性もまた被害者として語られるのである。

「本土の男」が求める「沖縄女性」のイメージ

本土の男性は沖縄の女性にどのようなイメージを重ね、何を求めていたのだろうか。本土の男性観光客が沖縄でのセクシュアリティ観光で求める女性像には二つのパターンがある。一つは、一節でみたような基地の存在を下地とした「金髪の三世《ママ》の女の子」である。もう一つは、「素朴な沖縄」である。戦前から存在する本土では失われてしまった素朴さや優しさが残されているという沖縄イメージは、沖縄の女性イメージにも投影されていた。『レジャーアサヒ』一九七五年七月号の「沖縄おりじなるガイド」では、沖縄のBARでの場面を次のように紹介する。「BARに入ったら、隣に座った女の子、由美ちゃんがいきなり「すけべしにきたの」とのたまう。こういう殺し文句を聞くと、ギャフンと同時に思わず笑ってしまう。ことほどかように那覇市の前島町のホステスさんはくったくないのだ」[38]。本土男性からみた「沖縄の女性」の魅力として、「素朴さ」「おおらかさ」「くったくのなさ」などが語られる。

「がめつきはさくらざか」というタイトルで、『月刊沖縄』一九六一年一一月号に掲載された沖縄の「夜の街」のレポートがある。そこでは、沖縄女性の魅力を次のように語っている。「行きつけの喫茶店」「T姉（ねえ）」は、記者の「浜千鳥節を、あくびをかみ殺しながら我慢し」て聞き、「目をうるませ、うっとりした声で」、「あなたはもう七〇パーセント沖縄人（うちなんちう）ですわ」と言ってくれたのだという。そして次のように続ける。「沖縄の女性の辛抱づよさなどについて書かねばならない。たとえば、このT姉（ねえ）にしてもそうである。私の浜千鳥節（ちぢゆやぶし）を辛抱して聞いてくれるという超人的な忍耐力と、正当ではあるが無慈悲な酷評を下すかわりに「七〇パーセント沖縄人（うちなんちう）ですわ」と励ましてくれる優しさ、そしてその物腰の愛らしさ」[39]。記者は、こうした沖縄の女性の優しさに魅力を見出し、平日は毎日店に通っているのだという。

このように、本土からの男性客は、沖縄の女性に飾り立てない「素朴さ」や「優しさ」をみようとする。これは、タイやフィリピンなどしばしば日本人男性によるセクシュアリティ消費の対象とされてきた「南国」と呼ばれる国々の女性イメージとも重なるものである。「南国」と「素朴さ」のイメージ、そしてセクシュアリティ消費の結びつきは沖縄以外でもみられる。しかし、沖縄が海外の「南国」と異なるのは、「日本のなかの南国・異国」という特異な立ち位置だという点である。記者がホステスの女性に「七〇パーセント沖縄人」といわれて喜びを感じている点も、本土と沖縄の微妙な関係性を示している。男性客は、一般的には沖縄に対して「日本のなかの異国」としての役割を期待しつつも、自分と自分が贔屓にしているホステスの女性との関係は特別であり、二人の関係が「沖縄と本土」の関係を超越したと感じられる瞬間に満足感を得ていたと考えられる。

記者は続けて、沖縄の女性の外見的な魅力についてもふれる。「私の愛すべき悪友が「目の美しい子がいますよ。目だけですがね」といって教えてくれた店で、なるほど沖縄の女性の目の美しさには定評がある[40]」と期待がふくらんだという。沖縄の女性の外見的魅力について、「瞳の美しさ」を強調する語り方も繰り返しなされてきた。『月刊沖縄』一九六二年一〇月号の「沖縄の女性をハダカにする」という記事では、TVアナウンサーがみた「沖縄女性」についての座談会の内容が掲載された。参加者は、ラジオ沖縄、琉球放送、沖縄テレビのアナウンス課の社員たちであった。そこでは、「典型的な郷土現代女性」の特徴として、「きらめく瞳、意志のつよいまなざし、発達した下あご、郷土女性のもつ、南国的魅力は、旅するものに強い印象となっているようだ」と書かれている。そして、「郷土の男性諸兄よ、今一度足下の美にめざめられよ」と述べる[41]。

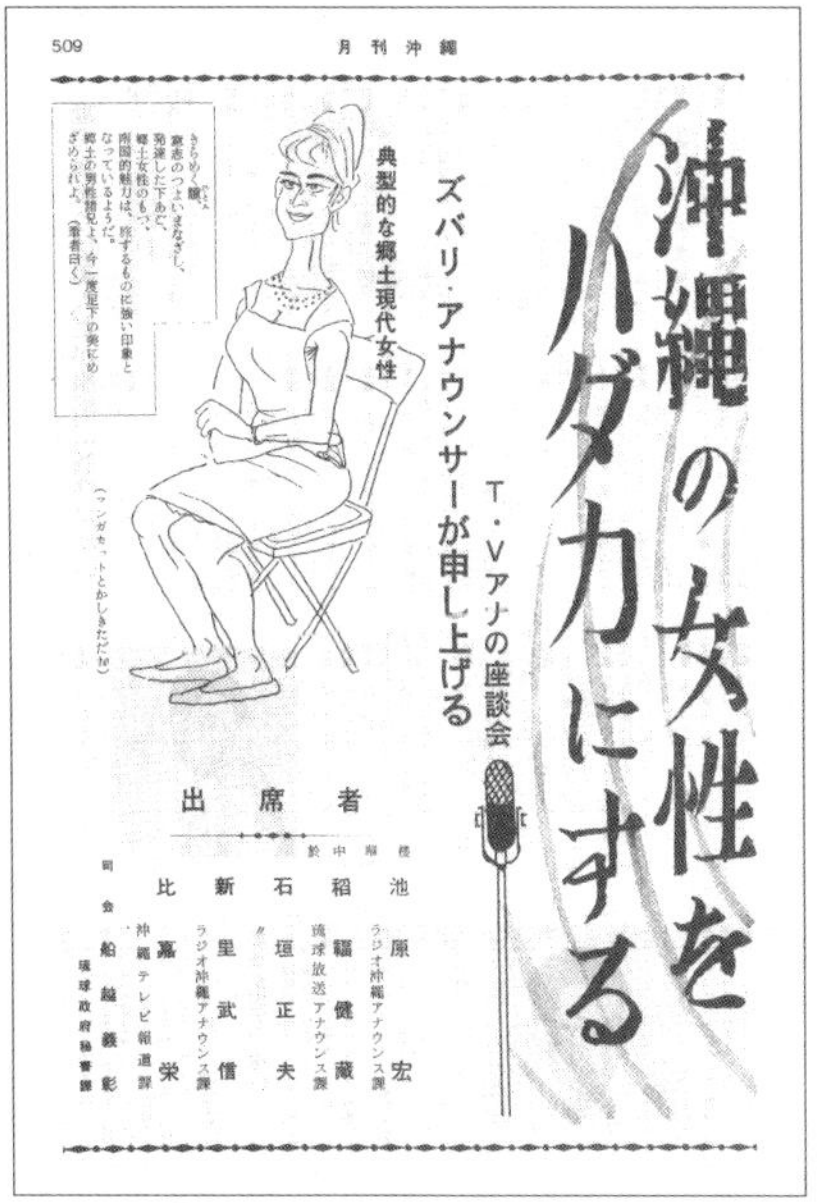

図3-14：「沖縄の女性をハダカにする——典型的な郷土現代女性」（『月刊沖縄』1962年10月号、『月刊沖縄ダイジェスト復刻版（上）』月刊沖縄社、509頁）

さらに、「鹿児島よりは美人だが服装に個性がない[42]」との小見出しで、沖縄女性の外見について「地方としてみると、沖縄の女は本土に比べていい方です」と述べる。ただし、銀座や京都の女性のファッションが洗練されていることにふれながら、沖縄女性の服装は改善の余地があるとしている。その際、「沖縄の女性は、服装にも化粧にも独自のものを編み出していいのではないか。しいて銀座とか、パリとか比較することはない。太陽光線が強いので、色が黒くなるのはあたりまえである。色が黒いのは美人の標本であると思えば苦にもなるまい[43]」というように、単に銀座やパリの後追いをするのではなく、日焼けした肌に象徴されるような「沖縄らしさ」を活かした服装や化粧を考えていくべきだとしている。

沖縄の女性の外見的な魅力に関しては、「金髪の三《ママ》世の女の子」という基地の存在によるイメージに加えて、復帰以前からみられた「南国」的な魅力が語られていた。これも、本土女性のようにファッションが洗練されているわけではないが、生まれ持った瞳の美しさがあるという沖縄の「素朴さ」のステレオタイプの一部であるといえるだろう。では、ここまでみてきた「本土の男」と「沖縄の女」という語りは、同時期の本土と沖縄のどのような関係性を映し出していたのだろうか。

四　海洋博批判と売春批判の接合

「夜の街」に浮かび上がる本土の暴力

『レジャーアサヒ』一九七五年七月号の「沖縄おりじなるガイド」では、「沖縄で楽しく飲むため」には「礼儀」が必要だという。なぜ楽しく飲むことに「礼儀」が必要なのか。ここでいう「礼儀」とはどのようなものだろうか。記事では、以下のように注意が促される。

> 1. 軍歌を唄うな！
> 決して、軍歌を唄いなさんな。特に、中年のおじさん。沖縄人は普通は我慢しているが、狂い水が入ると別。軍歌をなぜ唄っちゃいけないか意味はお判りですね。
> 2. 戦争の話を得意げにするな！

戦争体験を、得意そうにおしゃべりしてはいけません。つい、最近もそれをやってた中年のオヤジが、まわりの沖縄人に袋だたきにされ、重傷をおっている。夢々お忘れなく。

この2つだけは、どんなことがあっても、必ずお守り下さい。

あっ、それからもうひとつ。沖縄の人から話しかけるまであまりなれなれしく、酒の勢いを借りて話かけないこと。以上3点お守り下さい。(44)


「沖縄で楽しく飲むため」の「礼儀」として、「軍歌を歌わないこと」と「戦争体験を得意げに語らないこと」が強調されていた。これは、沖縄の歓楽街へ赴く本土観光客のメイン層である中年男性を想定して書かれたものである。ここに浮かびあがるのは、戦争認識の差異を無視して本土と同じようにふるまう「本土の男」の暴力性である。ただし、「まわりで飲んでる沖縄人とケンカになることは覚悟しておきなさい。滅多に起きはしないが、もしケンカになったら彼らはメッポー荒いよ。だから、礼儀は必要なんです」とあるように、ここで「怒り」の主体となるのは、「沖縄の男」である。「本土の男対沖縄の女」という構図が強調されていたにもかかわらず、「沖縄の女」は怒りの主体としては語られなかった。ここでいう「礼儀」とは、「本土の男」から「沖縄の男」に対する「礼儀」であり、「沖縄の女」に対するものではない。「沖縄の女」が搾取されることに対して「沖縄の男」が声をあげるとすれば、あくまでも「沖縄の男」のプライドを守るためという側面が強い。

このように、歓楽街で軍歌を歌う、戦争話をするなどの行動は、明らかに戦時中の日本軍による暴力を想起させるものであるにもかかわらず、沖縄でそうしたことに配慮せずにふるまうという形で復帰後の本土観光客が持つ暴力性が表出していた。それは、「本土の男」による「沖縄の女」への暴力とも重なるものであったが、そこでの「怒り」の主体は、「沖縄の女」ではなく「沖縄の男」であり、「沖縄の女性」はあくまでも「消費される客体」として位置付けられていた。

海洋博批判と売春批判の結びつき

上でみたようなセクシュアリティ消費観光での本土の暴力は、別の次元での本土の暴力に対する批判へと結びつけられていく。『レジャーアサヒ』一九七五年七月号には、「座談会・海洋博をめぐって　暴動が起るかもしれないよ」[45]と題する記事が掲載された。参加者は、内田等（経済誌記者）、宮田信治（トラベル・ライター）、津森恭平（大学講師）、北豊助（旅行代理店勤務）、鳥居譲（画家）、レジャーアサヒ編集部（司会）という沖縄事情に詳しい本土出身者を中心に構成されていた。

海洋博をめぐっては本土企業が利益を独占しており、沖縄でやる意味がないという議論がたびたびだされる。そこで座談会では、「せめて観光客がマナー良く、金をたくさん地元に落として」もらうしかないということになるが、本土観光客は「悪名高い観光客」であるため、「いろいろと問題は出そう」だという。特に、「酒と女」絡みの問題について、次のような議論が展開される。宮田は、「女をね。本土のトルコのお姐ちゃんとか、芸者さんをバーッと沖縄へ送ってる。具体的にM温泉の芸者さんが、送られたというのを知ってますから確かです」といい、女性の斡旋が「パック」で行われており、それは「代理店」によるものだと述べる。続けて宮田は、「もともと復帰後、そうした傾向はあったんです。波の上というトルコ街なんかそうですね。暴力団が大量に本土のトルコのお姐ちゃんたちを集めてやってる。もっとも、ここの暴力団は地元沖縄の暴力団なんですよ。本土の暴力団は、なんとかやりたいんだが、この波の上では手も足も出ない。しかし波の上は例外なんですよ。波の上以外だと、本土のトルコ業者が女の問題を一手に引き受けている」という。沖縄の暴力団は、「手榴弾やピストルを豊富に持ってるから、手を出せない」のだ。それを受けて鳥居は、「でも、痛快じゃないですか。たとえ暴力団ではあっても今まで、さんざんいじめられてきた沖縄人が、逆に本土のお姐ちゃんたちを使って、本土の連中から金をとる。まさに報復ですよ。戦後ほったらかしにしていたことへの…」[46]と述べる。

ここでいう「報復」の「痛快さ」は屈折してはいるが、沖縄の側が本土から「消費される客体」であるだけでなく、沖縄の側が本土に「消費させる主体」になっているということへの「痛快」さである。表面上は、売春を通して「支配するもの」であったはずの「日本の男」が、波の上では沖縄の暴力団という存在によって、沖縄で「本土の女」を買わされているという認識がみてとれる。

本来であれば、本土か沖縄かにかかわらず、女性が消費の一方的な対象とされていること自体が批判されて然るべきである。しかしここでは、あくまでも「本土の暴力」に焦点が置かれることによって、根本的な女性への暴力に対する批判や問題性がみえにくくなっている。つまり、「沖縄対本土」という構図が前面に押し出されることで、「女性対男性」という構図が孕む問題が後景化している状況があったといえよう。

そして、議論は次のように続く。内田が、「じゃあ、なんのことはない。海洋博と同じ時に、同じ沖縄で「トルコの全国大会」をやるようなもんですね。参加者は全国各地のトルコ嬢。スポンサーは本土からの観光客、こりゃあ、おもしろい（笑）」と述べる。それに対し、津森が「だけどそうなると、なにもかも本土のもので、まにあうということですよね。沖縄で泊るホテルも、女も本土だとすると」と話す。「となると沖縄はどうなります（?）」という津森の問いかけに対し、宮田は次のように答えた。「そこですよ。だから、観光客は本土の女の子を抱いて、本土のホテルに泊まる。これで沖縄の女の子も少しは安らかに眠れる（笑）だから、暴動騒ぎは起きない。だけど、そこで話は元に戻りますが。じゃあ、海洋博は誰のためにやるんだ、という疑問にどうしてもぶつかってしまう。確かに、女の子は少しは安心して、眠れるかもしれないけれど、お金がこの土地には全然、落ちんではないかということになる[47]」。

沖縄で、「本土の男」に「本土の女」を消費させるというやり方は、「痛快」ではあるものの、実際問題として沖縄に金は落ちない。沖縄が本土の「女の子」を使った転覆戦略で本土より優位に立とうとすること自体が、本土資本に全て回収されて沖縄は恩恵を得られないというヒエラルヒーを再生産しているに過ぎないのだ。「海洋博と同じ時に、同じ沖縄で「トルコの全国大会」をやるようなもんですね」という発言にみられるように、波の上の売春と海洋博は同じ構造になっている。そして結局、「海洋博は誰のためにやるんだ、という疑問」にぶつかってしまうのである。こうして、議論の主題は、売春から海洋博へとつながっていく。

内田は、「そうですね。結局、そこに戻る。沖縄の人々は海洋博で、物価高や環境公害に苦しんでいる。その問題はやはり残っているわけで、せめてお金だけでも、というところでしょうから」という。続けて鳥居はこう述べる。「本土の論理ですべて進行してしまっているということでしょう。確かにホテルにしても、女にしても、少し次元を上げて海洋博関連のことにしても、すべて本土のペースで沖縄は置き物にすぎない。そのおかげ（？）で、表面的には海洋博は、うまくいくかもしれないが、そうなると沖縄に残るのは物価高、公害ぐらいになってしまう。利用されただけだ[48]」。

海洋博のための用地開発は、「環境破壊博」と揶揄されるほど赤土汚染によるサンゴの死滅などの深刻な公害問題を引き起こした。さらに、過激な物価高で地域住民の生活は逼迫していた。海洋博開催に際して「投下された多額の公共投資は、沖縄に蓄積されることなく、そのまま大企業を経由して本土に還流して[49]」いく状況にあった。ホテル開発をはじめとする大規模事業はほとんどが本土資本によるもので、利益も本土に回収されているため地元企業が儲からない。そこで地元企業は生き残るため、「本土の大企業とジョイントを組む」か「下請けをする」形で参入したが、これにより「公共投資依存型の建設業を過剰に発達させ」ることとなった。一方で、復帰記念事業や「政策的要請に応じて過剰投資を強いられた地元企業が次つぎと倒産するなどの事態も[50]」生じていた。このようにすべてが本土の論理で進行しており、沖縄が利用されていることに沖縄の住民は不満を募らせていた。ただし、これは海洋博だけに限ったものでなく、本土復帰のあり方自体が「本土の論理」で進められてきたという意識があった。先にみた沖縄が本土による暴力を逆手にとって仕返しをしていくという論理も、結果として本土の資本に回収されていく構造から逃れられない。どうしようもなく開発をめぐる本土の論理に埋め込まれていく状況があった。

宮田は続けて、「海洋博は台風のように、沖縄の頭の上を通過しただけということになるでしょうね。で、その後苦しむのは、また沖縄だ。だから、私はむしろ海洋博がうまくいかないほうがいい。どこかで地元の連中と本土側でゴタゴタが起って、海洋博がうまくいかなくなるのを望んでるんです。そちらのほうがまだなにか、生れそうな気がする」という。それに対し津森が、「さしあたって、そうしたゴタゴタは、どこらあたりで起きそうですか」と聞くと、宮田は「やっぱり女の子だと思いますね。那覇あたりだと、国際通りなんか夜の11時ごろまで、高校生の若い女の子が遊んでるわけですよ。それに、この海洋博にはいろんな面で、夏休みを利用して女子高校生が、アルバイトをしてる。「トルコあたりの女の子より……」という軽い考えでそこらあたりを、本土や東南アジアあたりと同じつもりで、観光客がちょっかいを出したりしないとも限らない。そうしたゴタゴタが、可能性としては、一番あるでしょう[51]」と答えた。

「海洋博は台風のように、沖縄の頭の上を通過しただけということになる」のは明らかであるため、むしろ海洋博がうまくいかないことを望んでいるのだという。そうした「ゴタゴタ」のほうがむしろ新しいものを生む可能性があるとみているのである。そして、「ゴタゴタ」が一番起こりうるのは、やはり「女の子」関係の問題だという。ここにみてとれるのは、沖縄の側も「女の子」を盾として利用しようとしているのではないかという点である。「本土の女」を「本土の男」に消費させることで沖縄と本土の関係の転覆戦略を図り、一般の若い「女の子」が「本土の男」の標的になるという「ゴタゴタ」によって海洋博が失敗することを望む。つまり、「本土の男」と「沖縄の男」は、表面的には対抗関係にあるが、両者とも「女の子」を利用して搾取しようとするという点では一致しており、いわば共犯関係にあったといえよう。

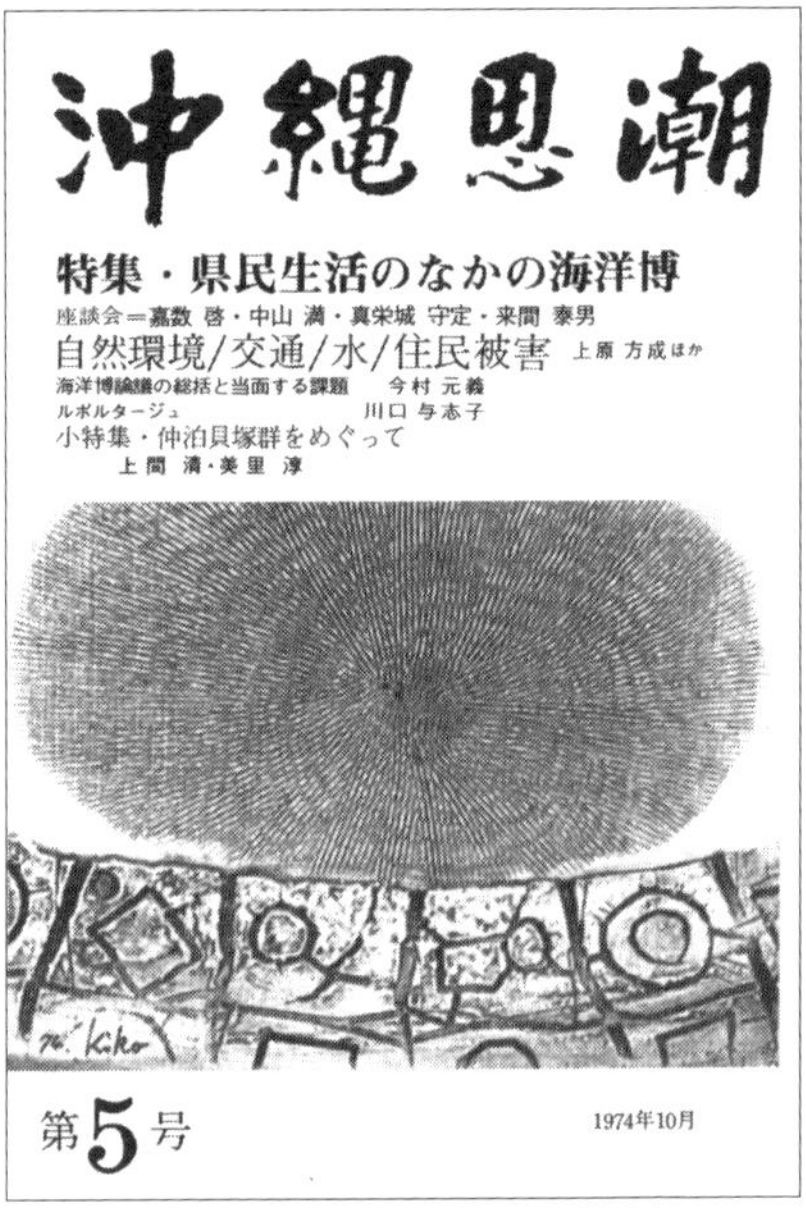

図3-15：『沖縄思潮』1974年10月号表紙

「人間破壊博」という批判

ここで「可能性」として示されているような、海洋博を契機として本土から向けられる沖縄女性、特に女子高生への性的なまなざしを批判する言説は、すでに一九七四年一〇月号の『沖縄思潮』でもみられた。沖縄タイムス「くさぐさ会」副会長などをつとめる川口与志子は、「海洋博・人間破壊の惨状――谷間の女子高生から」と題する論考で、本土から来たダンプ運転手との子を妊娠し、高校を退学した谷間の女子高生の事例を紹介しつつ、海洋博について次のように語る。

> 海洋博の中心地本部半島。その町内の女子高生が男たちの狂った性に蝕まれていると聞く。（中略）海洋博とは、清純な乙女達の心と肉体をむしばみ、希望に燃えて巣立つはずの高校生たちの前途を食い荒している。怪物以外の何ものでもないではないか。（中略）
> 問題の女子高生の家庭は両親とも教師であった。祖父も字の有識者である。彼女の転落は去る春の長期バストの際にはじまった。高校への通学に北部縦貫道路の砂利トラックに便乗したのがきっかけとなった。いつの間にかその運転手と親しくなった。とうとう妊娠してJ高校を退学させられた。(52)

川口によれば、海洋博会場建設の仕事に従事する本土からきたダンプカー運転手が、地元の女子高生に声をかけ、乗車を誘うことが多発していたという。その結果ある女子生徒は、ダンプカーの運転手と付き合うこととなり、妊娠五カ月で退学処分となったという。ここには、本土からきた労働者、交通機関の麻痺と長期バスストなどこの時期の沖縄が抱えていた複数の問題が複合的に関わっている。また、川口は、ダンプのスピード違反と積載オーバーが常習化していたこと、夕方になるとさらにダンプの暴走が目立つことにふれ、「運転手たちは夜の遊びが頭に浮かんで歩行者なんか目に入らないんだろう[53]」という地元住民の言葉を紹介する。ここでも、ダンプ運転手の運転の荒さを、セクシュアリティ消費と結びつけている。

さらに、沖縄の女学生たちはこうした危険にさらされる状況を認識しており、海洋博開催に否定的だと川口は述べる。

「私達はいつ車でら致されるか知れないと思うと、昼でも一人歩きはこわい」とおびえていた。

県外の若い労務者は女生徒にたやすく飲物を供応するし、これ迄農業や漁業をしていた町内の青年達は土地代で自家用車を購入して、建設現場への通勤用に使っている。仕事が終ると町内を乗り廻して女生徒に「乗れ、のれ」と誘う。断っても追っかけてしつこく付きまとう。これは殆んどの生徒さん達が体験していることで、全員が「海洋博はしない方がいい」と意見一致している[54]。

これによれば、沖縄の女学生に危険を感じさせたのは、本土からきた海洋博開発に関わる労働者の男性に限らず、以前は「農業や漁業をしていた町内の青年達」でもあった。彼らも海洋博開発の波にのって土地を売り、建設に関する労働に転じており、建設現場への通勤用に購入した自家用車に沖縄の女学生たちを乗せようとする場合もあったことがわかる。

海洋博開催前の時期、海洋博に対し、公害問題などを指して「環境破壊博」だという批判が相次いでいた。それに対し、ここでは「人間破壊」に焦点が向けられている。この事例では本土観光客ではなく、海洋博関連事業に従事する本土労働者であったが、構造的には同じである。つまり、「本土の男」から向けられる「狂った性」により、「沖縄の女」、それも沖縄の女子高生の日常が破壊されることへ拒否感の提示である。

海洋博を契機とした大規模な開発、沖縄イメージの伝播など本土資本により急激に押し進められた沖縄のリゾート化は、沖縄の観光地としての土台をつくり上げた。だが、その一方で、海洋博は、沖縄では開発の弊害や本土化への違和感、本土との軋轢などが顕在化する契機ともなっていた。本土の論理による開発や本土経済への埋め込みといった支配・暴力が、言説空間において、「本土の男」による「沖縄の女」への支配・暴力へと結びつけられていったのである。沖縄の側も、「女性的」つまり「支配されるもの」としての沖縄を内面化しつつ、本土の暴力性を暴こうとする。波の上で働く女性には本土出身者が多く、一見、沖縄による転覆戦略にもみえるが、結局は本土資本を中心に回り沖縄が単なる飾りと化してしまっているため、沖縄の女性に金は落ちない。これは、海洋博と同じ構造であるという認識が生み出されていた。

暴動による「海洋博打ち切り」への希望

先にみた『レジャーアサヒ　臨時増刊号』の「座談会・海洋博をめぐって　暴動が起るかもしれないよ」に戻り、議論のなかで示された海洋博に見出すことのできる唯一の「希望」についてみておきたい。

宮田は、「酒を飲んで軍歌なんか、唄ったりしてもまずい」とし、「殺傷事件は実際に起ってます。軍歌唄ってた本土の観光客が、殴られたりしている。それに女の子の方は、例の女子男子中学生集団暴行事件。犯人は本土の労務者だったんですが、求刑10年に対して、判決が12年でている。求刑よりも重いんですよ。ところが、私が知っている沖縄の友人は、それでも満足しない。「死刑にしろ!」って言うんですね。確かに、あの事件はひどいことをしてるけれど、やはり、沖縄で本土人による犯罪というのが、どうしても加味されている」という。沖縄の人々は、「本土人による犯罪」に敏感になっているため、軍歌や「女の子」を契機としてすでに深刻な事件が起きていた。

さらに続けてこう述べる。「できれば、海洋博は本当の意味で、うまくいって欲しいですよ。でも、それにはいまのままの形で、うまくいってもだめだ。このままじゃ、前に言った通り、沖縄の連中の頭の上をすべて素通りしてしまう。といっても、今さら時間を戻すわけにもいかない。とすると、日本国中が震感《ママ》し海洋博は打ち切られる。外国には恥をかく。そういった暴動が起きて欲しいというところまで言い切ってしまわざるを得ない。また、そうならなければ、日本本土の連中は判らないんじゃないか。そんな気がするわけです。またたとえ、私たちがそこまで望まなくても、沖縄の人々には火さえあれば、爆発する火薬庫みたいな状態がある。そして、もし爆発したらその爆発の規模がどのくらいのものか、本土には判らない。いや沖縄自身にしても、判らないかも知れない。そう思わなくては、私なんか沖縄人と対等に話すことさえできないような気がする。つまらんコンプレックスかもしれませんがね。だから、暴動が起るかもしれない。この可能性だけが、今度の海洋博で沖縄と本土が本当の意味で判りあえる、最低限の線ではないのか、私にはそんな気がします[55]」。

海洋博が「沖縄の上を素通り」しないためには、沖縄と本土の関係性を根本的に見直す必要がある。そのためには暴動が起きて海洋博が打ち切られるしかない、という論が展開される。ここで示された話は極論ではあるが、そういった極論を持ち出さざるを得ないほどに、海洋博をめぐる沖縄と本土の意図に「噛み合わなさ」があったといえよう。

同時にここには、宮田自身が「つまらんコンプレックス」だと認識しているような本土出身者としての複雑な心情が現れている。海洋博や観光開発、セクシュアリティ消費などを通して沖縄と本土の不均衡な関係性を目の当たりにするなかで、沖縄の人々が本土への不信感を抱いていっただけでなく、沖縄に関わりを持つ一部の本土側の人々も、沖縄に対して、「対等に話すことさえできないような」気まずさを感じつつあったのではないだろうか。

とはいえ、海洋博開催のあり方への批判は沖縄県内の言説空間でも盛んに展開されたものの、海洋博自体を打ち切りにしようという語りはほとんどみられなかった。なぜなら、この時期の沖縄において、海洋博やそれに関連する開発が本土と沖縄のさまざまな軋轢を可視化しつつも、沖縄の経済的自立を下部構造において実現する手段は観光産業しかないと認識されていたからである。同様に、海洋博開催前の時期には、海洋博こそが沖縄振興の唯一の道であるかのようにみられた。このことについて、『沖縄思潮』一九七四年五月号の「宮本憲一氏に聞く　沖縄の地域開発はこれでよいか」という記事では、次のように語られていた。

非常にふしぎに思えてきたのは、私たちは反対だったけれども一応、沖縄振興開発特別措置法ができた、この法の趣旨にしたがえば、海洋博がなくても復帰事業をしなければならないわけですよ、ところがどこかで錯覚があって、海洋博でなければできない、と考えたんですね。復帰のための振興はいったいどこに行ってしまったのか、という感じです、海洋博に依存しなければ大きな事業はできないと考えたということは、日本政府にとって非常につごうのよいことだったと思います。（中略）しかし、ここまで来てしまうと――冗談めいてきますが――いかにして来客者、入場者を少なくするかということを考える以外にないような気もしますね。いかにつまらない海洋博にするか、と（笑）[56]

復帰のための振興ということであれば、海洋博以外の手段もありえたはずである。にもかかわらず、海洋博でなければ大きな事業はできないと考え、本来手段であったはずの海洋博それ自体を目的としてしまうような風潮が沖縄社会にはあった。そのため、海洋博を開催することは前提とし、急激な観光地化による物価の高騰など県民生活を脅かすデメリットを最小限にとどめるために、「いかにつまらない海洋博にするか」というところを考えていくしかないという意見まで示されていた。

海洋博後の観光開発のあり方も、基本的に海洋博と同様の構造であった。『新沖縄文学』一九七九年一一月号の特集「30年代・沖縄は生き残れるか」の一部として掲載された「八〇年代の地域経済像――沖縄・自立経済への展望」という論稿では、「観光業界が盛況を極めているといっても、よくみるとホテル部門では本土資本を中心にした大型と、何らかの形で本土側と提携している企業に限られ、賑わいをみせている観光地もこれら本土資本と関係なしには存立し得ない。それは現在の観光形態が資本によって形成された〝つくられた観光〟であるからだ[57]」と語られ、本土資本によって「つくられた観光」のあり方が問題視されている。

このように、本土中心の開発のあり方は、海洋博開催前の時期から指摘されていたが、結局解決の糸口を見つけられないまま一九七〇年代を通して課題であり続けたのであった。

五　本土復帰への失望と観光批判

以上にみてきたような沖縄における本土男性客による買春や、海洋博などを通して語られた「本土の暴力」は、復帰後の沖縄の基幹産業として発展が期待されていたはずの観光産業それ自体への批判へとつながっていく。『新沖縄文学』（三〇号、一九七五年一一月）では、「女性問題を考える」という特集が組まれ、弁護士の金城清子による「沖縄の売春問題」という論考が掲載された。以下は、観光開発と売買春の関係性について考えるうえで重要な論点が多分に示されているため、やや長くなるがあえて引用しておきたい。

沖縄の売春問題に関して忘れてはならない重大なことは観光開発と売春の問題です。沖縄の経済開発の方向として従来、格差是正、所得向上の名のもとに、工業開発をめざすと共に、工業化をはかるまでのつなぎとして観光開発がうちだされてきています。沖縄の経済開発の起爆剤と位置づけられた海洋博も、一つには観光開発の基盤整備としての意味をもつものでした。ところで観光は、しばしば売春をうながすものであることを私達は忘れてはなりません。キーセン観光、台湾観光の実態から私達は目をそらしてはなりません。高度成長の波にのった日本の男性が、貧困にあえぐ台湾や韓国の女性をかうために、観光と称して大挙してのりこんでいっているのです。たとえば昭和四八年の韓国旅行者の男性率は九三・六パーセント、台湾旅行者のそれは、九三・七パーセントであり、米国旅行者の男性率が六二・四パーセントであることと比較するならば、韓国や台湾への旅行が何を意味するか明らかなのではないでしょうか。沖縄とて台湾や韓国の例外ではない筈です。すでに沖縄海洋博をきっかけとして、沖縄の夜の観光についての記事が週刊誌をにぎわしたり、テレビで報道されている事実が存在するのです。キーセン・パーティまがいのものがすでに中部では開かれているという、うわさもききます。海洋博をきっかけとして多数のホテルが建設されました。その中で屈指の有名ホテルで半ば公然と売春が行われているといううわさが真実だとしたら、観光開発の将来が何を意味するか明らかなのではないでしょうか。

沖縄の経済開発の美名のもとに、土地をうり、自然を売り、さらには同胞の身体を売ることが許されてよい

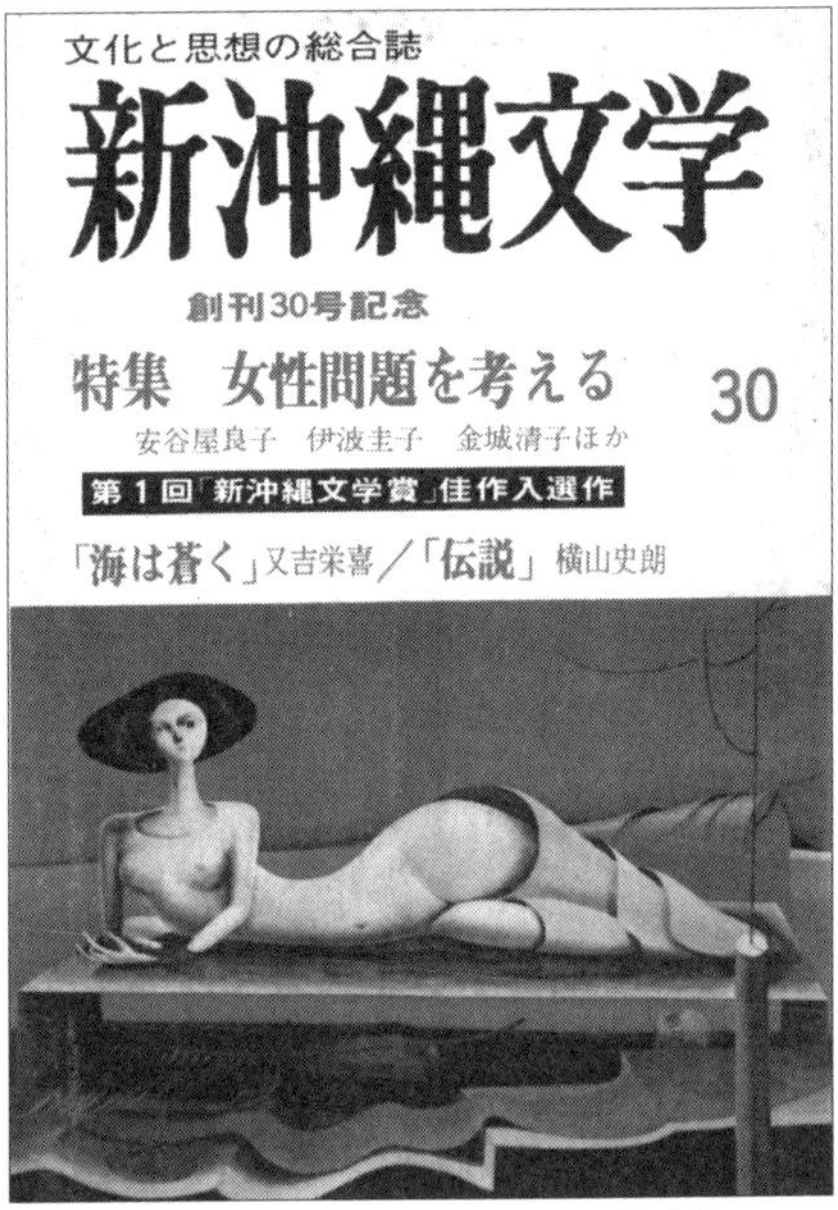

図3-16：『新沖縄文学』1975年11月号表紙

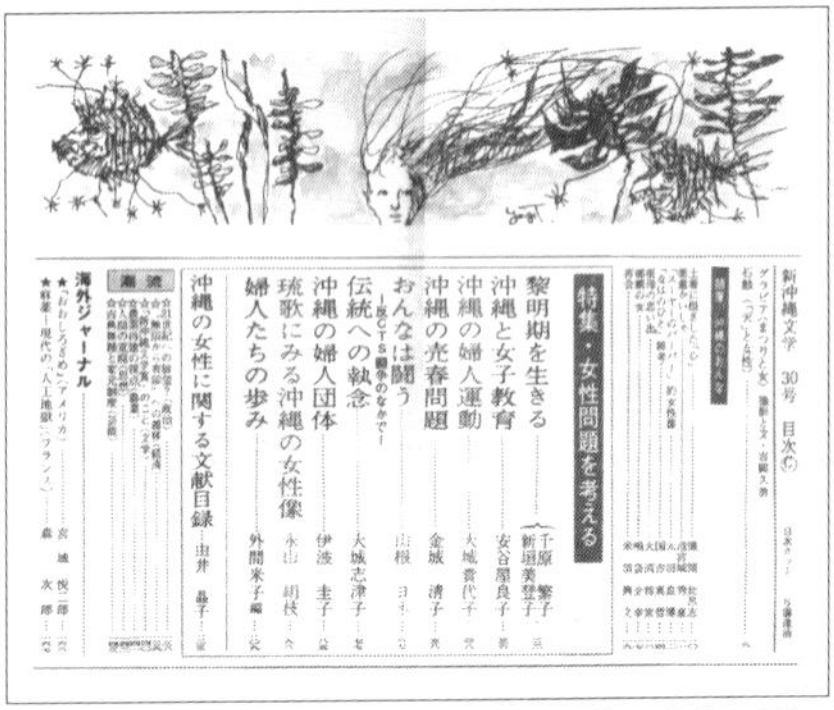

図3-17:『新沖縄文学』1975年11月号目次（一部）

ものでしょうか。かつて売春婦がドルの稼ぎ手として位置づけられてきたように、再び女性が沖縄が生きていくためにといって犠牲にされてはならないのです。為政者は観光開発を考えるとき、それはとりもなおさず、売春を認容するものであることを心にとめておいていただきたいと思います。売春に反対、健全な観光地化をはかるというような道は、沖縄には残されていないことを心して、その上で観光開発というものを検討していかなければならないのです。

復帰前、基地と貧困に藉口して、沖縄人の沖縄人による人権侵害を放置してきたように、将来再び経済開発、観光開発の名の下に、沖縄の女性がいけにえに供されることがあってはならないのです。[58]

ここでは、「沖縄の経済開発の美名のもとに、土地をうり、自然を売り、さらには同胞の身体を売ることが許されてよいものでしょうか」との問いが提示されている。「かつて売春婦がドルの稼ぎ手として位置づけられてきた」ことにふれ、「再び女性が沖縄が生きていくためにといって犠牲にされてはならない」と主張する。ここには、米軍基地問題でも観光開発でも、沖縄は被害者であるがなかでも特に沖縄の女性が「犠牲にされ」、不利益を被ってきたという認識がみてとれる。海洋博に象徴されるような本土の論理による開発を目の当たりにするなかで、観光産業も結局は沖縄を暴力で支配するという意味で基地と同じだと認識されるようになっていたのである。本章の冒頭であげた雑誌『沖縄思潮』一九七四年五月号における大城立裕の論考で、大城が「本土に媚びる」かのような沖縄の観光産業のあり方に疑問を呈していたのもこれと同じ論理であるといえよう。

また、日本兵との間に生んだ娘を借金のために外国人向けAサインバーへ渡し、自身も売春する形でしか自分や他の子どもの生活を維持できなかったというある母親は、「復帰から全てがおかしくなった。ドルショック、それに売春禁止法が出来てから商売もすぐに転業できず金回りがおかしくなった[59]」と語った。これは、『新沖縄文学』

一九八五年一二月号掲載の婦人相談員をつとめていた高里鈴代の「沖縄の売春問題」と題する論考で記されたある親子の実情であった。復帰は、沖縄を救いはしなかった。そうした語りは沖縄の言説空間のなかにあふれていた。同論考で高里は、次のように述べている。

売買春の根本原理から県の観光促進を見ると観光の経済性優先、観光客数優先は、インスタントのレジャータイプ・ツアーの三つのS「SUN（太陽）、SEA（海）、SEX（女）」を提供せざるを得なくなり、その結果、相手の需要にこびた観光開発とならざるを得ない。売買春観光を黙認してゆくことは、沖縄の文化、伝統の売春化につながる。(60)

一九七〇年代の沖縄観光は、まさしく経済、観光客数最優先で進められてきたものだった。そのような「相手の需要にこびた観光開発」は、売買春を黙認せざる得なくなる。そして、やがては「沖縄の文化、伝統の売春化につながる」と考えられた。こうして、観光売春への批判は、観光業自体への批判へと結びついていく。

一九六〇年代（復帰前）は、観光は沖縄の自立経済を目指すための唯一の活路として、復帰派にも反復帰派にも肯定されるものだった。そして、復帰以前の売春をめぐる議論では、米兵犯罪の脅威を背景に、売春は一般女性を守るための「必要悪」とされていた。この認識は米兵側も同様であった。しかし、復帰後に売春の主体が米兵から本土観光客へと移り、売春と基地の関係が後景化し、売春と観光が結びつくことで「必要悪」とはみなされなくなる。海洋博開催の一九七五年に向けて特に本土観光客が急増したため、観光売春もこの時期に議論の焦点となっていく。

この時、言説空間では「本土の男」に「沖縄の女」が傷つけられているという論理で売春批判が展開されていた。「本土の暴力」が強調されることで、「基地の暴力」が相対的に後景化し、みえにくくなっていくのがこの時期のセクシュアリティ観光であった。つまり、「米兵対沖縄の女」という構図が「本土の男対沖縄の女」という構図へとすり替わっていく状況があったといえる。ただし、ここでは「沖縄の男」による買春は問題にされず、女性を消費の対象としてみることへの根本的な問題意識は薄かった。

こうした「沖縄の女」への暴力は、本土の論理による開発、環境破壊、本土の経済体系への取り込み、本土と沖縄の戦争認識の差異の無視といったさまざまな次元の本土による暴力と重ねられていた。海洋博は、そうした「本土による暴力」を象徴するイベントでもあった。そして、観光売春批判は、「海洋博批判」、ひいては観光産業自体のあり方への批判に結びつけられていく。

波の上の観光売春で、「本土の男」に「本土の女」を買わせることで沖縄が本土の優位に立つことができるという認識が象徴するように、「本土の男」によるセクシュアリティ消費を逆手に取って仕返しをする「沖縄の男」の転覆戦略の可能性も言説上で確認された。しかし、そうした戦略を選びとること自体が、利益はすべて本土資本に回収され沖縄は単なる置物に過ぎないという海洋博と同様の構造を再生産することになる。また、こうした言説の背後にあるのは、「消費する主体としての男」と「消費される客体としての女」という認識であり、女性の搾取をめぐって「本土の男」と「沖縄の男」の共犯関係が浮かび上がっていた。この時期のセクシュアリティ消費の議論では、「本土と沖縄」のポリティクスが焦点化される一方で、本土も沖縄も「男の暴力」を自明のものにしており、「男と女」のポリティクスは残されたままであった。以上のように、この時期の沖縄観光をめぐる議論では、本土復帰への失望、本土の論理による開発への違和感を背景として、観光売春批判が本土批判へと結びついていた。沖縄のセクシュアリティ消費をめぐる議論には、一九七〇年代の日本の開発のあり方がはらむ暴力性と限界が象徴的に映し出されていたといえよう。

四章　「基地」の観光地化と「レトロアメリカン・イメージ」の発見
――バブル期以降の転換

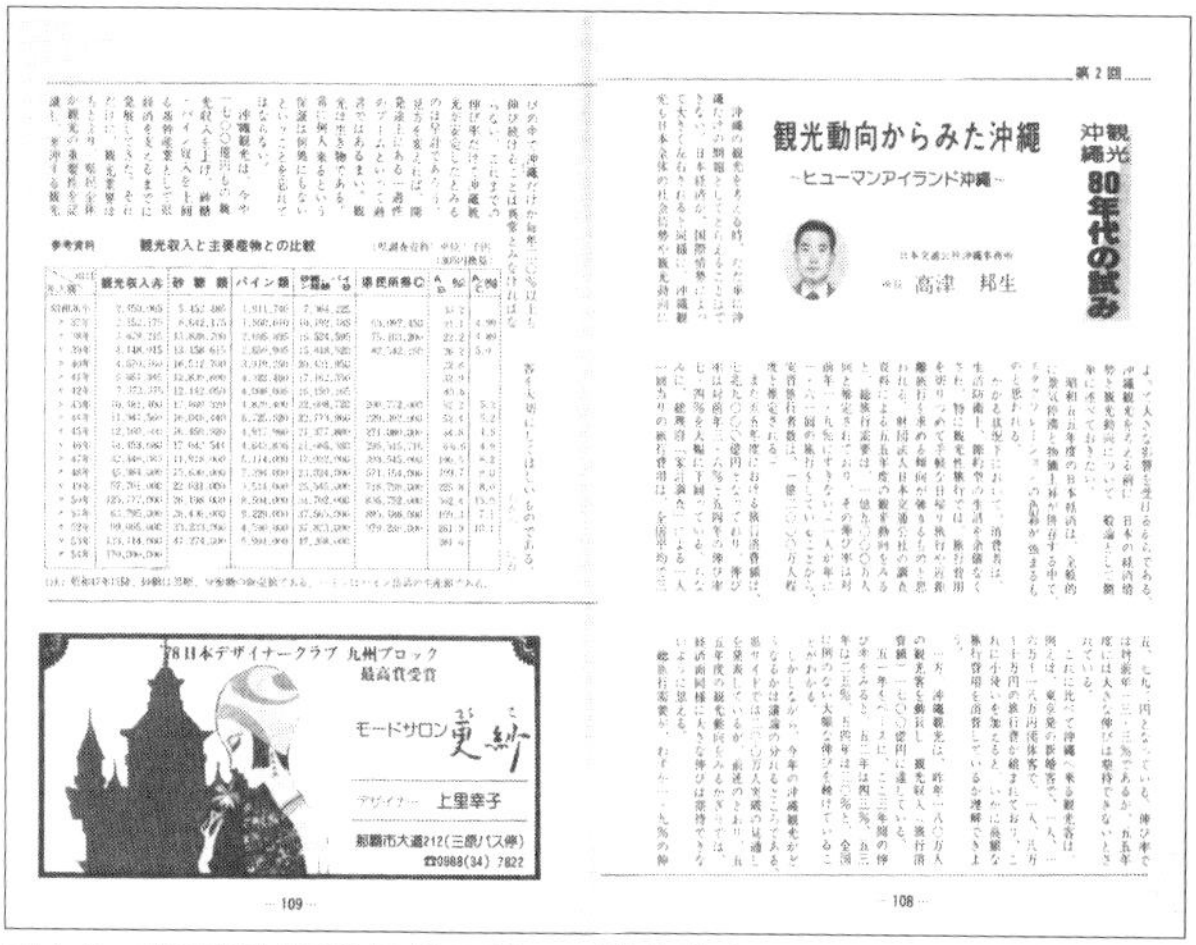

図4-1：「観光沖縄80年代の試み：観光動向からみた沖縄」（『青い海』1980年3月号、108～109頁）

一九七〇年代に沖縄は復帰を果たし、受け入れ態勢の面でもイメージの面でも、日本国内のリゾート地として観光沖縄のあり方を確立していった。その一方で、前章でみたような観光産業への批判が言説上で展開されるようになっていったのもこの時期の特徴であった。一九八〇年代後半に入るとバブル景気に押され海外リゾートブームが到来し、沖縄の人気が低迷していくなか、修学旅行という活路を見出していった。一九九〇年代にはバブル型リゾート頼りの観光開発のあり方への反省の意識がみられはじめる。そして、二〇〇〇年代にはアメリカイメージを消費する観光が沖縄で人気を集めていく。以下では、一九八〇年代以降の観光をめぐる状況および言説の変化をみていく。

一　楽園の商品化と戦跡・基地の後景化――一九八〇年代

一九八〇年代における観光批判

三章でみたように、一九七五年の海洋博は本土の論理による開発や本土資本による沖縄の搾取といった問題を可視化する面があった。売春街や飲み屋街における本土観光者というレベルから本土大企業による開発のレベルまで、さまざまな面で復帰後の本土のふるまいを目の当たりにし、沖縄の人々の本土への不信感は強まっていくことになった。そうしたなか、「沖縄の女」が「本土の男」に消費される観光売春のあり方が、沖縄が本土に消費される構図と重ねられ、観光産業のあり方自体への批判が、一九七〇年代後半から一九八〇年代にかけて表出していった。『新沖縄文学』の特集「「カンコウ」に巣くう妖怪」では、「失われた海と島と神々と」という論考で、沖縄にとって観光はどのような意味を持つのかということが論じられている。著者の山入端康は、恩納村にオープンした大型ホテルで見たできごとに、観光というものの「正体」をみようとする。一人の高齢の女性がホテルの前にやってきた。その女性は、山入端がみたところ、足が不自由な様子であり、「明らかに大和からの観光客ではなく、おそらくこのオープンしたての大型ホテルを、話のタネにでもと、見物に来たと覚しき地元の人」[1]だった。「大和資本の大ホテル」によりよく訓練されたボーイがこの女性に気がつき、親切心から女性の前に背を向けてしゃがみ、おぶさるよう促した。このボーイの行動に、女性は「一瞬困惑し、それから慌てて手を振」り、「怒っているかのように」に去っていった。この一部始終をみていた山入端は、女性が「傷付けられた誇りと羞恥で、身体が強張った」ようだったという。そして、ここに、「観光」というものが沖縄に要求する変化をみることができるというのだ。これについて、論考では次のように述べている。

観光で栄えるとは、こういうことなのです。私たちが、顔を赤らめずには立ち合えぬような事を、やがて地元にも要求してくるはずです。否、くるはずだという推論は、甘いような気がします。今、現に要求され、また私たちもそれに応えようとしているのです。

〝それ〟は、何よりも、経済の発展と生活の向上をエサに、羞恥心はおろか、チム、とかナサキとかいう、南島文化を基底で支える、いわば南島人の、生命感情の根というべきものまで、売り渡すことを要求してくるのです。そして私たちは、それをすでに売り渡してしまった、と言ったら言い過ぎになるでしょうか。（中略）

観光や開発を、上から積極的に推し進める国や県や大資本はさりながら、観光や開発なくては喰えぬとする思い込みと、この混同、倒錯をかたわらにおいてこそ、今南島の人々の（とりわけ、老人と少年少女たちの）心の奥にある崩壊感、よる辺なき喪失感が感受できるのです。

私たちは、観光によって何をあがない、何を失ったのでしょうか。（中略）

「独自の伝統文化」などと持ち上げられ、「魅力ある観光資源」などとおだてられ、いいきでその気になっているうちに、実相は、単なるお金もうけの道具に、なり下がってしまいました。沖縄に、もう文化なるものはない、あると見えているのは、死骸、屍をそれと、見誤っているのです。[2]

ここには、単に「メシを食う」ための観光でいいのかという問いが提示されている。沖縄の文化を「金儲けの道具」として利用するような観光のあり方への批判の意識がみられる。一九七〇年代までは、本土への不信感から観光産業のあり方への批判が展開されつつも、観光を根本的に否定するという意識は薄かった。すでに、沖縄の経済的自立のためには観光しか道はないという認識が広まっていた。そのため、海洋博も開催自体を取りやめにするべきだという意見よりも海洋博の開催のあり方や急ピッチな開発を批判する意見のほうが多くみられた。[3]　しかし、一九八〇年代には、観光そのものに疑問を呈し、経済振興のために文化を売り渡していいのかという、より深い批判が展開されるようになっていた。

沖縄イメージの固定化と海外リゾートブーム

論壇上ではこうした批判が展開される一方で、海洋博を契機に沖縄は日本のリゾート地としての歩みを着実に進めていく。一九七〇年代に「青い海、白い砂浜、灼けつく太陽、ビキニの女性」といったイメージが確立されるが、一九八〇年代の状況についてここで確認しておきたい。

沖縄は日本国内の新婚旅行のメッカとしての地位を一九八〇年までに確立し、一九八〇年の新婚旅行先調査では、二位のハワイ、三位の南九州・奄美を抑えて一位となる。しかし、一九八〇年代後半、バブル経済による海外旅行ブームの影響で沖縄はハワイ・グアムの人気に押され気味になっていく。一九八五年には一位ハワイ、二位ヨーロッパ、三位オーストラリアとなり、日本の観光地が上位三位以内から姿を消している。[4] 沖縄はもはやリゾート・南国イメージだけでは競合するリゾートに勝ち目がなくなってくるのがこの時期である。一九八〇年代以降、海外リゾートの「海」のイメージが沖縄に反映され、沖縄は日本国内の「海のテーマパーク」となる。多田治は、ハワイ・グアム・サイパン・タヒチ・パタヤなど「競合する海外リゾートの海」のイメージが「沖縄の海にはね返り、重ねられて、イメージのグローバル化が進」み、「沖縄イメージはより自律化して、沖縄のもとあった現実を離れていった」ことを指摘している。[5] 海外旅行ブームとこの時期の沖縄の「海のテーマパーク」路線は、沖縄がグアムやハワイの代替地となる状況をつくった。ただし、JALとANAによるキャンペーンの影響もあり、「青い海、白い砂浜、灼けつく太陽、ビキニの女性」といったイメージは新婚旅行ブーム後にも引き継がれていくこととなる。[6]

そうした状況下で「沖縄らしい」観光地として脚光を浴びたのが「何もない」離島である。そこでは観光スポットをあくせく見て周ったり買い物を目当てとする観光ではなく、観光客が主役となる旅行のあり方が提示されていく。女性誌を中心に、「何もないこと」、「何もしない贅沢」に価値を見出し、観光客自身が主役となる離島観光が盛り上がりをみせるのがこの時期である。

修学旅行ブームという活路

沖縄本島では、海外リゾートブームの影響で一般の観光客数が伸び悩む一方で、一九八〇年代頃から沖縄は修学旅行先として人気が高まっていた。一九八七年五月二日の『朝日新聞』では、「海と戦跡」と題する記事のなかで「沖縄はいま、本土からの修学旅行ブームである」と述べている。見出しには「平和教育は片すみに　修学旅行は楽しさ重視」とあり、この時期の沖縄修学旅行ブームでは平和教育よりもビーチで過ごす時間に重きを置いていたという。「中学生の修学旅行に飛行機は「ぜいたく」とみていた文部省」が一九八七年に初めて補助金も認めた。[7]沖縄県福岡事務所の富田栄善所長は、「円高でも中学生は海外に逃げない。戦跡より、海の青さを売り込んで、ハネムーンにまた、と思わせたら大成功[8]」と語る。さらに記事によれば、「関係者は口にしたがらないが旅程に「平和教育」がほとんどないのが特色だ」という。饒波正之県観光文化局長は「バスガイドが沖縄の歴史を偏向して誤り伝えては困る。戦跡の説明は事実関係にとどめ、暗いイメージを与えないようにシナリオもチェックしています[9]」と述べる。沖縄は、表向きには「平和教育」を掲げつつ、内実としてはセンシティブな問題を避け気楽にビーチを楽しむことができるため一部の教育関係者にとって魅力的であり、県の観光事業関係者にとっては円高でも確実に多数の観光客を確保でき、うまくいけば将来につなげることもできるというメリットがあった。

戦跡として摩文仁の丘や有名な慰霊塔をいくつか周り、「女子中学生ら数人が自発的に千羽ヅルを慰霊塔にささげたりした」が、「これは三泊四日のほんの一部」に過ぎず、形式上の「平和教育」を済ませたあと、「海で過ごす時間はたっぷりとった[10]」という。一九八〇年代の沖縄修学旅行ブームにおいて、戦跡や「平和教育」の存在感が薄まっていた背後には、本土の教育関係者と沖縄の観光関係者の共犯関係が存在した。以上のように、「海」や

「癒し」へとフォーカスが当てられることと連動して、沖縄の戦争・基地への意識がぼやけていくのがバブル期の沖縄観光の特徴であるといえよう。

二　バブル型リゾートへの反省と「琉球」への注目——一九九〇年代

一九九〇年代にみられた脱バブルリゾート化

一九九〇年代の観光をめぐる変化としては、バブル型リゾートへの反省からリゾート開発のあり方を見直す動きもでてきたことがあげられる。『朝日新聞』一九九二年五月九日の「さよならバブルリゾート　サンゴも白砂も魅力だが　沖縄各地で反省中」と題する記事には、「復帰20周年を迎えた沖縄で、経済的にどう自立していくかの議論があらためて盛んになっています。日本列島あげてリゾートブームが華やかだったころ、先進地として開発に突っ走っていましたが、バブル経済の崩壊とともに、リゾート一点張りでいいのかという見直しの機運が強まりました」とある。(11)

同記事では読谷村の取り組みが事例として紹介されている。

「何もこんなに強くはねつけなくても……」。沖縄の海に目をつけて乗り込んできた本土の業者のほとんどが、地元で歓迎されるはずとの期待を裏切られているのが、本島中部の西海岸にある読谷（よみたん）村だ。

観光地として有名な万座毛などを抱える沖縄きってのリゾート先進地、恩納（おんな）村に隣接する。このあたり一帯は第二次大戦当時の米軍の上陸地点となった。近くには米軍の嘉手納基地もある。読谷飛行場など読谷村内にある米軍基地の面積は、復帰時点で村全体の約八〇％、返還が進んだいまでも四七％を占める。

将来の開発の余地が大きいだけに、リゾート業者が群がってくるが、村当局も、村の自立をこの未開発地に託し、役場には米軍がまだ使用中の飛行場の「転用対策課」という看板がかかっているほど。山内徳信村長は、リゾートを村おこしの起爆剤としてとらえながらも、農業や漁業と調和し、観光施設に従事できる村民の人数に見合った開発でないとかえってマイナスになるとして、条例や行政指導で厳しい規制をかけている。「開発は村づくりのひとつ。村民と遊離してはいけない」というのが村長の持論だ。

村の担当者は「よその例をみると、パックの観光客は何から何までホテルで済ませ、地元とのつながりがない。ホテルで使う野菜はできるだけ地元から供給するなど、地元が発展できるような態勢をとりたい。こうした問題をどう解決するか、次の世代に選択の道を残しておくことも大事だ」という。

八一年には「読谷村土地開発行為の適正化に関する条例」を定め、五百平方メートル以上—三千平方メートル未満の開発について村長の許可を得ることを義務づけた。景観保護のために高さ十六メートル以上の建築物は認めないという村の指導要綱もある。

いま営業中のリゾート施設は、大手建設会社系の「沖縄残波岬ロイヤルホテル」だけ。ほかにもうひとつ、計画中のホテルがある。村はロイヤルホテルの建設時、海浜整備の費用一億五千万円をホテル側に寄付させ、公共の無料ビーチとした。このほかにも、ホテル従業員の六割は村内から雇用、工事の八割以上は村内の業者を使うなどの地元優先を貫き、開発区域の地主には、発言権を残すよう、土地を売るのではなく賃貸にするよう勧めている。[12]

読谷村では、村おこしの起爆剤としてとらえながらも、バブル期のような大規模なリゾート開発はむしろマイナスになるとし、リゾートを農業や漁業と調和し、観光施設に従事できる村民の人数に見合った開発を進めている。地域に根ざした形での観光開発のあり方を模索した事例である。復帰後からバブル期にかけての大規模な本土資本による開発がさまざまなひずみを示してきたことが教訓となり、村の体力を超えた資本の導入をしないという方針へと舵を切っていく自治体もあった。

「琉球」への着目――NHK大河ドラマ「琉球の風」放映と首里城復元

バブル型リゾートへの反省から、大規模な開発ではなく地域に根ざした観光のあり方の模索もなされていくと同時に、一九七〇年代・一九八〇年代にみられたリゾートイメージに収斂されるような一元的な沖縄イメージの見直しの動きがでてくるのも、一九九〇年代の特徴である。

ＮＨＫの大河ドラマ「琉球の風」が一九九三年一月から六月まで放映されたこともあり、それまでの若者向けリゾートやマリンスポーツの沖縄イメージだけでなく、「歴史や文化面をとらえ直し、三〇～五〇歳代層を狙った宣伝をする」という共同宣伝事業も行われた。この事業は、伸び悩む関西発の沖縄旅行の客足を伸ばそうと、日本交通公社、近畿日本ツーリスト、日本旅行、東急観光の大手旅行業四社により企画・実施されたものであった[13]。このように、一九九〇年代には沖縄らしさとしての「琉球」への意識も高まっていた。これには、首里城の復元がなったのが一九九二年であったことも関係するだろう。首里城復元の構想自体は一九七〇年代から出ており、一九七三年に屋良朝苗知事を会長として首里城復元期成会が結成され、日本政府に対する要請活動が進められていった。一九九二年の首里城復元は、本土の人々の注目も集め、それ以降は二〇一九年に火災により焼失されるまで沖縄を訪れる観光客の定番スポットとなっていた。

三　バブル期のセクシュアリティ消費

一九八〇年代の歓楽街をめぐる言説

三章でみたように、復帰後の基地周辺歓楽街におけるセクシュアリティ消費のあり方は、基地の影響を引きずりながら、生き延びるために本土観光客を取り込もうとしていくものだった。では、一九七二年の復帰から一九八〇年代に至るまで、約一〇年の月日が経つなかで、歓楽街をめぐる言説はどのように変わっていったのだろうか。沖縄県内で発刊された論壇雑誌における一九八〇年代の言説を中心に確認しておきたい。

沖縄の総合雑誌『青い海』の一九八二年五月号に掲載された記者クラブ経営者Sさんの話によれば、「沖縄市センター大通りでは、復帰前のAサインバーが六〇軒ほどあったのに対して、」一九八〇年代に入ると、「クラブやキャバレーとなって二八軒にまで減っ」たという。「同時に外人客も大幅に落ち込み」、ホステス（「ほとんどフリー」）の数も「暇な時は、一人二人の場合」だったが、「ペーデー（給料日）になるとホステスの数がドッと増え（中略）極端にいえば道行く女性がお店の前を歩きながら中をヒョイとのぞいた時、ホステスの数が足りなさそうだな、よしきょうはここで稼ぐことにしよう、という具合に自由に入ってきてアルバイト」していたという[14]。

今、話題を集めている店がある。
クラブはどうもネ……でもスナックはものたりない。そんなあなたに是非紹介したいお店……
ハイスナック
ジョイフルおきなわ
「ゴージャスな雰囲気の中、8名の美女が熱い心であなたを待っています…………」
マキ　ママ
熱い心が
大好きな女の子です!!
図4-2：スナック「ジョイフルおきなわ」広告（『青い海』1982年5月号、39頁）

また、『青い海』一九八二年五月号では「復帰10年・人物インタビュー」の特集が組まれ、そのなかに沖縄市コザの歓楽街で復帰前からホステスを続けている四三歳の女性へのインタビュー記事「飲み屋　コザの街が暗くなった」が掲載された。このホステスの女性は、「コザのセンター大通りにあるAサインバーを皮切りに、片言の英語で」コザの「米兵相手のホステスを初め《ママ》てから十二年」がたつという。復帰前後の時期と比較して、一九八〇年代の状況を次のように語る[15]。

とにかく、コーヒー一ぱいすらおごってもらえないの。以前はステーキでも簡単にごちそうしてくれたんだけどね。今外人兵を相手に商売しているだ

図4-3:「コザの街が暗くなった」(『青い海』1982年5月号、36～37頁)

けでは、とてもじゃないけど生活できないのよ。(16)

一九八〇年代には、復帰前後の時期とは比較にならないほど、生活は大きく変わってきたという。実際に、インタビューでは「私達の生活もだんだん苦しくなってきた。今から思えば、あの頃の生活が夢のようね」と、復帰前の時期を懐古して語っている。復帰後、ホステスという仕事で稼ぐことは難しくなり、もはや米兵相手ではまともな収入が得られないため、沖縄男性を相手にクラブ、サロンとかけもちで働かなければならないのだという。(17)

米兵が多い頃は、短時間で稼いで「午前一時か二時には帰宅できた」が、復帰から約一〇年が経った一九八二年には「二、三軒かけもちで朝まで働かないと生活できない」状況だという。さらに、「復帰後三年くらいまではまだいい方だった」、「特にAサインバーなど、とても繁盛している店でホステスが四〇人くらいいて」、「米兵が一晩で千人近く入ったこともあった」。「その時の収入が四～五千ドルで、ホステスも七〇ドルは稼いでいた」とも語っている。復帰以降、歓楽街で働く女性の生活は次第に苦しくなっていったことがわかる。(18)

背景にはどのような変化があったのだろうか。まず、日本のバブル経済の発端にもなった、一九八五年のプラザ合意以降のドル安円高の経済状況がある。米兵たちの生活も、復帰前ほど金銭的に豊かなものではなくなり、その結果、基地周辺の歓楽街に落とす金も減っていった。

さらに、沖縄県民の生活水準が総体的に高くなったことも、ホステスの女性たちの生活苦に拍車をかけた。これについて、次のように語っている。

そうね、いつも感じるのは、コザの街や那覇や、沖縄中の街や村の道路がきれいになり、県民の生活水準が高くなったといわれるに従って、私達ホステスはそれに追いつこうと何時間も働く。以前の生活が戻ってくることはないと知りつつも、いつかは、という夢を持っているの。せめて夢だけでも持ってないと、何の希望もないものね――。[19]

県民の総体的な生活水準が高まっていくのに対して、歓楽街で働く女性たちはそこから取りこぼされていく存在ともいえる。彼女たちにとっては、収入は減り、出費は増える一方となり、むしろ経済的に困窮していくこととなった。しかも、若い時期からホステスとしての生き方しか知らない場合が多いため、「昼働ける仕事といっても限界があって、ほとんどが夜の仕事に戻ってくるの」だという。ホステスの仕事を続けることについては、「とにかく必死に働かなければ生きていけないわけね。みんな夢中なの。生活の保障があるわけではないんだから」と語っている。[20]他に選択肢がなく、ホステスをはじめとするセクシュアリティを売る仕事を続けるしかない状況におかれていたことが読み取れる。

さらに、復帰による沖縄の変化や経済状況の変化にともない、米兵にとって、沖縄よりも日本国外の都市の方が魅力的に映るようになっていったことにもふれられていた。「米兵たちもよく言うんだけど、沖縄で飲むよりコリア（韓国）やタイペイ、マニラあたりで飲んだ方がよっぽど安あがりだって」[21]とある。沖縄の基地周辺歓楽街の衰退の背景には、韓国、台北、マニラといった東南アジアの都市の台頭もあった。

このように、米兵の購買力は下がり、沖縄の歓楽街に金を落とさず、東南アジアの都市に逃げていき、期待を寄せた本土観光客も那覇市内の歓楽街を訪れるにとどまり、コザの歓楽街は寂れていった。そうしたなかで、沖縄男性の相手をすることも増えていったようであった。インタビューでは、「でもね、外人相手を長い間していたせいか、沖縄人相手というのは気を使ってしようがないの。外人だと、自分の都合が悪いことを言われたにしても、その時は言葉がわからないふりをしていればいいんだけど、同じ沖縄人というのはそうはいかないでしょう[22]」と語っている。米兵をメインの客にしていたときとは違い、沖縄男性を相手にすることには特有の気苦労があったようだ。

続けて彼女は、「もちろん、外人にだってタチの悪い人はいたわよ。例えば古い話なんだけど、ベトナム戦争に明日出発するという晩ね、言動がおかしくなってくるわけ。どうせ死ぬに違いないとヤケぎみになってね、ずい分からまれたこともあった。それから黒人と白人のケンカね[23]」と語る。米兵客にも危険で扱いづらい面はあったが、それでも、彼女は米兵で賑わっていた頃の生活を「夢のよう」と表現する。コザの歓楽街とそこで働く女性たちにとって、復帰は必ずしも歓迎できるものではなかった。さらに、一九八〇年代の歓楽街をめぐる言説で、本土や沖縄が好景気に向かっていくなかで、社会の周縁におかれた女性たちが直面する経済的な格差が浮き彫りになっていた。

歓楽街における立場の「逆転」

前項では、一九八〇年代初頭のコザの状況について確認した。それをふまえて、ここでは一九八〇年代中頃から一九九〇年代初頭まで、つまり日本のバブル景気と重なる時期に、沖縄のセクシュアリティ消費をめぐる状況にどのような変化がみられたかを検討する[24]。

まず、一九八〇年代初頭の言説でも確認したように、米兵の沖縄社会におけるポジションの変化が、沖縄のセクシュアリティ消費のあり方にも影響をもたらした。それは、単に歓楽街で米兵客の数が減少し、消費が低迷するだけにとどまらず、歓楽街のセクシュアリティをめぐる供給――消費の構図をも変えていく面があった。ドル安の影響

図4-6：那覇市内のヌードショー劇場（『青い海』1983年5月号、62頁）

図4-7：浦添市・宜野湾市のポルノショップ（『青い海』1983年5月号、60～61頁）

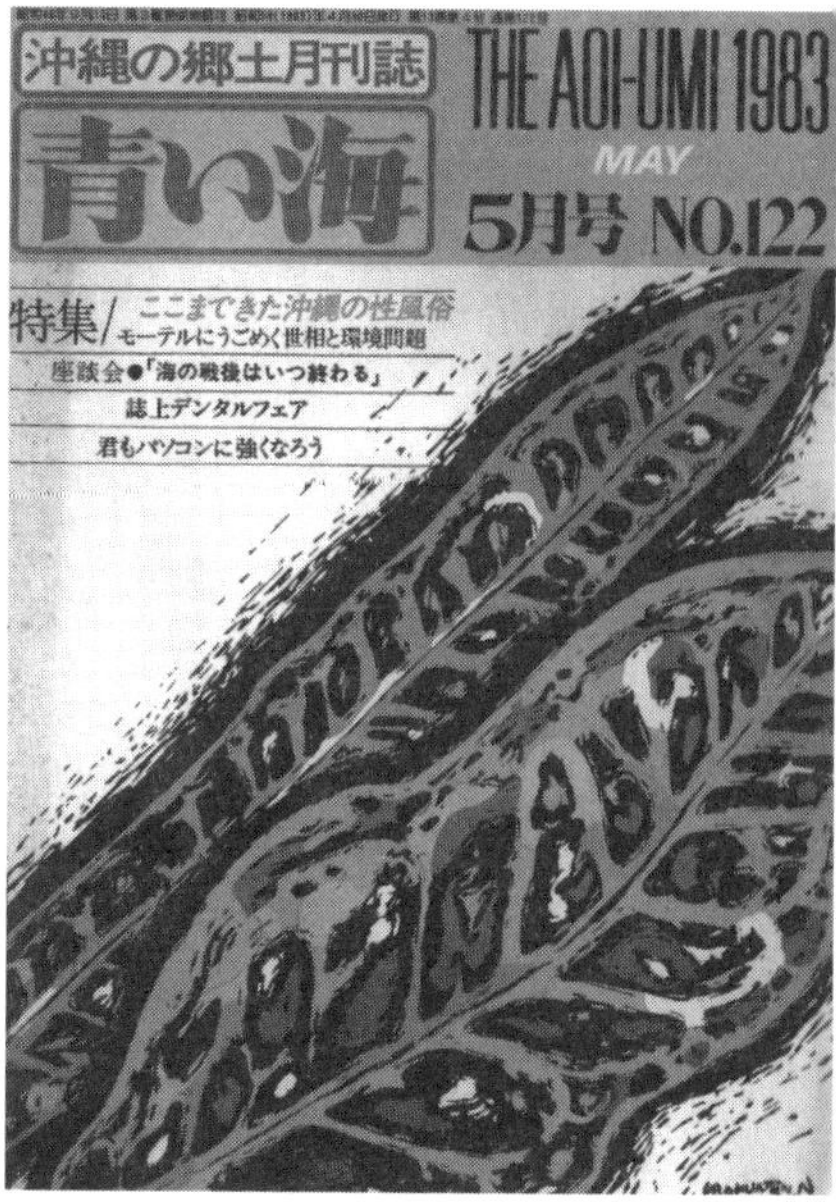

図4-4：『青い海』1983年5月号表紙

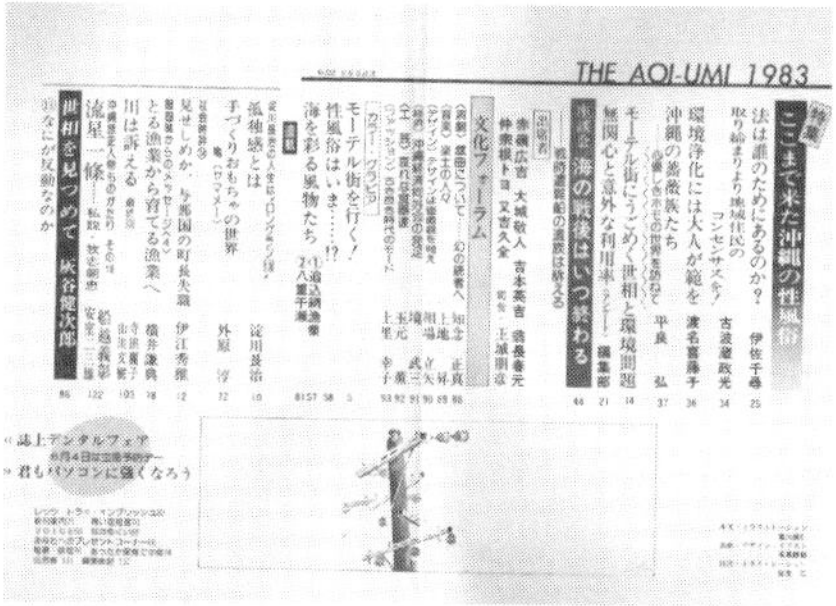

図4-5：『青い海』1983年5月号目次

や米兵の再編などを背景として、かつて沖縄女性が米兵の相手をしていた歓楽街で、米兵の女性兵士が本土男性客の接客をする状況がみられるようになった。田中雅一は、一九八〇年代前半の「エロティックな要素」は「日本人の売春婦ではなく、売春やレズビアン・ショーに出演する米軍の関係者に認められる」と指摘している。[25]『朝日新聞』一九九二年三月一八日の西部朝刊では、米兵女性や米兵男性の妻が、昼間は米軍基地で勤務しながら、夜になると基地周辺歓楽街のクラブや飲食店で働き、日本人客の相手をしているケースがあったと報じられている。兵士のアルバイトが判明すれば、軍当局の処分対象となり、降格や本国送還になる。そうしたリスクを認識しているにもかかわらず、昼は米兵として嘉手納基地で従事し、夜にはホステスとして働く米国人女性が出てきたという。その米兵女性は、次のように語っていた。「米軍からの収入だけでは、休日に基地外で食事することさえ大変だ。でも今は、日本や沖縄料理も楽しめる」[26]。一九八〇年代半ばから進んだドル安を背景とする経済的な問題が、米兵女性を夜の副業へと駆り立てる面があったといえる。

こうした状況について、「嘉手納基地の第2ゲートそばにある中の町社交業組合の組合長」、上原晃は、「昔はドルが強くて、外国人の天下だった。わずか20年で、飲み屋での立場が逆転するなど、思いもよらなかった」[27]と語る。たしかに、米国人女性兵士を沖縄男性や本土男性客が消費するような状況は、米軍と沖縄という関係軸でみれば、一見立場が「逆転」したようにもみえる。しかし、男性が女性の性を消費する構図や、そうした消費の対象とならざるを得ないのは経済的に困窮する女性であることなど、セクシュアリティ消費をめぐる根本的な問題は一貫して存在した。

フィリピン人女性への搾取

一九八〇年代半ばから一九九〇年代初めの時期には、沖縄の歓楽街で働く米国人女性の姿がみられるようになったのに加えて、フィリピン人女性の姿も目立つようになっていった。

『朝日新聞』一九八八年八月一三日に、「「基地の島」沖縄で増える比の出稼ぎ女性」という記事が掲載された。記事によれば、「沖縄の米軍基地周辺の繁華街に、フィリピンからの出稼ぎ女性が目立ってきている。円高など日本の経済力向上で給料が目減りした米兵相手の商売にとっては、賃金の安いフィリピン女性というわけだ」という。さらに、「本土と違って、ほとんどが興行ビザで合法的に入国しているのだが、賃金は本土より安く、売春やストリップといった性サービスをさせられたり、基地特有の暴力にさらされるケースも」[28]あると問題を指摘している。

また、フィリピン女性の働く店の客としては、「地元男性や本土からの観光客ら日本人客も目につく」[29]状況があるという。基地周辺の歓楽街では、フィリピン女性の参入により、消費の主体と客体をめぐる構図がより複雑になっていたことがわかる。歓楽街で店を経営する地元業者は、「英語はうまいし、給料がドル建てで済むので、円交換に伴う目減りも防げる」(『朝日新聞』一九九二年五月一四日、西部朝刊)と語る。ドル下落による米兵の購買力低下や在沖米兵自体の減少にともなう経営悪化を安い賃金でカバーするため、業者は積極的にフィリピン女性を雇い入れる状況があった[30]。

バブル期以前の売買春をめぐる議論では、沖縄の女性が米兵あるいは本土の男性に消費されることが問題の中心となっていたが、一九八〇年代後半以降にはホステスとして働く米国人女性やフィリピンの女性が消費の対象となる状況がみられるようになり、それまで不問になっていた買い手としての沖縄の男性という存在も浮かびあがっていく。

沖縄の総合雑誌『新沖縄文学』では、一九七〇年代半ば以降、たびたび女性論者による売春問題への提言が掲載されてきた。なかでも那覇市の婦人相談員として沖縄の売春問題に長年取り組んできた高里鈴代は、この問題に関する主要な論者であった。高里の論考の一つに、『新沖縄文学』一九八五年一二月号に掲載された「沖縄の売買春問題」というものがある。高里によれば、「琉球政府、立法院とも二十年近く売春防止法の立法に取り組まなかった要因は」、「ドルの獲得の大半は売春、飲食店で占められている」ことと、「売春婦が居なくなると、一般女子の不安が大きくなる」(31)ことである。これまでにみたように、売春を「必要悪」として容認する見方は一九六〇年代から確認されたが、一般婦女子を性被害から守るための「防波堤」としてみなされたのは、常に経済的に弱い立場にある女性たちであった。

　高里は、「沖縄の売買春問題」の論考のなかで、歓楽街におけるフィリピン女性の労働についても言及している。

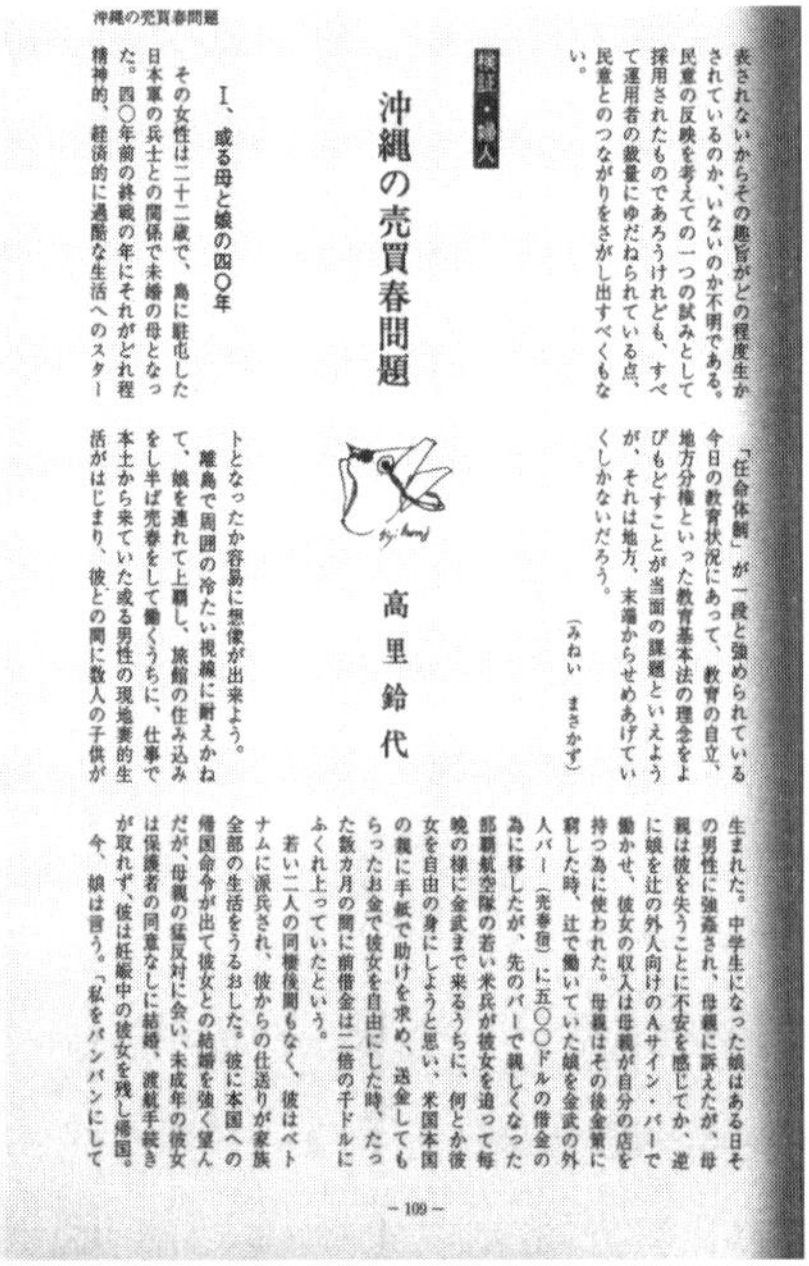

沖縄の売買春問題

表されないからその趣旨がどの程度生かされているのか、いないのか不明である。民意の反映を考えての一つの試みとして採用されたものであろうけれども、すべて運用者の裁量にゆだねられている点、民意とのつながりをさがし出すべくもない。

「任命体制」が一段と強められている今日の教育状況にあって、教育の自立、地方分権といった教育基本法の理念をよびもどすことが当面の課題といえようが、それは地方、末端からせめあげていくしかないだろう。

（みねい　まさかず）

探訪・婦人

沖縄の売買春問題

高里鈴代

I、或る母と娘の四〇年

　その女性は二十二歳で、島に駐屯した日本軍の兵士との関係で未婚の母となった。四〇年前の終戦の年にそれがどれ程精神的、経済的に過酷な生活へのスタートとなったか容易に想像が出来よう。

　離島で周囲の冷たい視線に耐えかねて、娘を連れて上覇し、旅館の住み込みをし半ば売春をして働くうちに、仕事で本土から来ていた或る男性の現地妻的生活がはじまり、彼との間に数人の子供が生まれた。中学生になった娘はある日その男性に強姦され、母親に訴えたが、母親は彼を失うことに不安を感じてか、逆に娘を辻の外人向けのAサイン・バーで働かせ、彼女の収入は母親が自分の店を持つ為に使われた。母親はその後金策に窮した時、辻で働いていた娘を金武の外人バー（売春宿）に五〇〇ドルの借金の為に移したが、先のバーで親しくなった那覇航空隊の若い米兵が彼女を追って毎晩の様に金武まで来るうちに、何とか彼女を自由の身にしようと思い、米国本国の親に手紙で助けを求め、送金してもらったお金で彼女を自由にした時、たった数カ月の間に前借金は二倍の千ドルにふくれ上っていたという。

　若い二人の同棲後間もなく、彼はベトナムに派兵され、彼からの仕送りが家族全部の生活をうるおした。彼に本国への帰国命令が出て彼女との結婚を強く望んだが、母親の猛反対に会い、未成年の彼女は保護者の同意なしに結婚、渡航手続きが取れず、彼は妊娠中の彼女を残し帰国。

　今、娘は言う。「私をパンパンにして

— 109 —

図4-8：「沖縄の売買春問題」（『新沖縄文学』1985年12月号、109頁）

　今日、金武、キャンプハンセンのゲート前歓楽街は、どの店もフィリピン女性が働いており、あるクラブマネージャーは「フィリピン女性がいるから金武の人たちは安心して眠れる。フィリピンは貧しい国だから稼いで帰る、ギブ・アンド・テイクだ」と言う。(32)

　これは、高里が引用した「あるクラブマネージャー」の発言である。こうした発言はまさに、三章四節で確認したような、「沖縄の売春地帯で本土の女が働くことで、沖縄の女は安心して眠れる」という一九七〇年代にみられた論理を、本土女性からフィリピン女性へと転換させているものである。さらに、女性の「貧しさ」への救いにもなりうるとして、その正当性を主張している。

　こうした「ギブ・アンド・テイク」論に対して、高里は「彼女たちが性の防波堤になっているから沖縄の女性は安心とか、貧しいから来ている彼女たちの助けになっている、といった見方でフィリピン女性たちの商品化を肯定できない」と批判し、女性の人権保護を訴えている。高里によれば、歓楽街におけるフィリピン女性を、「ヌードで踊らせている店や店内の一角で売春させている店もある」という。さらに、「興行ビザでは許されない掃除やカウンターでの接客などもさせ、明け方3時、4時まで1日10〜12時間も働かせている。それで給料は本土の半分以下。住まいも屋上の6畳1間に4人などひどいところも多い」と劣悪な労働環境についても問題を指摘している。[33]

先にみたように、一九六〇年代には、性産業で働く女性が、沖縄の一般女性を守るための「性の防波堤」とみなされ、一九七〇年代には、本土女性が沖縄の売春地帯で働くことで沖縄女性が守られるという語りがなされた。そして、一九八〇年代末には、フィリピン女性が沖縄女性を守る「性の防波堤」とみなされるようになっていた。さらに、女性を性の消費の対象とすることを許容するために、女性たちの「貧しさ」が持ち出される語りは一九六〇年代から一貫していた。高里は「米兵と違って、日本人は落とす金が大きい。このまま行けば、売買春につながる恐れもある」と危惧している。そうした問題意識のもと、高里が世話人となり、一九九二年五月に沖縄の基地周辺歓楽街で働くフィリピン女性の人権を守る「アジア――手をつなぐ会イン沖縄」が発足した。[34]

以上のように、一九八〇年代半ばから一九九〇年代初頭にかけて、沖縄のセクシュアリティ消費をめぐる「消費する主体」・「消費される客体」の構図はますます複雑化し、もはや「米軍」対「沖縄」や「本土」対「沖縄」の二項対立でとらえられない状況が、沖縄の歓楽街に表れていた。さらに、沖縄の性産業をめぐる言説では、それぞれの立場から「守るべき女性」が想定されることで、特定の女性のセクシュアリティを消費することが正当化され、「必要悪」だとみなされてきた。しかも、そこには、一般女性と性産業で働く女性という対比構造だけでなく、沖縄女性と本土女性、沖縄女性とフィリピン女性／米兵女性といった対比も混在していた。

主体としての沖縄女性――「アメ女」という存在

ここまで、米兵女性が沖縄の歓楽街で働くことを「立場の逆転」だとみなす言説や、沖縄女性の性を守ることを強調することで、フィリピン女性に対する消費を正当化する言説を確認した。これらは、すべて沖縄男性からみたときの論理である。こうした言説では、沖縄の女性は、米兵や本土男性から消費される存在、あるいはそうした消費から守られるべき存在として語られてきた。しかし、この時期のセクシュアリティの問題は、こうした受動的な「沖縄女性」をめぐる議論だけでとらえきれるものではなかった。ここでは、バブル期以降の沖縄のセクシュアリティをめぐる女性の主体性について、先行研究を参考に考えてみたい。

圓田浩二は、「「アメ女」のセクシュアリティ――沖縄米軍基地問題と資源としての「女性」性」において、沖縄における「アメ女」という存在に関するセクシュアリティの問題を、「女性のもつ性的資源・価値、つまり「女性性」という資源を、本人たちや他者がどう扱うか」という視点から検討している。[35] それをふまえて、圓田は、「沖縄の基地問題を、「加害―被害」というポストコロニアルな視点ではなく、コンタクト・ゾーン」という視点からとらえようとする。

「アメ女」とは、沖縄に駐在する米兵とばかり付き合う女性のことを指す。「アメ女」という言葉は、一九九〇年頃に沖縄市コザで使われ始めた。[36] 彼女たちは、「米兵に性的に利用される日本女性」という枠組みではとらえきれない存在である。圓田によれば、「女性に積極的な米軍男性と、それを忌避する日本女性という構図も、沖縄における基地の風景化、基地問題の日常化と同じく、「アメ女」の登場によって、もはや成り立たなくなっていた。[37]

「アメ女」には、「真面目に恋愛をする日本女性」と「米兵を性的に利用する（快楽の道具として）日本女性」の二つの意味がふくまれる。[38] 一九九〇年代の「アメ女」ブーム初期には、本土女性が、米兵との出会いを求めて沖縄に一人で旅行に訪れることが主流であった。しかし、「米兵を性的に利用する」セクシュアリティのあり方は、沖縄女性にも広がりをみせるようになる。圓田によれば、バブル後には、沖縄女性が「アメ女」になるケースが目立つようになったという。[39]

女性が主体として、沖縄で性を消費する場合、その対象となるのは米兵であった。そこには、沖縄男性や本土男性に対する批判の意識があると、圓田は述べる。(40)「アメ女」をめぐる言説からみえてくるのは、米兵や本土、沖縄の男性から一方的に性的消費の対象として扱われるだけでなく、女性が自らのもつ性的資源、「女性性」(41)を主体的に扱おうとする沖縄女性像である。

ただし、「アメ女」という言葉は、軽蔑的な意味合いを持った。本土の日本人によって嘲笑的に用いられただけでなく、沖縄社会においても差別語であった。(42)一方、「アメ女」からみれば、「沖縄にいる日本人男性は交際や恋愛の対象として不適格」(43)だという認識があった。「アメ女」への蔑視の背後には、「アメ女」が本土／沖縄男性を、恋愛対象として米兵より劣った存在としてみていることが、彼女たちの態度によって示されたことに対する怒りの感情や、これまで「悪」とみなしてきた米兵がもてはやされることへの嫌悪感が複雑に絡んでいたと考えられる。

また、戦後、占領軍の兵士たちと性関係をもつ日本人女性は、犠牲者であると同時に「裏切り者」として蔑視の対象にされてきたと、田中雅一は指摘する。(44)こうした売春をする女性への視線と、「アメ女」に向けられる視線は、彼女たちの目的が金銭か快楽かという違いはあるが、どちらも米兵と一時的な関係を築こうとするという意味で、批判の対象となるものだった。さらに、そうした沖米の関係性の次元を超えて、セクシュアリティを主体的に消費する権利は沖縄男性の側にあり、女性たちは性に対して受動的であるべきだという、性的消費をめぐる男女の力関係性を維持しようとする価値観も透けてみえる。

このような「アメ女」のセクシュアリティに着目すれば、沖縄女性は、沖縄の論壇上で語られたような、男性から一方的な性消費の対象とされ、あるいは「守られる対象」として扱われるだけの存在ではなかったことがみえてくる。ただし、「アメ女」の場合、性を消費する側とされる側の関係が不安定で、「アメ女」がアメリカ男性の性を消費の対象としてみるのと同時に、アメリカ男性から消費の対象としてみられる場合も多かったと予想される。さらに、男女の体格差から、「アメ女」本人が意図しない性被害に巻き込まれる危険性もはらんでいる。そのため、

「買い手」のほうにセクシュアリティ消費の権力が偏るような、沖縄男性や本土男性による買春とは性質が異なるため、同列で語ることはできない。

少なくとも、「アメ女」というセクシュアリティは、これまでみたような、別の立場の女性を犠牲にして、特定の立場の女性を守るというロジックで正当化できる性質のものではない。この時、本土／沖縄男性による批判の矛先は、米兵ではなく、「アメ女」たちに向かった。このことは、彼女たちの存在が、そうしたロジックで特定の女性を性的消費の対象にすることを正当化してきた沖縄男性の、セクシュアリティをめぐる優位性を崩しかねない存在であったことを示している。「アメ女」とは、従来の米兵／沖縄男性／沖縄女性／本土男性／本土女性の関係軸をとらえ返す存在であったとみることができる。

四　沖縄社会におけるセクシュアリティのゆらぎ

性犯罪報道にみる男性意識

以上にみたような、沖縄の男性と女性の間のセクシュアリティをめぐる言説の背景には、沖縄社会をとりまくどのような状況があったのだろうか。一九八〇年代の沖縄社会にみられたセクシュアリティに関する問題について、高里鈴代の論考を参考にみておきたい。高里の「女性の目から見たマスコミ」という論稿が、『新沖縄文学』一九八七年一二月号に掲載された。

米兵による傷害事件等が頻発する金武町で起きた米兵による性的暴力事件は、米軍基地から発生する問題の一つとして、他の問題同様に政治問題となる。だから町議会でとりあげ、県議会にもちこまれて、全会一致で施設局への抗議決議が採択された。そして新聞は、政治面の一面トップに「人道上許されぬ行為……米兵による婦女暴行事件」と大見出しをつけ報じるのである（一九八五年一二月三日、沖縄タイムス[45]）。

米兵による婦女暴行事件が発生した場合は、市町村全体、そして沖縄県全体で扱うべき政治問題となる。この場合、被害女性の責任が追及されることはなく、在沖米軍基地という存在のもつ加害性が改めて認識される。

それに対し、性犯罪の犯人が米兵ではなく、「沖縄の男」だった場合には、報道のトーンが全く異なると、高里は指摘する。「浦添市や西原町で三件も相次いで起こった婦女暴行事件の報道は、社会面の下段のベタ扱い」だった。しかも、「見出しは「夏本番、女性は注意を」となっており、刑事課長のコメントは「カギのかけ忘れが性犯罪を誘発する。とくに一人暮らしの女性は要注意」となる（一九八六年六月一一日、沖縄タイムス[46]）」。記事によれば、三件の事件のうち「二件はカギのかけ忘れがあったが」、浦添市で起きた事件では、「仕事帰りのホステス（二五）が二人の少年にハンドバック《ママ》を奪われたうえ路地に連れ込まれ暴行された[47]」。同じ婦女暴行事件であるにもかかわらず、こうした報道のあり方になぜ違いがあるのか。「何故、浦添市の事件は「人道上許せぬ行為」とせず、「夏本番」となるのか」。

高里は、これを「まさに男性心理の反映である」とみる。特に、男性中心のメディアでは、「沖縄の男」の行為は、「沖縄の女」にも一定の責任を負うべきものとされる風潮が強かったという。高里は、「性的暴力（強姦）に対する社会の通念は、加害者に対して断固糾弾するよりは、被害者の女性にスキがあった、合意があったのではないか、というもので性差別意識に基づいている[48]」と指摘する。さらに、ここで取りあげられている事件の被害者が、「仕事帰りのホステス」であったことも、多少なりとも関係しているだろう。セクシュアリティを売る仕事をする女性が性暴力の被害者になったとき、彼女たちに対する世間の目は冷たい。「そういった仕事をしているからいけない」「そんな仕事をしているのだから構わないだろう」といったように、彼女たちをそうした状況に追い込んだ社会の側の責任は棚上げし、被害者である女性の自己責任とされやすいのである。

「沖縄の男」の加害に対する意識が薄かった背景には、沖縄のセクシュアリティをめぐる問題では、米兵や「本土の男」など、外部からの暴力が常に意識されてきたことも関わっていたと考えられる。沖縄社会では、米軍統治以降、米兵犯罪の問題をつよく意識せざるを得なかった。そのため、「沖縄の男」の加害性はしばしば米兵の陰に隠されていた。復帰後の一九七〇年代には、「本土の男」による加害が焦点化されることで、米兵が「本土の男」に置き換わったものの、「沖縄が他者に搾取される」という同様の構造が問題視された。しかし、一九八〇年代半ばには、歓楽街でフィリピン人女性や米国人女性の存在が、消費者としての「沖縄の男」という存在を浮き彫りにし、論壇上では、性犯罪の視点から「沖縄の男」の加害に対する意識の低さが指摘されるようになっていた。

男尊女卑の風潮

これまでにみた沖縄のセクシュアリティをめぐる言説には、沖縄社会に根強く残っていた、いびつな男尊女卑の風潮も関わるだろう。沖縄の総合雑誌『青い海』一九八三年一二月に掲載された「琉球弧の女からのメッセージ」という座談会の特集では、「沖縄の〝民族〟構造は男尊女卑の半面、女は強いという反構造性を内に秘めている[49]」と述べている。沖縄社会ではイメージのレベルで「沖縄女性はたくましく強い」と語られながら、実社会では男尊女卑の風潮が根強いという矛盾が生じていた。

この座談会に参加した本土出身で沖縄男性との結婚を機に沖縄に来たという女性は、「沖縄は女が強いから男尊女卑ではないだろうと思ったら、それは錯覚」だと気づいたという。続けて、「私は自分の育ちから女性は発言を控え目にという経験がないもんですから沖縄に来てそのつもりで男性とつき合ってパーッと発言したら本当にひどい目に遭ったことがあるんです[50]」とも語る。本土出身の女性からみても、当時の沖縄社会の男尊女卑はつよいものだったと読み取れる。別の本土出身在沖女性も、「沖縄の場合、公の場での男性中心主義、これがすごいのね。公の場では女は発言してはいけない、そういうギャップがあるの。生活は女が支えているのに、公の場では男が絶対…」として、沖縄男性と沖縄女性の間にみられる政治性を指摘している。

このように、ジェンダー不平等が根強く残る社会状況が、先にみたような性犯罪の被害者に対する自己責任論や、性を主体的に消費しようとする「アメ女」たちへの差別意識にも、根底ではつながっていたと考えられる。そうした問題に対し、沖縄の総合誌をはじめとする論壇上では、次第に沖縄男性の加害性が意識され、沖縄のジェンダー問題に対して徐々に女性が声をあげ始める時期に入っていったのが、一九八〇年代だったといえる。

五　沖縄における基地関連施設の観光地化——二〇〇〇年代以降の港川外人住宅

本章の冒頭で確認したように、バブル期に入りグローバル化の波に煽られて、海外リゾート人気が高まったことで、沖縄のリゾートとしての人気は低迷し始めたものの、一九七〇年代から一九八〇年代にかけて築かれたリゾートとしての沖縄のあり方は、一九九〇年代以降にもゆるやかに継続していった。ただし、そのなかにはバブル型リゾートへの反省や、地域に根ざした観光のあり方の模索、リゾートだけではない沖縄らしさとしての「琉球」への注目といった新たな側面もみられるようになっていった。

さらに、セクシュアリティをめぐる問題においても、沖縄より安いという理由で米兵客は東南アジアの歓楽街へと流れ、沖縄の歓楽街では、働き手としてフィリピン女性が台頭するなど、グローバル化にともなってさまざまな変化がみられた。二〇〇〇年代に入ると、さらにそれまでとは異質な観光のあり方が表れてくる。本節では、二〇〇〇年代以降に特徴的な沖縄観光の変化として、基地関連施設の観光地化についてみていきたい。

二〇〇〇年代の沖縄観光をめぐる状況

二〇〇〇年代以降にみられる基地関連施設の観光地化について明らかにするうえで、前提となる二〇〇〇年代の沖縄観光をめぐる状況について、特に基地・アメリカとの関係を中心に確認しておく。

沖縄のあらゆる側面が「癒し」という言葉に覆い隠され、本土の求める都合の良い沖縄像が消費されている状況について、『朝日新聞』二〇〇四年八月二六日には以下のように沖縄出身の作家目取真俊による指摘が掲載されている。


「サンゴがかたどる癒やしの楽園」〈癒やしの島へのモンスーンジャーニー〉。今、「癒やし」という言葉のない沖縄ガイドブックを見つけることは難しい。

雑誌やテレビの沖縄特集で、この言葉が多用されるようになったのは、奇妙なことに、米兵による少女暴行事件で基地反対運動が大きく広がった95年前後からだ。

01年にはＮＨＫの朝の連続テレビ小説「ちゅらさん」で、明るく元気なオバアが話題を呼んだ。三線（さんしん）、ゴーヤー、泡盛、方言が次々と本やテレビで紹介され、「癒やしの島」は、すっかり定着した。

単色に塗りつぶされる沖縄イメージの陰に隠されたものは何か。目取真俊は指摘する。

「日本のなかの多様性、多民族性を示す場所として沖縄が商品化され、ソフトに取り込まれている。芸能、音楽、料理がもてはやされ、複雑な歴史や政治が忘れられる。心地よいイメージだけがつなぎ合わされている」

沖縄がモノのように消費される風景。米軍基地が集中する沖縄で癒やされる本土からの旅行者。目取真は警告する。

「沖縄自身が本土から期待される沖縄イメージを受け入れ、演じているように見える。それを内側から突き崩すのは簡単ではない。ただ、イメージと現実の格差の間にマグマはたまっていく」[52]

一九九〇年代末から二〇〇〇年代初頭にかけて、「癒しの島」という沖縄イメージが拡充していく。二〇〇一年上半期のNHK朝の連続テレビ小説の枠で沖縄を舞台にしたドラマ「ちゅらさん」が放映されたことも、ますます「癒しの島」のイメージがフィーチャーされる状況を後押しした。しかし、一九九〇年代後半は一九九五年に発生した米兵による少女暴行事件をきっかけに、基地への反発が高まっていた時期でもあった。現実としての基地問題と、イメージとしての「癒しの島」が切り離され、沖縄の持つ特定の面だけを消費するという、現在まで続くような状況が生じつつあったといえる。

さらに、二〇〇〇年代初めはアメリカの情勢が沖縄観光の大きな懸念材料となっていた。『朝日新聞』二〇〇一年一一月五日の記事では、米国で起きた同時多発テロの影響を受けて、旅行客のキャンセルが二〇万人を超えるなど、沖縄の経済を直撃し、「『基地の島』へ向ける本土の視線が、沖縄の失業率を一割台に押し上げようとしている」と報じられている。[53] 二〇〇三年には、米国のイラク攻撃がいよいよ秒読みとなり、沖縄に機動隊が派遣され警戒態勢が強まり、「観光へのイメージダウンを懸念する声も出始めている」との『読売新聞』の報道もあった。[54] 戦後の沖縄観光はアメリカの情勢に大きく左右される状況にあり、それは基地がある限り免れないものである。このことは、いうまでもなく二〇〇〇年代以降も同様である。

にもかかわらず、二〇〇〇年代以降には基地に関連する施設がポジティブなイメージを持つ観光地として人気を集める状況が生じる。[55] その点を検討すべく、以下では、戦後七〇年以降にみられる変化の象徴的な現象として、沖縄における「レトロアメリカン」イメージの観光の登場について、浦添市港川を事例に検討していく。[56]

港川外人住宅は現在、カフェや雑貨屋が立ち並ぶ「レトロ」で「おしゃれ」な観光スポットとなっている。元々この場所は、一九六〇年代にキャンプ・キンザーに近接して建てられた米軍人軍属とその家族向けの民間賃貸住宅街だった。以下では、港川外人住宅の歴史を整理したうえで、観光地化の背景とそこで消費される観光イメージについて、行政資料や観光ガイドブックなどを用いて分析を行う。基地関連施設はなぜ二〇〇〇年代以降、「おしゃれ」な観光地として人気を集めるようになったのか、そこにはいかなるイメージの転換があったのだろうか。

港川外人住宅におけるアメリカンイメージ消費の観光

「外人住宅とは駐留する米軍人が住んでいた住宅のこと。平屋でコンクリート打ちっぱなしの簡素な造りは古きよきアメリカの雰囲気が漂う[57]」。これはガイドブック『るるぶ沖縄2014』に掲載された沖縄県中部浦添市の「港川外人住宅」を紹介する文章である。現在、港川エリアには、外人住宅[58]の建物を利用したカフェや雑貨屋が立ち並ぶ。この港川外人住宅は、二〇一一年頃から本土の大手観光ガイドブックに取り上げられ始め、現在では大手ガイドブック『るるぶ沖縄』（以下『るるぶ』とする）で毎年特集され、観光コースが組まれるなど定番の観光スポットになっている。

港川外人住宅とは、沖縄県中南部の西海岸線にある浦添市西部に位置する米軍基地、キャンプ・キンザー（牧港補給地区）の軍人軍属家族向けに建設された民間賃貸住宅である。キャンプ・キンザーは約三キロにわたる巨大な倉庫群で、ベトナム戦争中、「トイレットペーパーからミサイルまで」戦場で使用する軍需物資を前線の部隊に補給した[59]。ベトナム戦争勃発を契機に、沖縄の基地増強が進められ、大量の軍関係者が沖縄に住まうことになった。これに対応して、一九六〇年前後に基地外での民間資本による賃貸住宅建築ブームが起こり、港川もこの頃に開発された。当時は、外人住宅街に地元住民が足を踏み入れることは許されず、白く広々とした造りと生活様式から「憧れの白い家」ともいわれた。このように、港川外人住宅は歴史的にみて、米軍基地と深く関連したものであった。加えて、米軍関係者の基地外居住は軍人軍属の夜間外出制限などがおよばず米兵犯罪を助長しかねないことから、「基地外基地」ともいわれ、しばしば批判の対象にもなっていた。

しかし、現在の観光ガイドブックや港川外人住宅（正式名称「港川ステイツサイドタウン」）を運営する会社の公式ホームページでは「癒し」「古き良き」「レトロアメリカン」など魅力的なキーワードが並ぶ。浦添市を紹介する観光情報サイトでは、「大型の観光施設はないですが、外国のファストフード店や、外人住宅を改装したオシャ

図4-10：『るるぶ2019』表紙

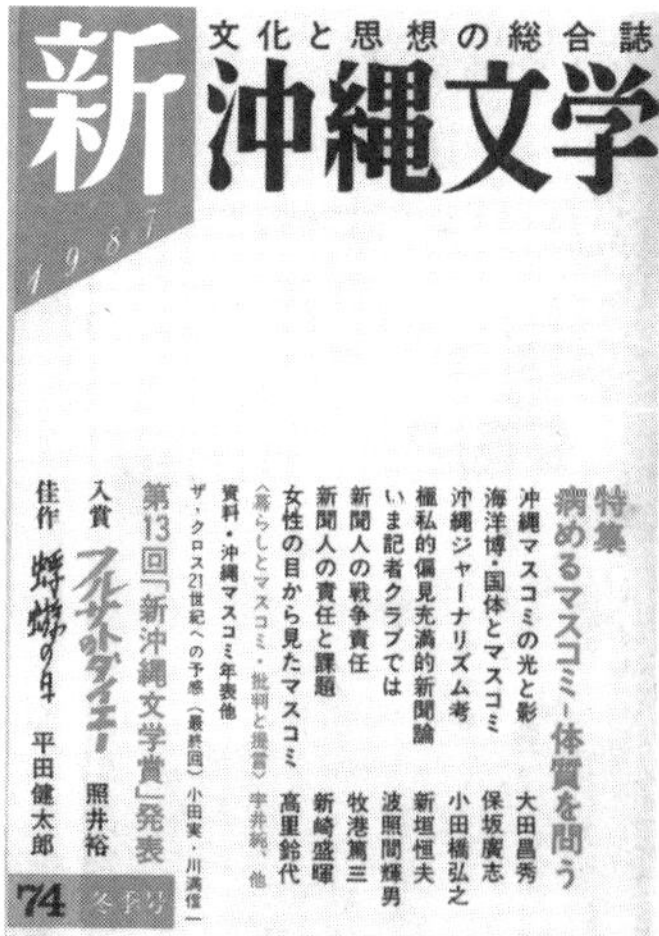

図4-9：『新沖縄文学』1987年12月号表紙

図4-12：「海中道路と外人住宅コース」(『るるぶ沖縄2019』138～139頁)

図4-11：「話題のオシャレエリアで"カワイイ"探し　港川外国人住宅街」(『るるぶ沖縄2019』140頁)

図4-13：「外国人住宅から海中道路まで本島の真ん中を巡る！」(『るるぶ沖縄2015』148～149頁)

図4-14：「3度目の沖縄ならコレがしたい！ Best5」（『るるぶ沖縄2014』12～13頁）

レな店が立ち並ぶ港川エリアなど、異国情緒あふれる雰囲気は、若い女性を中心に人気を集めています[60]」と紹介されている。浦添市は、那覇市、沖縄市、うるま市に次ぐ沖縄県第四の規模を持ちながらも、「大型の観光施設」が乏しいといわれる。そうした浦添市において、「異国情緒あふれる雰囲気」を持つ港川エリアは貴重な観光資源となっている[61]。

浦添市は、二〇一八年三月に出した『浦添市観光振興計画2018～2025』において、「外国人住宅をリノベーションして展開する港川ステイツサイドタウンは、既に多くの観光客を集めていることから、観光振興を進めるにあたっての重要な起点」であるとしている。そして、「近年、訪日外国人等も訪れ、隠れ家的なスポットになっていることから、さらに認知度を高め、浦添市を代表とする観光地を形成して[62]」いくことが目指されている。このように、港川外人住宅は現在、浦添市の観光にとって中核をなすともいえる存在になっている。

浦添市は国道により市域が東西に分かれ、西海岸の広大な土地はキャンプ・キンザーが占め、観光客が滞在するような宿泊施設等も少ないことから、観光による経済効果を享受しにくい状況がある。観光地として不利な面があるなかでの観光開発を行っていく必要があり、そうした状況下で着目されたのが港川外人住宅であった。

では、外人住宅観光で消費されるアメリカンイメージはどのようなものであり、いかにしてこうした状況が生じたのだろうか[63]。

港川外人住宅の歴史——浦添市の戦後復興とキャンプ・キンザー

現在の浦添市は、第三次産業を中心とする沖縄県第四の規模を持つ商業都市であるが、戦前は純農村の地域であった。浦添を変化させた最大の要因は、沖縄戦と戦後の米軍基地建設である。沖縄戦において、浦添では、首里の軍司令部の前衛陣地として激しい攻防戦が繰り返されたため、建物のほとんどが破壊され、地形すら形を変えた[65]。戦後の浦添が戦前のような農村に戻ることはなく、人口規模、産業形態、経済的状況、自然環境などが大きく変化し、急速に都市化した。その背景には米軍基地中心の戦後復興のあり方が大きく影響していた[66]。地域住民にとって、米軍基地建設、軍作業、そして軍人軍属とその家族相手の商売は農業よりもはるかに生活の安定と地域の復興につながるものであった[67]。

米軍は、終戦当初より現在の国道五八号（旧一号）と西海岸に挟まれた広大な土地を、軍事物資の集積場として使用していたが、一九四八年にその大部分である二六五万平方メートルを接収し、キャンプ・キンザーとした。南北約三km、東西約一kmにわたる巨大な倉庫群であり、軍需物資の貯蔵や補給、軍備品の修理などを担う東アジア随一の総合補給基地となった。ベトナム戦争中には、「トイレットペーパーからミサイルまで」と形容されるほど戦場で必要となるありとあらゆる軍事物資を前線に補給する役割を担っていた。キャンプ・キンザーの重要性は、米軍高官をして「この基地がなかったら、米軍はベトナム戦争を遂行できなかっただろう[68]」と言わしめた。

図4-15：『浦添市市勢要覧2018』10〜11頁

米軍向け民間賃貸住宅建設ブームと港川外人住宅の誕生

戦後の沖縄は、東アジアにおける米軍の重要拠点であり続けたが、特に一九六〇年代にはベトナム戦争の後方基地として沖縄の基地建設が推進され、大量の物資と人員が導入された。復帰以前の軍人軍属およびその家族の人口はおよそ四万人にのぼり、七〇年代には基地内住宅だけで収容できる限度を超えていた。そのため、基地内住宅に収容しきれない軍人軍属の基地外居住が認められるようになり、民間賃貸住宅が多数建設された。(69)

一九五〇年代後半から一九六〇年代にかけて米軍関係者向け民間賃貸住宅建設ブームが起こり、一九七〇年までに沖縄各地で一二、〇〇〇戸が建設された。その背景には、3LDKで月二〇万円以上と沖縄では破格に高い家賃であるにもかかわらず、軍人軍属には十分な家賃手当が支給されていたため、一般の市民向けの賃貸住宅よりもはるかに安定した家賃回収率と高額な家賃収入を維持することができる事業だったことがある。港川外人住宅もこの流れに乗って一九六〇年に民間資本によって開発された。資本家が米軍から運動場を譲り受けて六一戸のコンクリート造平屋住宅を建設したものであった。(70) 白人家族のみの住宅地とされ、メイドや運転手として雇われている者以外は、集落の者であっても近寄ることは許されず、アメリカンスタイルの建築と生活様式は、当時の現地住民たちの目に「憧れの白い家」として映ったという。

例えば、二〇代で沖縄に移り住んだ群馬県生まれの詩人、岸本マチ子は、一九九五年八月一二日の朝日新聞に掲載された特集「論壇——日米の戦後50年」で当時の生活様式の違いについて次のように語っている。「ひとたび生活環境を見わたせば、フェンスの内と外では別世界だった。ゴミゴミと肩を寄せあう小さな沖縄住民の家並み。その上、ベトナム戦争の後方基地として、毒ガス輸送などが報じられる緊張と不安。それに比べ、軍人の家族の白い家々は、美しい芝生のそこここに、ゆったりと点在する。外では日照り続きで断水騒ぎの時も、緑の芝生には、スプリンクラーがまわっていたりするのだ。東京では、情報としてしか知らない輝くアメリカが目の前にあった。が、はたしてそんな風景に刺激を受けない若者たちが、いるだろうか(71)」。このように、「白い家」はアメリカの豊かさを象徴するものでもあった。

一九七二年に沖縄が本土復帰し、軍人が基地外の外人住宅から退去していくと、港川にも徐々に沖縄の人が暮らすようになる。ただし、外人住宅には積極的な改修が行われなかったことに加え、家賃は高いままであったことから借り手の見つからない空き家が増えていくこととなった。一九八〇年代から一九九〇年代にかけて、「本土並み」を目指した沖縄振興政策推進と関連して、一般の住宅水準が次第に向上していったため、「憧れの白い家」という価値もこの頃には過去のものになっていた。一九九〇年代末には空き家を倉庫や事務所へ転用する事例が見られるようになる。[72] ただし、この時には外人住宅の魅力は低下しており、まだ観光地化には至っていなかった。

六　港川外人住宅の観光地化と基地イメージの転換——二〇〇〇年代中頃〜

観光地化のプロセス

港川が本格的に観光地化していくのは二〇〇〇年代中頃からである。沖縄県内にある外人住宅跡地のうち、カフェとして再利用され観光ガイドブックに掲載されているのは浦添市港川と北中城村安谷屋の二箇所であるが、外人住宅カフェ観光は港川が中心となっている。かつて現地の人が外人住宅に対して抱いた「憧れの白い家」というイメージとは違う価値が、二〇〇〇年代中頃以降主に沖縄県外からの移住者によって見出されていく。以下では、港川の観光地化のプロセスについて先行研究を参考に整理しつつ、社会背景をふまえ分析していく。[73]

観光地化の先駆けとして二〇〇四年に鎌倉など本土から移住してきた人々が外人住宅に独自の価値を見出し、セルフ・リノベーションでカフェなどをオープンし、隠れ家的なスポットとなる。[74] こうした本土の人々による港川の魅力の再発見は、沖縄移住ブームとも重なっていた。二〇〇六年一二月二八日の朝日新聞の記事では、「沖縄、移住ツアー人気　地元側「現実も知って」希望者「家賃安い」誤解」という見出しで、沖縄移住ブームが広がったことにより沖縄の実情をよく知らない移住希望者が増加していることを報じている。「沖縄ブームを受けて、移住希望者が増えたこと」を背景に、「沖縄県に住んでみたいという県外からの移住希望者を対象にした「沖縄移住下見ツアー」が人気を集めている」とある。続けて、「「移住者用」の融資を売り出す金融機関も登場した。南国の島に「楽園」のイメージを求める人々。しかし、極端に家賃が安いと思うなど誤った期待を抱く人も目立つ。関係者からは「移住を望むなら現実をしっかり見つめて」という声も上がる」[75]と報じられている。二〇〇六年には、沖縄移住ツアーが組まれ人気を集めるほど、本土から移住の対象として沖縄が注目を集めていたことがわかる。移住者による港川外人住宅のセルフ・リノベーションが始まったのが二〇〇四年であったことをふまえると、港川の観光地化の背景として沖縄移住ブームは見過ごせない。

　二〇〇〇年代後半には、美ら海水族館開業によりレンタカーで島巡りをする観光客が増えたこととも重なって、交通アクセスの悪い港川外人住宅がインターネット上で話題になり、観光ガイドブックにも取り上げられるようになっていった。その後、オーナーである沖商不動産が二〇〇八年から商業地としてのプロデュースを開始し、看板やホームページが整備され、物件も高家賃の店舗としてのみの貸し出しに限定して貸し出されるようになった。[76]

　港川外人住宅のカフェへの転用の背景としては、沖縄移住ブームの他に、「カフェブーム」の存在がある。いわゆる「カフェブーム」の時期は一九九九年～二〇〇二年頃とされる。[77]港川外人住宅のカフェへの転用が始まったのはその二年後の二〇〇四年であるため、全国的なカフェブームとの連関は無視できない。空き家となった外人住宅は、二〇〇三年以前は事務所や倉庫への転用、および子ども施設への転用がなされているのに対し、二〇〇四年から急速に趣味性の高いカフェ・ショップへの転用がなされるようになった。[78]「特に２０１１年には、一気に10件の転用が行われているが、そのうち１つはデザイン事務所、その他はすべてカフェや雑貨等のショップとなっている」[79]ことからも、港川のカフェエリア化は二〇〇〇年代半ば以降の現象であるとわかる。『るるぶ情報版』で港川外人住宅の特集が初めて紹介されたのも二〇一一年である。また、ガイドブックに掲載される外人住宅カフェの半数以上は本土出身の店主により営まれている。以上のことから東京や大阪などの都心部を中心に始まったカフェブームが二〇〇四年から移住者によって港川に持ち込まれたのが観光地化の契機であると考えられる。

二〇〇〇年代中頃以降、『るるぶ』『まっぷる』をはじめとする大手沖縄観光ガイドブックにおいてもカフェめぐりの特集が頻繁に組まれるようになる。「外人住宅カフェ」がガイドブック上で登場する以前には、「海カフェ」と呼ばれ、テラス席などで海が見える風景を楽しむスタイルのカフェや、「古民家カフェ」が紹介されていた。そこでは、「沖縄情緒たっぷりの屋敷で琉球料理を味わう」、「これぞ沖縄流」、「赤瓦屋根や石垣など沖縄の原風景を今に残すたたずまいが印象的」[80]（『まっぷる 2015』）というように「琉球」のイメージが重視されている。二〇一一年以降は、これらのカフェと並んで外人住宅カフェも沖縄カフェ巡りの定番として扱われている。しかし、外人住宅カフェは、従来の「古民家カフェ」でみられたような「琉球」イメージとは全く異なるイメージを提示していく。

図4-16：浦添市史編集委員会編『浦添市史 第7巻 資料編 6（浦添の戦後）』浦添市教育委員会、1987年

『るるぶ 2014』の外人住宅カフェのページをみると、「札幌出身の店主が故郷の人気グルメであるスープカレーの店をオープン（A Danian Cafe)」「京都にあるミシュラン星獲得の割烹と深い縁を持ち、本物の味を知る店主が切り盛り（流京甘味 SANS SOUSI）」などとあり、むしろ沖縄出身ではない店主の出身地を店の個性として売り出していることも多い。その他の店も建物は外人住宅であるものの店の売りは、「北海道産小麦や伊江島の小麦をはじめ、厳選素材のみを使用した天然酵母パン（ippe coppe）」や「旬の果物をふんだんに盛り付けたフルーツタルトは、胸がときめくほどカワイイ（[oHacorte]）」[81]といったように、「琉球らしさ」や沖縄の郷土料理が出されているわ

けではない。このように港川外人住宅カフェでは、バラエティに富んだ店が出店され、そこでは新たな「沖縄イメージ」が提示されていた。

観光ガイドブックの言説――「レトロアメリカン」イメージ

港川外人住宅に集まるカフェや雑貨屋は、必ずしも「琉球」を提示するものではなく、店主の出身地や趣向が反映され、多種多様なカフェの集まりとなっている。共通しているのは「おしゃれ」というキーワードであるが、これはカフェや雑貨屋に広くみられる特徴であるともいえる。しかし、港川の「おしゃれ」さには、明らかに他の地ではみられない特有の価値が込められている。それが、「アメリカン」というイメージであった。

沖縄観光ガイドブックでは、外人住宅について説明する際、「レトロ」「古き良き」と「アメリカン」がキーワードとなっていた。『るるぶ』『まっぷる』を中心に分析を行ったが、他の観光ガイドブックや女性誌の沖縄観光特集(『TRAVEL♡STYLE 沖縄』、『ことりっぷ』)などにおいても同様であった。「外人住宅とは駐留する米軍人が住んでいた住宅のこと。平屋でコンクリート打ちっぱなしの簡素な造りは古きよきアメリカの雰囲気が漂う。(『るるぶ2015』)[82]」、「オシャレ外国人住宅カフェ　宜野湾市や、北中城村にも、アメリカンな雰囲気を残したおしゃれで個性的なカフェが続々登場!(『まっぷる2015』)[83]」、「アメリカンカルチャーが集結! 路地に入るとまるでアメリカの田舎町へ迷い込んだような雰囲気。急成長する港川エリアに集まるショップは日々進化を続けています。(『TRAVEL♡STYLE 沖縄2015』)[84]」などである。このようにガイドブックの記述では、港川外人住宅は「レトロ」かつ「アメリカン」な雰囲気が魅力として描き出されていることがわかる。ここでは、こうしたイメージを「レトロアメリカン」と呼ぶこととする。

港川外人住宅を管理する沖縄県那覇市の会社「沖商不動産」のホームページでは、「元々はミリタリーハウジングとして栄えたこのエリア。古き良き外人住宅の風景を残したこの町に個性豊かなお店が集まりました[85]」というように、ミリタリーハウジングであったことが紹介されている。また、ガイドブック『るるぶ』、『まっぷる』ともに小さくではあるが、その歴史も紹介されている。例えば、『まっぷる2015』では、「外国人住宅とは、駐留米軍の家族が住んでいた建物のこと」、「五〇軒以上の外人住宅がたち並ぶ、浦添市港川エリア。中部には大規模な米軍基地があり、その周辺で建築が進んだと考えられる」[86]といった説明文が掲載されている。港川では、基地と関わる歴史さえも「レトロアメリカン」なイメージとして消費されていると考えられる。

沖縄県内には、他にも「アメリカンイメージ」を消費する観光地が存在する。「アメリカンイメージ」の観光地として「美浜アメリカンビレッジ」や「コザゲート通り」があげられる。美浜アメリカンビレッジは、中頭郡北谷

図4-17：「注目の2エリアにクローズアップ！外人住宅カフェ＆ショップ」（『るるぶ沖縄2014』110～111頁）

図4-18：「話題のカフェ＆ショップがぎゅぎゅっと凝縮　港川外国人住宅へ」（『るるぶ沖縄2015』150～151頁）

図4-19：「ハイセンスなショップが集まる外国人住宅カフェへ」（『まっぷる沖縄2015』154～155頁）

図4-21：「外人住宅カフェ」（『TRAVEL ♡ LOVE沖縄2015』 66 ～ 67頁）

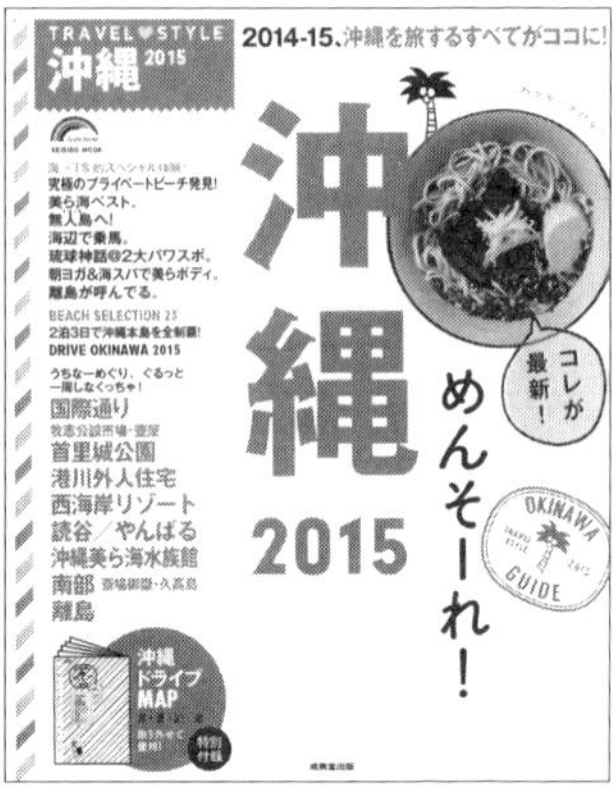

図4-20：『TRAVEL ♡ LOVE 沖縄2015』表紙

町の西側に位置する埋立地につくられた「アメリカ西海岸の街並みをイメージ」した商業施設で、高さ約六〇メートルの大観覧車や映画館、アメリカンレストランなどが揃う。(87) コザゲート通りを『るるぶ』のWEB情報版（二〇一九）でみると「気分はアメリカ！ネオン輝く夜の散歩が楽しい」「ディープな沖縄を楽しみたい、という方におすすめの街」「近隣に米軍基地があることもあり、街のいたるところで英語の看板や、地元に住む外国人の姿を見ることができます。また、〝ロックの街〟としても知られ、ライブハウスなどもたくさん。まるでアメリカに来たような気分になれる(88)」などと紹介されている。アメリカンビレッジやコザゲート通りの「アメリカンイメージ」と、港川外人住宅にみられる「レトロアメリカン」イメージが異なるのは、「レトロ」であることに重きが置かれるという点である。アメリカンビレッジは、埋立地に造られたテーマパーク型の商業施設であるが、アメリカ西海岸という明確なモデルが存在する。コザゲート通りでは、地元に住む外国人の姿や英語の看板などいまなおアメリカや基地を感じさせる現実がある。

それに対して、港川外人住宅は、過去に米軍関係者が住んでいた住宅が残っているだけで、現在ではアメリカ人の姿は見られない。だからこそ、「古き良き」アメリカというノスタルジックなイメージがたちあがっている。つまり、港川では「レトロアメリカン」イメージが立ちあげられることで、現在のアメリカや現実の基地問題とは異なるものとして想像上の過去へと目を向けさせ、基地イメージをポジティブにとらえることを可能にしている。

以上のように、単なる「アメリカ」ではなく、「レトロ」であることが、港川において現実のアメリカと切り離して「アメリカンイメージ」を消費することを可能とする重要な要素であったことが明らかになった。では、なぜ「レトロ」のイメージが選び取られていったのだろうか。背景として、戦後の昭和の時代へのノスタルジーを想起させる昭和レトロブームとの関連があげられる。日高勝之の『昭和ノスタルジアとは何か――記憶とラディカル・デモクラシーのメディア学』によれば、「とりわけ昭和三〇年代から四〇年前後が二一世紀に入ってから脚光を浴び、この時代に焦点を当てた大衆メディア・文化作品が量産され」たとしている。[89] 代表的なものとしては、二〇〇五年公開の映画『ALWAYS 三丁目の夕日』があり、「二〇〇〇万人を超える動員を記録」する大ヒットを記録した。二〇〇〇年代にはそのほかにも、戦後の昭和への郷愁を前面に出したドラマの流行、昭和を懐古する雑誌の相次ぐ創刊、昭和歌謡のリバイバルなど昭和レトロブームが日本社会全体で盛りあがりをみせていたことが先行研究において指摘されている。[90] 観光の面では、日本各地にレトロテーマパークなるものが開業したのもこの時期である。先駆けとして『新横浜ラーメン博物館』が一九九四年にオープンし、二〇〇二年には東京お台場の『台場一丁目商店街』と大阪南港の『なにわ食いしんぼ横丁』が開業している。他にも複数の類似施設が都市部を中心に開業し、地方においても大分県豊後高田市の『昭和の街』プロジェクトなど、昭和レトロを押し出すことにより町の活性化につなげた例もある。[91] このように、二〇〇〇年代は、「レトロ」に対する社会的な注目度が高く、観光においてもその潮流は反映されていたことが確認できる。

沖縄港川でも、先述したような二〇〇〇年代の本土から沖縄への移住ブームや、一九九〇年代末から二〇〇〇年代前半にかけて広まったカフェブームと重なりつつ、本土からの事業者や観光客によって「レトロ」なまなざしが持ち込まれたと考えられる。しかし、ここで特筆すべき点は沖縄港川に投影されたレトロイメージは、本土の観光地でみられたような日本の昭和レトロではなく、アメリカ風のレトロだったということである。沖縄は、本土復帰により形式上は日本の一部となった後も、「「パスポートのいらない異国」「ここではないどこかの楽園」として日本国内で認識されている[92]」状況がある。そうした「日本ではない」「沖縄らしさ」の一部として、基地の存在に起因する「アメリカらしさ」が発見されていく過程で、レトロブームの沖縄版として「レトロアメリカン」が立ちあがっていったと考えられる。それが先にみたような形でガイドブックに投影され、同時に浦添市や外人住宅の運営会社など地域側も、地域の魅力として内面化していった。地域の側からみても、レトロブームを利用して、「アメリカ」を想起させつつ、現実のアメリカや基地問題を想起させない戦略が選び取られても不思議ではない。それだけでなく、浦添市が抱える観光施設開発が遅れている状況や外人住宅の空き家問題を好転させつつ、コザや美浜アメリカンビレッジなど他のアメリカンイメージの観光地との差異化を可能にし、観光地としての魅力を高めることができる戦略でもあったのである。

七　沖縄における基地と観光の現代的関係——「レトロアメリカン」イメージに着目して

「基地外基地」としての外人住宅

ここまでみてきたように、港川外人住宅は「レトロアメリカン」なイメージの定番観光スポットとなっており、行政からも観光資源として期待が寄せられている。しかし、現実問題としての米軍関係者の基地外居住・基地外住宅は、沖縄県全体で住民にとっての大きな不安材料でもあり続けた。『読売新聞』二〇〇八年二月一六日の記事では、「米兵外出に軍の規制なし　増える「基地外居住」　住民らに不安感[93]」との見出しで、米兵による女子中学生暴行事件が伝えられる。犯人は、基地外に居住していたため米軍の夜間外出制限がおよばない状態だった。記事では、「県内では基地外で生活する米軍関係者が増える一方で、米兵らによる犯罪が後を絶たない。県民の間には規制を求める声が高まり、岸田沖縄相も一五日、その必要性に言及。在日米軍を巡る新たな問題として「基地外居住」が急浮上している」と、「基地外居住」の問題を指摘している。基地外居住は一定階級以上の軍人軍属や家族連れに認められているが、「買い物やレジャーなどへの利便性の良さから増加傾向にある」という。二〇〇七年九月時点で、五、一〇七世帯（五、〇〇〇〜六、〇〇〇人）の米兵と軍属が暮らし、「米兵・軍属は手厚い家賃補助があって家賃滞納の心配もない」ことから、「借り入れを見込んで県内外の不動産業者が次々と参入して高級賃貸住宅を建てていることも、基地外居住を助長して」いる。「在沖縄米軍基地内では、若い隊員の深夜外出を原則禁止し、生活態度が優秀であれば解除する制度を設けている」が、「基地外居住の場合、外出規制が全くない」ため、米兵犯罪との結びつきが住民の不安材料となっている。外国人街は、「基地外基地」[94]ともいわれ、治安への懸念だけでなくコミュニティの分断という問題も指摘されている。このように、「基地外居住」は米兵犯罪をきっかけに県内で広く問題視され、「基地外基地」として批判の対象になっていた。

二〇〇六年、米軍のグアム移転合意による基地人口削減により、グアム移転が実現されれば沖縄に駐留する米軍人、軍属とその家族は約四五、〇〇〇人のうち約四割が削減される見通しが出された。これは、観光業の面からは好意的に受け止められる変化であったが、地元住民にとっては手放しで歓迎できるものではなかった。『読売新聞』二〇〇六年四月二四日の記事「米軍グアム移転費合意　「基地縮小の一歩」沖縄住民歓迎　地域経済不安も」[95]では、基地人口削減について「在日米軍再編の懸案になっていた沖縄の米海兵隊のグアム移転費用分担問題が決着した24日、沖縄県内では「基地負担が軽減される」「整理縮小の大きな一歩」と、歓迎と期待が広がった」と報じられた。観光業の面では、「県ホテル旅館生活衛生同業組合の大城吉永専務理事は「平和で安全な島のイメージが広がり、観光客増につながることが期待される。観光業界として歓迎したい。将来、年間１０００万人の観光客を目指したい」と期待を膨らませ」たとある。このように、基地負担の軽減、縮小整理は沖縄県全体で目指されてきた方向性である。観光の面では特に、観光客に与えるイメージが誘致観光客数増加の極めて重要な要素であるため、前述したような「基地の島」のイメージから「平和で安全な島」というイメージへと転換していくことは、観光業の関係者らが長年追い求めてきたことであった。

一方で、不動産や地域経済の面でみれば問題も多かった。「米軍に民間住宅を提供している不動産業者らでつくる「全沖縄貸住宅協会」によると、基地外のマンションや一戸建てで暮らす米軍関係者は約3800世帯。協会は2月、「部隊が移れば、一気に空き家が増える」として、政府に基地内での住宅建設の中止を要請した。喜屋武潤一会長は「戦後、私たちは基地経済に頼り、貸住宅業を唯一の生活基盤にしてきた。無計画な部隊の削減では困る」と話した[96]」とあるように、基地人口削減による基地外住宅の空き家の増加は、不動産業者らにとっては切実な問題であった。

さらに、前掲の『読売新聞』の記事によると、米兵犯罪の面からは、軍人軍属の人口が減少することが犯罪の減少につながると楽観的にはみられておらず、むしろ「これまで事件、事故を起こしてきた第一線の部隊」を残して司令部が撤退することで、ますます「若い兵士が野放し」になるのではないかと危惧されている。糸数慶子参院議員(「基地・軍隊を許さない行動する女たちの会」共同代表)は、「これまで事件、事故を起こしてきた第一線の部隊は残り、女性や子どもの人権が侵されかねない状態は変わらない。県民が望む負担軽減ではない[97]」と指摘している。

浦添市においても、キャンプ・キンザーにまつわる住民の不安材料はいくつもあった。キャンプ内における危険物質の取り扱いや米兵の危険行為である。キャンプ・キンザーには、軍事機能を確保するためのあらゆる物資が保管されており、特に危険物質の存在の有無については、たびたび問題が指摘されている。具体的には、一九九六年二月三日の建設作業員が施設内での作業中に、目や鼻に刺激を受け気分が悪くなるという事故や、一九九七年一一月一三日には同施設内で有毒ガス発生の危険性のある火災の発生などのできごとが地域住民に不安を与えた。二〇〇五年一〇月一四日には、第二ゲート付近のフェンス沿いで実施された部隊警護訓練において、米軍兵士が銃口を国道五八号に向けたことにより、周辺住民に不安を与える事態が発生した[98]。キャンプ・キンザーは補給基地であるため、戦闘機が離発着する嘉手納などにみられるような剝き出しの基地イメージを持つ場所とはやや異なる面もある。しかし、キャンプ・キンザーにおいても米軍基地であるという現実から生じる、米兵犯罪や米兵による危険行為、危険物資の取扱などの問題は存在していたのである。

「レトロアメリカン」がみえなくするもの

港川外人住宅の観光地化は、こうした住民の批判や不安が完全には払拭されないまま進んでいった面を持つが、一方で浦添市行政においては貴重な観光資源の開発という意味を持ち、空き地をなくし有効活用することにつながった。『浦添市市勢要覧 2018』では、港川について「今や県内でも有数のオシャレスポットとして名高い街に発展」したとし、「観光客や地元民が「非日常」を体験する街」「観光客と地元が触れ合える場所がある」[99]といったように、観光客のみならず地元の人々にとっても魅力あるものとして掲載している。「非日常」という言葉が示すように、ここでは現実の基地問題や日常生活における基地の存在による不安などを棚上げするような状況がみてとれる。港川の「レトロアメリカン」イメージは、ノスタルジックかつポジティブな「想像上の過去」に目を向けさせる。しかし、ネガティブな現実問題としての基地・アメリカとポジティブな「アメリカ」イメージの間の矛盾を解消するわけではない。むしろそうした矛盾を意識させない、みえにくくする性質のものとして理解すべきであろう。

以上のように、基地問題を棚上げした形での基地関連施設の観光地化は問題点も多い一方で、基地経済からの脱却のために必要不可欠な動きでもあった。一九九六年の Special Action Committee on Okinawa（SACO ——沖縄に関する特別行動委員会）や二〇〇六年の米軍再編による沖縄の米軍基地返還計画など、一九九〇年代後半から二〇〇〇年代にかけては、都市計画のなかに基地跡地利用計画が組み込まれ始めた時期であった。この時期における米軍基地返還の議論は、基地経済からの脱却と基地跡地の再開発という課題を浮き彫りにしたが、その両方を下部構造において可能にするものが観光産業であった。基地や本土に依存した経済ではなく、沖縄の自律的な経済を回していくために、観光は二〇〇〇年代の沖縄において最も有効な産業であったことは否定できない。

従来、基地の存在は「平和で安全な島のイメージ」を阻害するため、観光にとって不都合な要素だとされてきた。しかし、港川の事例からは、基地があるからこそ「レトロアメリカン」という観光イメージが構築され、もともと観光資源に恵まれていたわけではない地域を、日本全国だけでなく海外からも人が集まる観光地にすることが可能になった状況が確認された。港川が、こうした「レトロアメリカン」イメージの観光地となるうえで、観光資源が外人住宅だったことの意味は大きい。港川の提示する「アメリカ」イメージは、嘉手納などにみられる剝き出しの基地イメージとは異なり、基地から緩やかに染み出した「アメリカ」イメージであるといえる。住宅自体の古さと相まって「レトロ」という価値が付与され、過去のどの時点にも存在しない「古き良きアメリカ」のイメージが構築された。基地そのものではなく、住宅という日常と結びつき、基地から切り離されたイメージでありながら、濃密に香る「アメリカ」が、港川の観光的な魅力となっているといえよう。

港川外人住宅のカフェエリア化はもともと本土からの移住者によって始められた。しかし、現在のような観光地の形になる過程で「港川ステイツサイドタウン」を経営する沖商不動産や浦添市など地元の企業および行政の役割は大きかった。地元企業や行政が、本土から向けられるまなざしを逆手にとって、基地イメージをネガティブなものから「レトロアメリカン」という新たな価値にまで高めていったとみることができる。この意味で、港川外人住宅の事例は、単に外部から押しつけられるイメージへ対応するような観光戦略ではなく、地域資源を主体的かつ積極的に活用しようとする試みであるといえよう。

「レトロアメリカン」のポリティクス

本章では、米軍基地と関連する施設の一つであった港川外人住宅が、基地と切り離され観光スポットとなっていく過程で、港川において「古き良きアメリカ」を想起させる「レトロアメリカン」イメージが構築されていったことを明らかにした。そしてその背景には米軍再整備による軍人軍属の大幅撤退、基地外住居の空き家問題など、米軍との関係の変化が大きく影響していたことを分析してきた。基地の外に軍人軍属が居住することは、夜間外出禁止など軍の規制がおよばないことへの懸念から住民に不安感情を抱かせるものであった。港川外人住宅は、キャンプ・キンザーに隣接するため、近隣住民の不安を煽るような事件や事故もしばしば生じていた。それにもかかわらず、港川外人住宅は、同時に本土事業者によって観光地化が進められ、さらには地元行政もそれを地域の特色ある観光資源として積極的に押し出すようになっていった。それを可能にしたのは、港川外人住宅の「キャンプ・キンザー」を中心とするネガティブな基地イメージから、「レトロアメリカン」というポジティブな基地イメージへの転換だった。

沖縄観光イメージを形成する一つとして「アメリカ」イメージがあり、それは戦後に基地の存在を前提として構築されたものであった。コザや嘉手納などの「アメリカ」イメージは、「基地のアメリカ」や「暴力的なアメリカ」と通じるもので、危険な場所というイメージもつきまとった。それに対して、港川外人住宅の事例にみられる「レトロアメリカン」イメージは、現在の「アメリカ」ではなく過去の「古き良きアメリカ」を想起させるものであった。港川外人住宅を、基地問題など現実のアメリカとは切り離して消費するためには、実際のモデルがなく、ノスタルジーを掻き立てるような想像上の「古き良きアメリカ」である必要があった。

このような「レトロアメリカン」のイメージを強く押し出したこと、外人向けの「住宅」であった歴史から想起させる「日常」のイメージが「くつろぎ」を提供するカフェと親和的であったこと、さらに隣接する基地が飛行場ではなく補給基地であることなど、複数の条件が巧妙に結びつき、人気観光地となったのが港川外人住宅の事例であった。港川は、一九九〇年代後半以降深まっていった沖縄の現実とイメージの乖離を象徴的に映し出しているといえる。そして、両者をつなぐ回路の断絶は、現在まで続いている。

以上のような港川外人住宅で表れてきた沖縄観光のあり方は、従来の沖縄観光研究で指摘されてきたような基地と観光の二面性だけではとらえきれない事象である。戦後沖縄には、基地との連続性のうえに成立する観光のあり方も確認された。[100] さらには、基地に関するものや基地を想起させるイメージが転換し、「アメリカ」をノスタルジーの対象としてとらえるような観光のあり方も出現している。このことは、戦後沖縄観光の全体像をとらえるために見過ごしてはならない論点であるだけでなく、観光と基地の現代的な関係性を紐解いていくうえで重要な示唆を与えるだろう。

終章

「沖縄観光」言説からみる戦後

――日本・アメリカ・沖縄はいかなる関係を切り結んできたか

ここでは、これまでにみてきた沖縄観光言説の変容プロセスを再整理したうえで、そこに浮かび上がる戦後沖縄と本土およびアメリカの不均衡な関係性とひずみについて検討する。沖縄では、本土とアメリカとの関係に翻弄されながら、観光に期待や幻滅が見出されてきた。観光をめぐる言説では、多様な主体によって観光がさまざまに位置付けられ、観光を通した沖縄像の提示が模索されていた。観光構想は、本土・アメリカとの妥協と交渉のプロセスであり、沖縄の生き残りをかけた戦略でもあった。以下では、観光をめぐる言説に映し出されたさまざまなポリティクスを見渡したうえで、観光の視点から沖縄戦後史をとらえ返してみたい。

観光言説からみる沖縄アイデンティティ

一章で扱った戦後初期の沖縄観光言説からは、一九五〇年代後半以降、それまで沖縄で観光が重視されてこなかった状況と、観光の可能性が議論されるようになったことが確認された。観光を推進する側の言説としては、沖縄経済のために本土からより多くの観光客を呼び込みたいという意見や、在留アメリカ人たちに観光を促しドルを獲得したいという意見があった。しかし、経済的利点のみを押し出すのでは、住民の観光産業への意識を高めることはできない。景観を保全するために必要だと考えられた住民自らの地域美化への機運は低く、さらに水源地や発電用ダム開発など目先の利益がわかりやすい産業に土地を提供してしまう恐れもあった。そのため、県民の保養や娯楽のための観光でもあるということが強調されていた。この時期は、観光を推進するという方向性は現れつつも、本土とアメリカにどのような沖縄像を提示するかという議論はまだ積極的になされていなかった。統一のイメージがないまま、戦跡地の整備を中心に、辻町の復興、本土やアメリカを参考にした娯楽施設などマテリアルの整備がそれぞれ進められていったのがこの時期の特徴である。

二章でみた一九六〇年代末から一九七二年の本土復帰にかけての時期では、米軍基地に依存した経済や雇用への危機感が強まり、沖縄の自立がさまざまに議論されるようになる。そして、沖縄が経済的に自立していくためには観光しか道はないという意見が目立つようになっていく。それまでの戦跡と買い物を中心とした観光のあり方も批判的に問い直されるようになっていた。戦跡ではこれ以上の発展が見込めないという意識と、韓国や台湾、香港といった東アジアの観光地の台頭により買い物観光は沖縄の専売ではなくなりつつある状況への危機感から、沖縄らしさを提示すべきだとの意見がでてくる。しかし、沖縄らしさについて統一的な方向性は示されずあいまいなまま、漠然とした「日本のハワイ」を目指すという路線へと収斂していく状況があった。

復帰後には、海洋博を契機に観光地としてのインフラ整備が進み、沖縄が国内におけるリゾート・南国の地位を獲得していくことを三章で確認した。この時期に特徴的な観光のあり方として、それまで米兵の街であった沖縄の歓楽街が次々に本土観光客向けに変化していったことがある。本土観光客が大量に流入するようになり、同時に米軍統治下ではなくなったことで沖縄の歓楽街の主体は米兵から日本人観光客へと移っていった。しかし、本土男性によって沖縄の女性が消費されるような状況は、海洋博開催のための大規模な開発とそれによる環境汚染や本土資本による搾取などと重ねられ批判の対象になった。本土復帰への失望、本土の論理による開発への違和感を背景として、観光売春批判が本土批判へと結びついていった。そして、観光売春への批判は「売春的産業である」とされた観光自体への批判へと広がっていった。

その後、日本のバブル期にあたる一九八〇年代後半から一九九〇年代前半の時期には、沖縄は定番リゾートとして海のテーマパークとなっていくが、海外旅行ブームの影響でハワイなどに押され気味になる。同時に、海外リゾートの海のイメージが反映され、沖縄の固有性が薄れていく。一方で、離島に沖縄らしさや「癒し」のイメージが投影されていくのがこの時期である。「海」や「癒し」へとフォーカスが当てられることと連動して、沖縄の戦争・基地への意識がぼやけていく状況があった。

四章で扱った一九九〇年代後半以降に特徴的な状況として、沖縄のなかのアメリカンイメージが観光対象として発見されていったことがあげられる。なかでも象徴的な事例として、浦添市港川外人住宅におけるレトロアメリカンイメージの消費について検討した。港川では、本土のカフェブームとレトロブーム、そして沖縄移住ブームなどの要素が重なり合い、二〇〇〇年代からレトロアメリカンな観光地として人気が高まっていった。当初本土から持ち込まれたレトロアメリカンというイメージを、自治体が逆手にとり地域の固有性として押し出すようになっていった。それは同時に、基地に関連するイメージをポジティブなものに転換させていく戦略でもあった。

戦跡をめぐる議論の変化

観光言説のなかでは、戦跡をめぐる議論についても時期により変化がみられた。一九五〇年代末から一九六〇年代初頭の時期には、戦跡が沖縄の存在を知らしめるきっかけになったとして価値を評価する向きがあった。さらに、戦跡巡拝に来た遺族に配慮して「自分たちの身内が立派に納められている」と思ってもらえるよう小さな慰霊塔まで隈なく整備するべきだという意見も確認された。

一九六〇年代後半になると、日本各県の慰霊塔が乱立する状況に対する批判や、そもそも戦跡を観光対象にするのはいかがなものかという批判も散見されるようになった。戦跡で沖縄の魅力を売り出すよりは、より明るく健康的な印象を与えるような娯楽施設のほうがよいという議論も展開されていた。戦跡地についても過度に整備し過ぎず、もとのままの姿を残しておいたほうが本来の戦跡の価値を伝えることができるという論に移っていった。

本土復帰以降は、戦跡は必ずしも沖縄観光のメインとなるものではなくなり、ビーチや海洋博見物など娯楽のついでに立ち寄るような、よりカジュアルなものへと変化した。一九八〇年代後半には、海外リゾートに観光客を取られるなか「円高でも中学生は海外に逃げない」と本土の中高生向けの修学旅行先として活路を見出していった。その際、「戦跡より、海の青さを売り込んで」いくべきだとして、「平和教育」よりビーチでの娯楽を重視していた。

こうした本土復帰後の傾向は戦後七〇年以降にも緩やかに続いていくが、二〇〇〇年代に入ると、基地のイメージをポジティブなものとして消費する観光のあり方が登場してくる。

基地と観光の関係性とその変化

上記で確認した戦跡をめぐる変化と関連して、基地が観光におよぼす影響のあり方も変化していた。日本本土側が沖縄に求めるものはその時々の日米関係を反映していたが、沖縄はそれを時には拒否し、時には迎合する場合もあった。

終戦後から沖縄の戦後復興および娯楽施設・遊興地開発は米軍の娯楽保養との密接な関わりのなかで始まった。終戦後すぐの沖縄は混沌とした状況にあったが、一九五〇年から米軍は五ヵ年計画で膨大な基地建設を開始し、それと同時に海水浴場などの娯楽・保養設備も創設されていった。一九五五年の段階で、石川ビーチ、屋嘉ビーチ、奥間ビーチという三ヵ所が米軍専用ビーチとして整備されていた。このように、一九五〇年代には、基地と密接に関わりながらその後の沖縄観光の土台となる開発が進められていった。

一九六〇年代までの本土客による観光は、戦跡巡礼と外国製品の買い物が中心であった。一九六〇年代半ば以降米軍基地再編合理化政策との関連で本土復帰が焦点化されるなか、反復帰運動の機運が高まってくる。そうしたなか、沖縄の観光開発は沖縄の自立を目指す最も現実的な方途として復帰派にも反復帰派にも重要視され、本格的に観光地化が議論されていくこととなる。一九五〇年代に形成された米軍との関係が、一九六〇年代には、外国製品の買い物観光・歓楽街観光という形で引き継がれていた。観光産業の重点化の志向は、基地依存経済からの脱却の志向と表裏一体であり、基地の存在が沖縄の観光への意識を強化していったことは明らかである。

一九七二年、本土復帰により、沖縄を本土の一部として位置付けることで本土資本による開発を正当化したが、一方で、イメージの面では「日本の中の異国」として沖縄は日本の周縁に置かれ続けた。復帰後の時期には、本土化と海洋博によりアメリカ・基地といったものがみえにくくなる。しかし、歓楽街・売春観光では基地の影響が残存しており、その担い手は米兵から本土男性観光客へとすり替わっていた。海洋博を契機に強化・拡散された「青い海、白い砂浜、灼けつく太陽、ビキニの女性」といった沖縄イメージが確立され、バブル期には海外のリゾートイメージを反映させつつ日本国内の「海のテーマパーク」となる。「海」「癒しの島」としての沖縄が選び取られるなかで、基地や戦争との結びつきがうすれていく。

そして、二〇〇〇年代以降に象徴的な沖縄イメージ消費のあり方として「レトロアメリカン」イメージが登場する。「アメリカ」がもはや過去のもの、ノスタルジアの対象として沖縄の魅力の一部をなしていく。そこでは、「レトロアメリカン」という「想像上の過去」を想起させることによって、現実の基地やアメリカと「古き良きアメリカ」のイメージを切り離し、基地をポジティブなものとして消費する観光のあり方が可能になっていた。

以上のように、各章において戦後沖縄観光に影響し続けた基地・アメリカの存在は、各時期に前面化したり後景化したりしながら観光への表れ方を変化させていたことがわかる。

売春・性風俗街をめぐる議論の変化

上記で整理した基地やアメリカからの影響を受けて変化していったのは、沖縄における売春観光や性風俗街の位置付けである。

一九五〇年代末から一九六〇年代初め（一章）には、辻町の復興を推進する声と「パンパン」と呼ばれた女性たちゃAサインバーなどで働く女性たちを「琉球人の人柄を最初に米軍人に理解せしむるに役立ったし、すさみ切った世相に女性特有の平和をもたらした」とみる向きもあった。一九六〇年代後半（二章）になると、売春に関連して生じる問題が意識されつつも、一般の女性たちを米兵の犯罪から守るための「必要悪」とする議論が展開された。

本土復帰後から一九七〇年代（三章）には、米兵による買春と入れ替わるように本土観光客による買春観光が目立つようになる。波之上一帯の「トルコ風呂」で本土の女性が働く状況が生じ、「本土のお姉ちゃんを使って本土から金を取る」という転覆戦略もみられた。しかし、結局それでは沖縄を経由して本土から本土へと金銭が循環しているだけであり、海洋博で沖縄が本土企業のための「飾り」になって沖縄の人々が恩恵を得られないという状況と同じ問題に陥った。そのため、売春批判と海洋博批判が接合されていき、ひいては観光産業自体への批判へと広がっていった。

一九八〇年代後半以降、売春をめぐる言説は勢いを失っていくが、この時期から沖縄の歓楽街ではフィリピン人女性が低賃金で雇われ（四章）、米兵、本土男性、地元男性の消費対象にされるという問題が浮上してくる。さらに、軍からの給与では十分な生活が送れないという米兵女性も歓楽街で働き、日本人男性の相手をするという状況もみられるようになった。このように、消費の対象とされる女性の国や属性は変化していったが、常に女性が、特にその時期の状況において貧困にあえぐ女性が、男性に消費される構造は一貫していた。その後、取り締まりの強化や二〇一〇年前後から始まった沖縄県警と市民団体などによる浄化運動で沖縄の性風俗街は徐々に縮小していく。

日本のなかでの位置付けの変化

以上で確認した戦後沖縄観光言説にみられる変化から、日本のなかでの沖縄の位置付けはどのように移っていったかを整理してみたい。

一章で扱った一九五〇年代頃には、「沖縄では日本語が通じますか」といった質問がされるほど、本土に沖縄のことが正しく理解されていない状況を問題視する声が確認された。そのため、観光をきっかけに沖縄を知ってもらいたいという意見がでてきた。一方で、戦跡地として遺族や慰霊団が沖縄を訪れていたため、戦跡のおかげで沖縄の知名度が向上したと戦跡の価値を評価する向きもあった。この時期本土にとって最南端のリゾート・南国は宮崎であったのに対し、米軍統治下の沖縄は海外旅行先であり渡航に労力がかかるため戦跡巡拝を目的とする人々以外の観光客にはハードルが高いものでもあった。

二章でみた一九六〇年代後半では、それまでに確立した戦跡観光と買い物観光の二大柱に対してそれだけではこれから先はやっていけないという危機感が生じていた。背景には香港、台湾、韓国などの東アジア観光地の台頭があった。戦跡地はもはや日本各県の戦跡地となり、沖縄の固有性は後景に退き、沖縄の買い物観光では台湾や香港にとって代わられてもおかしくない状況があった。本土に対して沖縄の固有性が見出せないことが問題となっていった時期である。そうしたなかで、ばくぜんとした「日本のハワイ」を目指す方針が主力となっていき、沖縄の固有性に関する議論はあいまいなままになっていた。

三章の本土復帰後の時期には、日本最南端のリゾート・南国という地位を宮崎から引き継ぎ、海洋博の影響もあり目標に掲げていた「日本のハワイ」としての立ち位置を確立した。しかし、それは同時にハワイやグアムなど海外リゾートの代替地としての沖縄観光のあり方を生じさせてしまうことでもあった。そのため、バブル期に入ると海外リゾート人気が沖縄の人気を追い抜いていってしまった。

しかし、首里城復元構想など「琉球」の再発見の動きが出始めたのも一九七〇年代以降であった。一九七三年に屋良朝苗知事を会長として首里城復元期成会が結成され、日本政府に対する要請活動が進められていき、一九九二年に首里城は復元された。以降は二〇一九年に火災により焼失されるまで定番の観光地となっていた。観光を通して沖縄らしさが問われ、「琉球」が再発見される状況があったといえる。

四章でみた二〇〇〇年代以降には、沖縄らしさの一部としてアメリカンイメージにフォーカスが当てられるようになる。特に、港川外人住宅の事例では、「レトロなアメリカ」というイメージが提示され、沖縄でアメリカ風の建物や雰囲気をノスタルジックなものとして消費するという入り組んだ状況が確認された。

観光の可視化／不可視化の力学

以上のように、本土が沖縄に求めるものは、海外旅行先、戦跡、買い物観光、リゾート、南国、アメリカなど各時期においてさまざまに変化してきた。しかしそれは、沖縄観光を通して本土観光客は、沖縄そのものをどれだけみようとしてきたのかという疑問を生じさせるものであった。台湾や香港の代替地、ハワイやグアムの代替地、アメリカの代替地、戦争全体を象徴するものとしての沖縄戦跡観光、買春を目的とする歓楽街観光、宮崎から引き継がれた新婚旅行のメッカ、名目上の「平和学習」を掲げた修学旅行など、他の観光地の代わりとして本土にとって都合よく消費されてきた面も否めない。沖縄が目指してきた観光を通した沖縄の自立や沖縄アイデンティティの構築は、本土の欲望に翻弄される一面もあった。

しかし同時に、一九七〇年代以降の琉球の再発見や二〇〇〇年代以降の「レトロアメリカン」イメージの構築など既存のイメージを組み替えた新たな沖縄像の提示も生まれていった。沖縄は常に本土から向けられるイメージに迎合し、求められる役割を演じてきただけではなく、時にそれを換骨奪胎して戦略的に沖縄の自己提示をするという面もあった。

このように、沖縄の観光をめぐる議論からは、本土が沖縄に求めたものを単に内面化していくだけでなく、そこから沖縄が本土に提示しようとする沖縄像を主体的に構築する過程も浮かびあがった。観光は沖縄の生き残りをかけた産業であったため、「本当の沖縄」や「理想の沖縄」を探し求めるという思想的な話ではなく、観光客を獲得し、地域経済を成り立たせるための沖縄像を地域や行政が戦略的に選びとっていく状況があった。

観光が戦後沖縄社会において果たした役割をひと言でいえば、それは、社会背景やその時々に求められる沖縄像、沖縄が提示しようとする沖縄像と関連して、現実に起きている問題を可視化したり、不可視化したりすることであったといえる。一九七〇年代から強化されていった「南国イメージ」は、沖縄の固有性を不可視化し、グアムやハワイなど海外のリゾートとの差別化を困難にさせた。一方で、海洋博とそれをめぐる議論は、本土資本による開発への違和感を可視化する社会的な機能をもっていた。これにより、「本土に媚びる」かのような観光のあり方が批判的に問い直されるようになっていった。二〇〇〇年代以降には、「ノスタルジックなアメリカンイメージ」により、基地問題やリアルな日米沖問題が不可視化される状況があった。こうした沖縄観光言説における現実の可視化／不可視化は、沖縄のどの部分を強調し、反対にどういった部分をみえにくくさせるのかを沖縄側が戦略的に選び取る営みでもあり、「沖縄が生き残るための沖縄像」を提示し続けることで沖縄アイデンティティ構築に影響していたといえる。

さらに、セクシュアリティの問題をめぐって、一九七〇年代に沖縄の論壇上で盛り上がりをみせた、観光売春批判の議論では、本土男性が沖縄女性を消費することに批判の焦点が当てられ、本土主体の開発のあり方への批判や海洋博批判にも接合された。つまり、観光売春批判を通して「本土」対「沖縄」の構図が強調されていた。[1] しかし、一九八〇年代には、「買い手」としての沖縄男性の姿や、沖縄女性に対する沖縄男性の加害性が表面化したことで、沖縄社会における「男性」対「女性」の構図を意識せざるを得なくなった。

こうした復帰前後の時期と、バブル期における歓楽街やセクシュアリティをめぐる言説で大きく異なるのは、観光という視点が抜け落ちていったことである。一九七〇年代には、本土男性による観光買春が焦点化されていたため、沖縄のセクシュアリティをめぐる議論において観光は密接に関わっていた。しかし、一九八〇年代後半に入りグローバル化のなかで沖縄のリゾート地としての人気が低迷してくるのと同時に、観光売春という問題意識だけではとらえきれない、沖縄男性による米兵女性やフィリピン女性に対するセクシュアリティ消費の問題が浮上した。こうした状況から、バブル期の議論ではセクシュアリティの問題と観光の関係に重点が置かれず、性消費をめぐる男性と女性の問題へとシフトしていった。

以上をふまえて、沖縄においてセクシュアリティと観光を語る意味について考察したい。本書で検討してきたような、売買春や性産業は、いうまでもなく男性が主体の権力構造である。しかし、そこに沖縄の観光売春という形で観光の要素が絡まると、本土／沖縄の問題として語られる。そのため、本土男性による売春観光に問題の焦点を当てた場合、あらゆる売買春に根本的に存在しているはずの男性／女性の問題がみえにくくなっていた。沖縄の観光売春を批判する議論では、本土と沖縄の歴史的かつ特殊な関係性と結びついて、セクシュアリティをめぐる加害／被害が不可視化される面があったといえる。

グローバルな視点でみれば、一九七〇年代から一九八〇年代にかけてブームとなった日本人男性によるフィリピンやタイへの「買春ツアー」や韓国でのキーセン観光など、観光とセクシュアリティ消費は、日本国外の地域でも結びつきをみせていた。そして、沖縄と同様にこれらの地域でも、経済的に優位な立場にある日本人男性が、娯楽を目的として一時的に滞在し、現地のセクシュアリティを一方的に消費することが批判された。

例えば、『読売新聞』一九八一年一月一〇日朝刊「〝買春ツアー〟規制へ 首相行政指導の強化決断」と題する記事では、「マニラで盛り上がった日本人買春ツアー反対運動は、マニラにつづいてタイのバンコクでも少しずつ連鎖反応を起こそうとしている。（中略）タイ最大のタイ字紙『タイ・ラット』は、七日付の社説で、日本の農民が大きな収入をあげ、タイに享楽を求めに来るのに、なぜタイの農民は飢餓状態で、娘を外国人に抱かせなければならないのか――と慨嘆した」(2)と報じている。ここにみられるのは、経済的に優位な日本人（の農民）が貧しいタイ人（の農民）を搾取することへの批判である。こうした批判の重要性は言を俟たないが、同時に、国籍や属性、社会的立場にかかわらず、男性が女性を性的に搾取すること自体への批判は後景化している。

このように、観光地におけるホスト／ゲストの関係、「もてなし、もてなされる」関係では、しばしばゲスト側の優位性が問題視される。観光売春批判では、日本とタイ、本土と沖縄など、観光がはらむホストとゲストの間の権力関係を強調することで、かえって女性と男性というジェンダー間の権力関係を不可視化してしまうパラドックスが生じていたといえる。

しかし、四章で確認したように、一九八〇年代の沖縄の歓楽街で登場した、ホステスとして働く米兵女性とフィリピン女性の存在、そして、彼女らを本土男性と沖縄男性が消費する状況は、それまでの沖縄／本土という二項対立やホスト／ゲスト関係ではとらえきれない。本書でみてきたように、セクシュアリティをめぐる言説における観光の位置付けを、通時的に検証する作業からは、観光という社会行為それ自体が構造的に有する問題が可視化されていった。

観光からみる沖縄の戦後

以上の検討内容をふまえ、従来の沖縄学をはじめとする戦後沖縄思想における沖縄の固有性や沖縄の自立に関する議論と観光をめぐる議論の対比を行う。これにより、戦後沖縄（思想）史を中心とする先行研究のなかに本研究を位置付けたい。

戦前戦後の沖縄学の基調となるパラダイムである「日琉同祖」あるいは「統合」を根本的に否定する議論が、一九七〇年頃登場したが、その代表的な論客は新川明であった。それまでの沖縄学は、日本と沖縄の共通性や接点に重きを置くものであり、「同祖論」は議論の前提に近かった。それに対し新川は、伊波普猷以降の沖縄学の存立基盤ともいえる認識枠組みを批判的に論じた。しかし、こうした新川の思想に対する最大の批判は、「要するに〝拒否〟することはあっても、〝どうするか〟という展望はない」という共産党や人民党を中心に展開された批判であった。小熊英二によれば、こうした批判に対する新川の反応は、「ある意味まったくすれちがったものであった」。日本共産党の上田耕一郎が述べたように、新川の「「哲学的」議論は、大衆運動と政党を組織することがすなわち政治であるという立場からは、なんの意味もないように見えた」という。しかし、新川はこれに対し、「ひとりの人間が国家と国家権力を告発し糾弾するのに固定化された表現行為というものがありえるはずがない」と主張していた。このように、思想的な立場に立つ新川の議論は、政治的な面を重視する議論とは平行線にならざるを得なかった。[3]

新川が目指したような沖縄アイデンティティの確立は、「現実をどう変えていくか」という政治的な問題関心とは必ずしも重ならないものであった。しかし、沖縄のアイデンティティを思想的に構築するだけでは、沖縄は生き残ってはいけない。沖縄学や沖縄学批判といった戦後沖縄思想でめざされたような「理想」を追い求めるだけでは、沖縄に住む人々の生活を豊かにすることはできない。沖縄観光言説がまさに目指したのは、「理想論」ではない沖縄アイデンティティの構築である。

観光産業は、いかなる沖縄像を提示するのかということを通して、沖縄アイデンティティをつくっていくものでありながら、必然的に本土からの観光客を呼び込む必要がある。それは、突き詰めて考えれば、本土頼りの経済のあり方であり、大城立裕が指摘したような「本土に媚びる」ともみえる沖縄像の構築であった。しかし、観光をめぐる議論では、そうした問題をふまえ、観光産業自体に対する批判が表出しつつも、妥協点を探り、沖縄の経済を自立の方向に持っていくための「ベター」な選択が目指されていた。本書でみてきたのは、同時代におけるある種の特殊性を持つ地域としての沖縄において、いかなる妥協や交渉のなかで観光がつくられていったのか、あるいは観光自体が否定されていったのかという過程であった。

また、小熊は、新川の思想について次のように評している。「権力の作用によって、「日本」や「アメリカ」、あるいは「沖縄」といった国民国家の構成員に分類され包摂されるしか、解放される方法はないのか。より深く「日本人」に分類されることで権利を獲得するか、「独立」してあらたな国民国家を形成するか、それとも国家内で「自治」を得るかしか、対抗の手段はありえないのか。新川が当時、日本復帰や米軍支配はもちろん、沖縄独立にいたるまでのあらゆる既存の議論に「否」をたたきつけ、「反復帰」という言葉で問うことになったのは、まさにこの点だったといってよい」。沖縄観光をめぐる議論では、こうした思想的な問題が問われていたわけではない。しかし、そこにつながるような思想的営為がふくまれていなかったとは言い切れない。沖縄観光の構築過程では、「日本」や「アメリカ」を意識しつつ、そうした他者に都合のいい沖縄像を内面化する面があった。しかし、観光というものは果たしてそれで良いのか、そのような産業を沖縄の主軸に据えて良いのかという批判的検討もなかったわけではない。一方で、それだけにとどまらず、米軍基地のイメージを逆手に取って、本土に向けて「レトロアメリカン」イメージを提示するなど、沖縄が主体的かつ戦略的に沖縄像を描き、「日本」や「アメリカ」を「利用」して沖縄の発展を模索していく面もまた存在した。

このように、戦後沖縄思想で提示されるような「正論」や「理想」のみでは沖縄の現実を変えていくことはできず、戦後沖縄において観光は、沖縄の困難な状況を変えていくための唯一ともいえる「実現可能な」手段として意識されていた。観光言説の変容プロセスからは、理想を追い求めるだけではなく、本土やアメリカと折り合いをつけながら、沖縄の生存戦略を模索していく戦後沖縄像がみえてくる。本書は、観光の視点から沖縄の戦後史の多面性を描き出すことで、沖縄戦後史研究に寄与するものである。本土とアメリカという二つの重要な他者と折り合いをつけながら、沖縄のアイデンティティを構築していく戦後沖縄観光のあり方は、妥協とせめぎ合いと交渉の過程であったといえる。

新型コロナウイルス流行と観光産業のもろさ

沖縄が米軍基地に依存する経済から抜け出す力となってきた観光産業は、二〇二〇年以降、コロナ禍の直撃で、危うさが浮き彫りとなっている。『朝日新聞』「(復帰50年へ）米軍統治　摘まれた製造業の芽　観光頼みの沖縄、コロナで打撃」の記事で、約五年勤めていた人気リゾートホテルから、コロナ禍を理由に一方的な退職を迫られたという五〇代の女性は、「こんなにあっけなく仕事を辞めさせられるなんて、観光業がこんなにもろいなんて、考えもしなかった」と語る。[5]

沖縄の失業率は「コロナ前、さらに、0・3ポイント差まで迫った全国平均との差が今年（二〇二一年─引用者注）3月時点で、全国2・7％、沖縄4・4％と拡大した」。「沖縄の失業率は1972年の本土復帰時、軍雇用員の大量解雇などによって全国比2・6倍となり、その後10年間は2倍以上」となっていた。「2000年代に入っても2〜3ポイント差が縮まらなかったが、この10年で急成長した観光業が底上げし、復帰後初めて全国水準に手が届きかけていた」。「県民総所得に占める割合でも、基地収入は復帰時の15・5％から6％に低下する一方、観光は14・9％（17年度）に成長」し、「基地依存経済からの脱却も果たしつつあった」。[6]しかし、コロナ禍で観光依存経済のもろさが浮き彫りとなった。記事では、日銀那覇支店長の一上響は「観光など対面サービス業が、新型コロナで最もダメージを受けている。沖縄経済は観光への依存度が全国上位のため、大きなダメージを受けてしまった」と指摘していることが報じられている。[7]

全国のなかでも、沖縄での影響が深刻となった背景には、米軍統治期から現在まで解消されないひずみがある。「沖縄の産業は、全国に比べ製造業が乏しく、観光など第三次産業が突出している。いびつな構造が生まれた背景は、米軍統治下にある。本土が1ドル＝360円の時代、沖縄で流通した独自通貨「B円」は1ドル＝120B円で、日本円の3倍に設定された」。このため、「極端な輸入依存型の経済が生まれ、雇用の安定や自立に欠かせない製造業は、競争力を失った。復帰後、特措法に基づく沖縄振興計画は、全国最低の県民所得や失業率の改善とともに、製造業の育成を目指した。しかし、日本が低成長に入るなか、課題克服には至らなかった」。[8]

本書でみてきたように沖縄は復帰目前の一九六〇年代後半から復帰後も、沖縄の経済的自立を最大の目標に掲げ、実現可能な第一の手段として観光産業が選びとられてきた。背景には、米軍統治下に生じたひずみと地続きの問題があった。観光産業推進論に対しては、「金のために魂を売るのか」といった批判や、「観光は本土に媚びる産業だ」というような批判もつきまとった。実際に、本土資本主導によるリゾート開発や観光開発は沖縄経済にメリットをもたらさないどころかむしろ地元企業を疲弊させた。しかし、そうした苦境のなかでも、読谷村のように自治体が主体となり地元に根ざした観光のあり方を模索する事例や、浦添市のように本土観光客から持ち込まれたイメージを地元自治体が積極的に活用することで地域の活性化につなげた事例もみられた。沖縄の観光をめぐる人々の語りを通史的にみることで、その時々の沖縄が置かれた状況において人々は観光産業のあり方をいかに批判し、あるいはどのような面に可能性を見出してきたのかが確認された[9]。

沖縄は二〇二二年五月で復帰五〇年を迎えた。戦後沖縄においてなぜ観光産業が主力産業となったのか。沖縄は、観光を通してどのような自己像を描き、いかにして実現しようと取り組んできたのか。これらの問いを読み解く作業は、沖縄にとっての復帰とはいかなるものであったのかを改めて問い直すうえで重要である。

あとがき

二〇二二年五月一五日、沖縄は本土復帰五〇周年を迎えた。本書を執筆していた時期は、ちょうど復帰五〇周年の前後と重なり、メディアで沖縄の歴史が取りあげられることも多かった。また、二〇二〇年一月頃から日本で新たな感染症、新型コロナウイルスの流行がみられた。感染拡大を抑えるため不要不急の移動を自粛する世相となり、観光業は大打撃を受けた。こうした情勢から、「沖縄の戦後」と「沖縄の観光」の両方がゆらぎ、問い直されることになった。

本書は、沖縄の戦後について観光の視点から検討したものである。沖縄が観光地として整備されていく過程には、行政的な取り組みだけでなく、観光をめぐる苦渋や期待、目論見などそこに関わる人々の想いも存在した。そうした人々の想いを掬い上げる作業を行い、日本本土や基地のしがらみから抜け出せない状況のなかで、沖縄はいかに生きぬき、抗い、あるいは妥協することを構想してきたのかを検討した。

観光は、一部の知識人によってつくられるのではなく、行政に関わる人々、旅行業・宿泊業・運送業・飲食業・土産物関連業などに関わる人々、地域住民、そして観光客というさまざまな社会階層の人々の営みの総体として成り立つ現象である。こうした観光を主題として扱う本書は、知識人に限らず、一般の人の言説を拾うことに意義をおいているため、一般的な研究書によくみる人名索引はつくらなかった。代わりに本書で扱った沖縄本島の観光に関わる地名索引をもうけた。パッチワークのような沖縄の観光をながめる一助になれば幸いである。

沖縄が観光地として発展することは、沖縄の経済的な自立の有効な手段として目されたが、それは同時に、主たる客層である本土からの観光客を受け入れ、本土にとって都合のいい沖縄像をみせるような、「迎合」の過程でもあった。しかし、沖縄の観光は単に本土に「迎合」するだけでなく、観光地としてのあり方を議論するなかで、本土との不均衡な権力関係を沖縄の人々に改めて意識させたり、本土やアメリカとの関係のなかで沖縄が利用され、ときには切り捨てられてきた歴史に目を向けさせるものでもあった。その意味で、観光をめぐる言説には、沖縄の「抵抗」も示されていた。本書の副題「迎合と抵抗の沖縄戦後史」は、こうした観光をめぐる沖縄の複雑な心情や態度を含意したものである。

筆者が沖縄の観光について関心を抱くきっかけは、中学生の頃まで遡る。中学三年のとき、修学旅行で沖縄を訪れた。旅程では、まず、沖縄戦で多くの市民が身を隠し、そして自決したというガマを見学した。ロープを頼りにしてガマに入り、奥に進んでいくにつれて、「怖い、怖い」とみな言っていた。ガマのなかでは体験者である語り手の話を聞いた。話を聞いて泣きだす同級生も多かった。

その後はバスで移動してビーチに行き、バナナボートに乗る予定となっていた。暗いガマを出てバスに乗り、降車したら、青い海と眩しい太陽である。その光景に、私はやや眩暈《めまい》をおぼえた。さっきまで沖縄戦の悲惨さに涙を流していた同級生は、バナナボートに乗って泣くほど笑っていた。私は違和感とどこか「居心地の悪さ」をおぼえながら、そういうものだと割り切って楽しむことにした。翌日は、バスのなかから広大な米軍基地を眺め、国際通りにお土産を買いに行った。沖縄にとっての「国際」とはなんだろうか。疑問が浮かびそうになるのを抑え、その日も私は自分のなかの「居心地の悪さ」に気づかないふりをして、割り切って楽しむことを選んだ。

沖縄を観光するとはどういうことなのか。自分のなかの沖縄に対する、「割り切って楽しむ」姿勢と、それでも「割り切れない感情」のはざまで、この問いが生まれた。沖縄の観光に関する研究を博士論文のテーマにすることには、怖さもあった。自身の研究テーマを他の研究者に話すと、「沖縄のご出身でいらっしゃるんですか」と聞かれることがままあった。おそらく彼らに他意はなく、世間話の一部だったと思われる。しかし、私が恐れていたのは、まさにこの質問だった。

沖縄が本土に復帰したずっと後に、関西で生まれて、沖縄に住んだこともない。大学時代には長期休暇を利用して時々旅行にいき、研究をはじめてからは調査に訪れるだけの自分が、沖縄をわかったように語ることが怖かったのだ。現地住民の人と話すときには、こうした沖縄に対する微妙な心情を見透かされるのではないかという思いもあった。しかし、前述したようなごくありふれた沖縄への観光客であり、当たり前のように修学旅行で沖縄に連れて行かれ、「平和学習」なるものをほどこされてきた本土出身者であるからこそ、沖縄観光のあり方を享受しつつも、どこか「居心地の悪さ」をおぼえるのはなぜか、という問いを意識したという面も多少なりともあるだろう。

また、本書の問題意識は、「沖縄と観光」の関係から、「観光と性」の関係へとつながっている。後者のテーマは、当初から企図していたものではなかった。本書で観光と性の問題を重点的に扱った理由は二つある。第一に、金銭を媒体としてセクシュアリティを消費する／される行為は、日本全国で現在でも数多みられる。しかし、日常生活のなかでは、セクシュアリティ消費の問題は、アンダーグラウンドに埋没しやすい。本土においても「ソープランド」と呼ばれる性風俗店などが密集する風俗街もたしかに存在している。にもかかわらず、女性団体による批判の対象となることはあっても、あるいは批判の対象となるからこそ、実相は隠蔽されやすい。

しかし、沖縄では、単なるセクシュアリティやジェンダー、「男と女」の問題としてだけでなく、基地と沖縄、本土と沖縄の関係と密接に結びついているため、総合雑誌や論壇雑誌で、社会問題として語られやすかった。そのため、沖縄のセクシュアリティ消費の問題は、分析可能な資料として残りやすいという特徴をもっていた。

第二の理由としては、沖縄の観光をめぐる言説を読み解いていくなかで、観光をとおして浮かびあがる本土と沖縄の権力関係を象徴的に表していたのが、観光とセクシュアリティの問題であったことがあげられる。一部の本土観光客は、沖縄で「安く、異国情緒のある女を買う」ことを旅の目的にしていた。ここには、観光という社会的な行為そのものがもつ観光地住民と観光客の権力関係がみてとれる。

すべての観光がそうであるとはいえないが、経済的に恵まれている地域の人が、経済成長の途上にある地域へ観光に訪れることはよくある。その逆はあまりない。なぜなら、観光することは余暇、娯楽に当てはまるもので、一般的には生活を圧迫してまでするものではないからだ。反対に、観光される地域の側にとっては、観光客が落とす金銭を獲得する機会となる。

そして、観光客に「金を落させる」手段のひとつとして、「セックス・ツーリズム」とよばれる観光のあり方やセクシュアリティ消費観光が発達し、なかば容認される。これは、観光現象そのものを問い直す視点であり、筆者が向き合うべきもうひとつのテーマとなった。ただし、本書はあくまでも戦後沖縄について焦点をあてているため、国際比較は行っていない。沖縄以外の地域における「観光と性」の問題については、今後の課題として取り組んでいきたい。


本書は、二〇二二年三月に立命館大学大学院社会学研究科に提出した博士論文に大幅な加筆修正を行ったものである。そのうち、第二章は「反復帰論高揚期における沖縄観光言説――1960年代後半～本土復帰までを中心に」(立命館大学人文科学研究所『立命館大学人文科学研究所紀要』一三〇号、二〇二一年、一七三～二一一頁)、第三章は「海洋博批判とセクシャリティ観光の接合――本土―沖縄のヒエラルヒーの再生産」(福間良明編『昭和50年代論：「戦後の終わり」と「終わらない戦後」の交錯』みずき書林、二〇二二年、一八五～二三〇頁)、第四章は「バブル期の沖縄におけるセクシュアリティと観光をめぐる言説」(有賀郁敏編『スポーツの近現代　その診断と批判』ナカニシヤ出版、二〇二三年、一九七～二二六頁)を初出とする。

本書に関わる研究をすすめるうえでは、すべての段階において修士・博士課程の指導教官である福間良明先生にお世話になった。福間先生の存在なくしては、本書を書きあげることも研究を続けることさえできなかっただろう。

大学院に入って右も左もわからない状態から、研究とはなにか、研究の方法、研究者としてあるべき姿勢など、文字どおり研究のすべてを教わった。テーマ設定、資料収集、分析、歴史への向き合い方など歴史社会学の手法を教わり、投稿論文や学位論文の執筆にさいして何度も朱を入れていただいた。さらには、貴重な資料も惜しみなく提供してくださった。

福間先生は、頼りない筆者をいつも気にかけてくださり、研究内容だけでなく研究生活を続けるうえでのあらゆる相談にのっていただいた。筆者の未熟さゆえ、心配をおかけし、時には先生の期待を裏切ってしまったし、特に博士論文提出の直前には連日先生に泣きついた。大変手のかかる学生であったと思う。しかし、ついに見捨てることなく大きな懐で受け入れてくださった。福間先生のもとで学ぶことができた経験が、私の人生のなかで何よりも大きな財産となったことは言うまでもない。

また、関西大学在学時に社会学のおもしろさを教えてくれた山口誠先生にも感謝している。山口先生のゼミでは、鈍器で頭をなぐられるような気付きの経験をさせていただき、社会学部に進学してよかったと実感したと同時に、研究の道を志すきっかけとなった。福間先生とのご縁も山口先生がつないでくれたものである。

立命館大学で、博士論文の副指導を担当していただいた飯田豊先生、有賀郁敏先生にもご多忙ななか多くのご助言をいただいた。飯田先生は、常に建設的なアドバイスをくださり、メディア研究の視点から筆者の研究のオリジナルな部分に気づかせてくれた。有賀先生には、研究に限らずあらゆることをご相談させていただいた。特に、大学院在学中を通してゼミのティーチング・アシスタントを担当させていただくなかで、有賀先生のご指導から研究者として最も大切な心構えを教わった。有賀先生がゼミのなかで、これから社会に出ようとする学生に向けて贈られた「弱者に誇られるひとであれ」という言葉を、社会に関する研究を行う者として、そして教育に携わる者として常に忘れずにいたい。

修士課程の頃より福間先生の紹介で参加させていただいている、「メディア文化研究会」の谷本奈穂先生、高井昌吏先生、前田至剛先生、山本昭宏先生にも、何度も発表の機会をいただき、さまざまな角度からご指摘やご助言をいただいた。この研究会で、筆者もひよっこながら研究者同士の議論に交えていただき、幾度となく知的好奇心や研究意欲を刺激された。

また、立命館大学の先輩と後輩である塩見俊一さん、佐藤彰宣さん、野村実さん、角田燎さん、三谷舜さん、そして他大学から立命館のゼミに参加されていた水出幸輝さんにも、何度も原稿をみていただき、参考となる書類を快くみせていただいた。他にもすべての方の名前をあげることはできず心苦しいが、立命館大学で多くの先生方や先輩後輩、友人にめぐまれ、お世話になった。改めて感謝を記したい。

本書の出版にあたっては、創元社の山口泰生さんと小野紗也香さんに大変お世話になった。校正者の米田順さんにも、とても丁寧に原稿をみていただいた。なお、本書の出版は「立命館大学大学院博士後期課程　博士論文出版助成制度」によるものであることをここに付記しておく。

最後に、家族と友人にも感謝を伝えたい。孤独な研究生活のなかで悩んだ時に、いつも味方でいてくれた高校からの親友のあっちゃん、沖縄に関する新聞記事を集めておいてくれるなど、筆者の研究を誰よりも応援してくれた祖母の存在にも励まされた。

そして、研究を続けたいという私のわがままな願いを聞き入れ、長い学生生活を支えてくれた両親にこの本を捧げたい。

二〇二三年一月五日

注

■序章

(1) 富川盛武「基地と観光――観光産業は沖縄経済の「救世主」に成り得るか」(特集「「カンコウ」に巣くう妖怪」)『新沖縄文学』一九八八年一〇月号、沖縄タイムス社、一四頁。

(2) 「成るか「観光王国の夢」――二次振計の目玉、経済開発の核(前編)」」『月刊 沖縄公論』沖縄公論社、一九八二年一月号、二二頁。

(3) 富川、同前。

(4) 「本土」という言い方は、みようによっては、いわゆる日本本土を「主」に、沖縄を「従」に位置付けるかのようなヒエラルヒーを含み込むものであり、本来であればせめて「 」を付すべきものではある。だが、本書では頻出する語であるだけに、読者にとって煩瑣となることも考慮し、やむをえず「 」などを付さずに本土や日本本土という表記を用いることとする。

(5) 新崎盛暉『沖縄現代史 新版』岩波書店、二〇〇五年。福間良明『焦土の記憶――沖縄・広島・長崎に映る戦後』新曜社、二〇一一年。鹿野政直『沖縄の戦後思想を考える』岩波書店、二〇一八年。小熊英二『〈日本人〉の境界――沖縄・アイヌ・台湾・朝鮮 植民地支配から復帰運動まで』新曜社、一九九八年。櫻澤誠『沖縄現代史――米国統治、本土復帰から「オール沖縄」まで』中央公論新社、二〇一五年。

(6) 新崎、同前。

(7) 櫻澤、同前。

(8) 小熊、同前。

(9) 福間、同前。福間良明『「聖戦」の残像――知とメディアの歴史社会学』人文書院、二〇一五年。福間良明『「戦跡」の戦後史――せめぎあう遺構とモニュメント』岩波書店、二〇一五年。

(10) 多田治『沖縄イメージの誕生――青い海のカルチュラル・スタディーズ』東洋経済新報社、二〇〇四年。多田治『沖縄イメージを旅する――柳田國男から移住ブームまで』中央公論新社、二〇〇八年。多田治「観光リゾートとしての沖縄イメージの誕生――沖縄海洋博と開発の知」『一橋スポーツ研究』第二七号、一橋大学、二〇〇八年。多田治「「日本のハワイ」としての沖縄の形成――新婚旅行ブームからリゾート・パラダイスへ」『一橋社会科学』第七巻、一橋大学、二〇一五年。

(11) 神田孝治「沖縄イメージの変容と観光の関係性――米軍統治時代から本土復帰直後を中心として」『観光学』第四号、和歌

(12) 山大学観光学会、二〇一〇年。神田孝治『観光空間の生産と地理的想像力』ナカニシヤ出版、二〇一二年。
「売春」という言葉は、セクシュアリティを「売る」側の行為を指す意味にもとらえられるが、資料中や言説中では、「売春」表記が一般的であるため特別な含意がない限り本書でもこれを用いる。ただし「買い手」の行為をとくに意識する場合は、「買春」とする。また、「買い手」と「売り手」の相互行為としての側面を強調したい場合に「売買春」の表記を用いる。

(13) 櫻澤誠『沖縄観光産業の近現代史』人文書院、二〇二一年。

(14) 櫻澤、同前、一五頁。

(15) 櫻澤誠「一九六〇年代の沖縄観光について——観光行政の確立過程と観光開発構想の変容」『沖縄文化研究』四七巻、法政大学沖縄文化研究所、二〇二〇年三月三一日、四一〜九五頁。

(16) 櫻澤誠「一九七〇年代における沖縄の観光政策について」『歴史研究』五七号、大阪教育大学歴史学研究室、二〇二〇年三月二五日、六九〜九八頁。

(17) 北村毅『死者たちの戦後誌——沖縄戦跡をめぐる人びとの記憶』御茶の水書房、二〇〇九年。

(18) 福間良明『「戦跡」の戦後史——せめぎあう遺構とモニュメント』岩波書店、二〇一五年。

(19) 山口誠『グアムと日本人——戦争を埋立てた楽園』岩波書店、二〇〇七年。

(20) 吉見俊哉『親米と反米——戦後日本の政治的無意識』岩波書店、二〇〇七年。

(21) 難波功士編『叢書　戦争が生みだす社会Ⅲ　米軍基地文化』新曜社、二〇一四年。

(22) 阿部潔『彷徨えるナショナリズム——オリエンタリズム／ジャパン／グローバリゼーション』世界思想社、二〇〇一年。

(23) 吉見、同前。

(24) 田中雅一「軍隊・性暴力・売春——復帰前後の沖縄を中心に」田中雅一編『軍隊の文化人類学』風響社、二〇一五年、玉城福子『沖縄とセクシュアリティの社会学——ポストコロニアル・フェミニズムから問い直す沖縄戦・米軍基地・観光』人文書院、二〇二二年。

(25) 田中、同前、一八四頁。

(26) 福間良明『「聖戦」の残像——知とメディアの歴史社会学』人文書院、二〇一五年。

(27) 同前、二四七頁。

(28) 同前、二二六〜二二八頁。

(29) 社会学では、「ジェンダー」という概念が社会的・文化的につくられた「男らしさ・女らしさ」を指す区分として用いられるのに対して、「セクシュアリティ」は性的欲求や性的志向を指す概念とされている。長谷川公一、浜日出夫、藤村正之、

(30) 町村敬志編著『社会学』有斐閣、二〇〇七年、三八〇頁。本書では、「セクシュアリティ」を「性的な欲求」「性への欲望」といった意味で用いる。
(31) 田中、同前、一八九頁。
(32) ジョン・アーリ、ヨーナス・ラースン『〈叢書・ウニベルシタス〉観光のまなざし』法政大学出版局、二〇一四年。遠藤英樹、堀野正人編著『「観光のまなざし」の転回――越境する観光学』春風社、二〇〇四年。遠藤英樹、堀野正人編著『観光社会学のアクチュアリティ』晃洋書房、二〇一〇年。
(33) 同前。
(34) 『新沖縄文学』(一九六六年~一九九三年)は、沖縄の「文化と思想の総合誌」としての理念を掲げている。文学関連記事以外にも、政治や社会問題など幅広く扱う沖縄の総合誌・論壇誌としての性質を持っていた。

一章

(1) 新崎盛暉『沖縄現代史 新版』岩波書店、二〇〇五年、一〇頁。
(2) 同前、一〇頁。
(3) 同前、一二頁。
(4) 同前、一〇頁。
(5) 同前、一〇~一一頁。
(6) 同前、一四頁。
(7) 同前、一四~一五頁。
(8) 同前、一五頁。
(9) 同前、一六頁。
(10) 新里次男(陸運課観光係)「観光事業の話」『観光沖縄』一九五八年三月号、四頁。
(11) 神田孝治「沖縄イメージの変容と観光の関係性――米軍統治時代から本土復帰直後を中心として」『観光学』第四号、和歌山大学観光学会、二〇一〇年、二八頁。
(12) 浦添市史編集委員会編『浦添市史 第一巻 通史編(浦添のあゆみ)』浦添市教育委員会、一九八九年。
(13) 加藤政洋「コザの都市形成と歓楽街――1950年代における小中心地の簇生と変容」『立命館大学人文科学研究所紀要』一〇四号、四二頁、立命館大学人文科学研究所、二〇一四年。

(14) 新里次男（陸運課観光係）「政府立公園法とその問題点について」『観光沖縄』一九五七年一二月号、三頁。
(15) 櫻澤誠「一九六〇年代の沖縄観光について：観光行政の確立過程と観光開発構想の変容」法政大学沖縄文化研究所『沖縄文化研究』四七巻、四三頁、二〇二〇年三月三一日。
(16) 与那国善三（観光協会事務局長）「年頭にあたり」『観光沖縄』一九五八年一月号、三頁。
(17) 同前。
(18) 新里次男（陸運課観光係）「政府立公園法とその問題点について」『観光沖縄』一九五八年二月号、四頁。
(19) 『観光沖縄』一九五八年三月号、三頁。
(20) 櫻澤誠、同前、四三頁。
(21) 『観光沖縄』一九五八年六月号、三頁。
(22) 『観光沖縄』一九五七年一二月号、三頁。
(23) 同前、四頁。
(24) 同前。
(25) ただし新里は、アメリカにおいては「一面産業開発と観光とが協調し得るところもある」とし、「テネシー溪谷で実施した総合開発ＴＶＡ」を事例にあげている。しかし、これは「広大な荒野の場合に許さるべき特例であつて沖縄の場合は通常考へられない」としている。同前。
(26) 同前。
(27) 大田政作（沖縄観光協会会長）「社団法人沖縄観光協会」『観光沖縄』一九五八年三月号、二頁。
(28) 同前。
(29) 親泊政博（観光協会副会長）「〝沖縄の真相を〟観光事業で紹介しよう」『観光沖縄』一九五八年一月号、三頁。
(30) 同前。
(31) 櫻澤『沖縄観光産業の近現代史』人文書院、二〇二一年、七〇〜七一頁。
(32) 与那国善三（観光協会事務局長）「年頭にあたり」『観光沖縄』一九五八年一月号、三頁。
(33) 琉球政府行政主席官房情報課『琉球要覧』一九六一年版。
(34) 櫻澤、前掲論文、四四頁。
(35) カール・Ｆ・バーツ（米国民政府渉外報道局長兼観光協会顧問）「沖縄の観光に就いて」『観光沖縄』一九五八年四月号、二頁。

(36) カール・F・バーツ（米国民政府渉外報道局長兼観光協会顧問）「沖縄における観光事業の開発について」『観光沖縄』一九五八年六月号、二頁。
(37) 新里次男（陸運課観光係）「政府立公園法とその問題点について」『観光沖縄』一九五七年一二月号、三頁。
(38) 名幸芳章（護国寺住職）『観光沖縄』一九五九年六月号、二頁。
(39) 『観光沖縄』一九五七年一一月号、三頁。
(40) 加藤政洋『那覇――戦後の都市復興と歓楽街』フォレスト、二〇一一年、二八～二九頁。
(41) 同前、四二頁。
(42) 同前、四六～四七頁。
(43) 『観光沖縄』一九五八年二月号、一三頁。
(44) 同前。
(45) 『観光沖縄』一九五七年一一月号、四頁。
(46) 同前、五頁。
(47) 同前、七頁。
(48) 同前、六頁。
(49) 「むかしの辻の物語」『月刊沖縄』一九六二年一〇月号、『月刊沖縄ダイジェスト復刻版（上）』月刊沖縄社、一九八一年、一一四～一一五頁。
(50) 「第二軍征服の秘訣」『月刊沖縄』一九六三年五月号、『月刊沖縄ダイジェスト復刻版（上）』月刊沖縄社、一九八一年、五一四～五一八頁。
(51) 同前、五一六～五一七頁。
(52) 同前、五一六頁。
(53) 「夜ありてコザはたのし」『月刊沖縄』一九六三年一二月号、『月刊沖縄ダイジェスト復刻版（上）』月刊沖縄社、一九八一年、五一九頁。
(54) 同前、五二〇頁。
(55) 同前、五二二頁。
(56) 同前、五二〇頁。
(57) 同前、五二一頁。

(58) 同前、五二一～五二二頁。

(59) 同前、五二三頁。

(60) 同前、五二四頁。

(61) 同前、五二一～五二二頁。

(62) 一方で、一九六一年には「辻町復興論」とは異なる次のような意見もあった。「戦後は家族連れの観光客が多く、又今更時代おくれの辻再興を主張するが如き愚かな考えは毛頭ない」。護得久朝光（沖縄観光協会顧問）「沖縄に於ける自立経済の確立に就いて（観光事業の部）」『観光沖縄』一九六一年三月号、三頁。戦前の沖縄では辻町という特殊な存在が旅行者にとって大きな魅力になっていたが、戦後は、家族連れの観光客が多く、「時代おくれ」であることから、辻再興の主張は「愚かな考え」だとしている。一九五〇年代後半にみられたような辻再興論は、一九六〇年代初頭まで引き継がれたが、一方でそうした戦前の辻を懐古するような考えを否定的にみる向きも強まっていく。しかし、一九六〇年代以降に売春自体が否定されていくわけではなく、基地と接合した売春が別の形で容認されていくこととなる。これについては二章で論じていくこととする。

二章

(1) 本章では、戦後沖縄における観光開発に関する議論の変化を、行政資料およびメディア言説の分析からみていく。特に、沖縄の観光論はいかなるものであったか、それを通していかなる沖縄像が提示されようとしたのか、あるいはしなかったのかを明らかにすることに重点を置くため、沖縄県内で発刊された資料を重視した。具体的には、一九六五年～一九七二年までを対象に沖縄観光協会『観光沖縄』（一九五七年～一九七二年）、琉球列島米国高等弁務官府『守礼の光』（一九五九年一月～一九七二年五月）、琉球列島米国民政府広報局出版部『今日の琉球』（一九五七年一〇月～一九七〇年一月）など行政資料の分析を行った。『観光沖縄』は、沖縄観光協会の方針について確認することができるため、観光地としての道を模索する戦後沖縄の動きをみるうえで重要性が高い。『守礼の光』『今日の琉球』では、米軍の意向を意識しつつ、いかに観光が論じられたのかを抽出する。この二つの月刊誌は、琉球列島米国民政府の政策において最も重要な活字メディアであった。また、上記の行政資料の内容を掘り下げる目的から、沖縄のオピニオン誌であった雑誌『青い海』（おきなわ出版社）、『新沖縄文学』（沖縄タイムス社文化事業局出版部）の分析も行った。その他、関連する新聞記事については適宜参照する。

(2) 吉田昭作「海洋博は沖縄を拓く」『青い海』おきなわ出版社、一九七二年五月号、二〇頁。

(3) 神田孝治「沖縄イメージの変容と観光の関係性――米軍統治時代から本土復帰直後を中心として」『観光学』第四号、和歌

(4) 山大学観光学会、二〇一〇年、二八頁。
(5) 『観光沖縄』一九六〇年六月号、一頁。
(6) 福間良明『戦後日本、記憶の力学――「継承という断絶」と無難さの政治学』作品社、二〇二〇年、一〇七～一〇八頁。
(7) 同前、一〇八頁。
(8) 「今秋は観光ブーム？――日本交通社に早くも団体申し込み」『観光沖縄』一九六〇年六月号、四頁。
(9) 「ぐっとふえた観光客――五月末すでに四九九名」『観光沖縄』一九六〇年六月号、五頁。
(10) 「四十年前の警察部長が見た沖縄――観光地化を殺している渡航手続き」『観光沖縄』一九六〇年六月号、六頁。
(11) 「緩和された沖縄渡航――身元引受証制度を廃止」『観光沖縄』一九六〇年六月号、八頁。
勝連哲治「キャラウェー旋風」沖縄大百科辞典刊行事務局編『沖縄大百科辞典　上巻』沖縄タイムス社、一九八三年、八六八頁。
(12) 同前。
(13) 「立法院開会席上で弁務官が観光事業育成の演説」『観光沖縄』一九六二年二月号、三頁。
(14) 櫻澤誠『沖縄観光産業の近現代史』人文書院、二〇二一年、九一頁。
(15) 「調査団と地元側のギャップ――観光問題を話合いで解消（日航調査團との懇談会）」『かんこう沖縄』一九六〇年九月号、七～八頁。
(16) 同前、八頁。
(17) 福間良明『「戦跡」の戦後史――せめぎあう遺構とモニュメント』岩波書店、二〇一五年、九五～一〇〇頁。
(18) 同前、一二五頁。
(19) 同前、一二六～一二七頁。
(20) 同前、一三八頁。
(21) 「飾りすぎた戦跡」『観光沖縄』沖縄観光協会、一九六五年一月号、四～五頁。
(22) 『今日の琉球』第一〇巻一〇号（通巻一〇八号）、一九六六年一〇月一日、一一頁。
(23) 松川久仁男「観光沖縄とはいうけれど」『観光沖縄』一九六五年三月号、五頁。
(24) 「観光みやげ品の改善」『観光沖縄』一九六一年一二月号、五頁。
(25) 伊東五郎（近畿日本ツーリストＫＫ常務取締役）「沖縄観光は有望だ」『観光沖縄』一九六二年四月号、四頁。
(26) 「観光みやげ品の改善」『観光沖縄』一九六一年一二月号、五頁。

(27) 同前（この記事は「琉球新報」の転載）。
(28) 「沖縄観光みやげ品協会設立」『観光沖縄』一九六二年七月号、七頁。
(29) 福間良明『戦跡の戦後史――せめぎあう遺構とモニュメント』岩波書店、二〇一五年、一二四頁。
(30) 辻又一郎（琉球東急ホテル専務）「沖縄観光政策に思う〝ようこそ沖縄へ〟」『観光沖縄』一九六五年一月号、六頁。
(31) 大城吉永「抜本的な対策を！」『観光沖縄』一九六五年六月号、五頁。
(32) 辻又一郎（琉球東急ホテル専務取締役）「事業団の設立で観光開発を――積極的な観光客の誘致をはかれ」『今日の琉球』第一〇巻一一号（通巻一〇九号）、一九六六年一一月一日、七頁。
(33) 田中雅一「軍隊・性暴力・買春――復帰前後の沖縄を中心に」田中雅一編『軍隊の文化人類学』風響社、二〇一五年、一八七頁。
(34) 松川久仁男「沖縄の恥部〝売春〟――観光沖縄とはいうけれど（3）」『観光沖縄』一九六五年四月号、四～五頁。
(35) 「売春天国におどる男たち――悪質なブローカー・金融業者・私立探偵・暴力団」『月刊沖縄』一九六三年七月号、『月刊沖縄ダイジェスト復刻版（下）』月刊沖縄社、一九八二年、八六三頁。
(36) 「情無用！私の子ではない――米兵による妻子置き去りルポ」『月刊沖縄』一九六三年一二月号、『月刊沖縄ダイジェスト復刻版（下）』月刊沖縄社、一九八二年、八四〇頁。
(37) 「あなたの夜を買います――観光客にBGを売るたくましき商売鬼」『月刊沖縄』一九六三年七月号、『月刊沖縄ダイジェスト復刻版（下）』月刊沖縄社、一九八二年、七九八頁。
(38) 外間米子「基地・軍隊・売春――売春問題に焦点をあてて」大田昌秀・大江健三郎編『沖縄経験』第二号、一九七一年一一月一六日、四一～四三頁。
(39) 「60年代は沖縄の繁栄への敷石」琉球列島米国民政府広報局出版部『今日の琉球』第一三巻七号（通巻一四〇号）、一九六九年七月一日、九頁。
(40) 『守礼の光』琉球列島米国高等弁務官府、一九六六年六月号、四頁。
(41) 辻又一郎（琉球東急ホテル専務取締役）「事業団の設立で観光開発を――積極的な観光客の誘致をはかれ」『今日の琉球』第一〇巻一一号（通巻一〇九号）、一九六六年一一月一日、七頁。
(42) 「珍しい海中展望塔公開」『守礼の光』、一九七〇年一二月号、六頁。
(43) 「沖縄観光開発事業団の計画」『守礼の光』一九七〇年一二月号、九頁。
(44) 『守礼の光』琉球諸島高等弁務官事務所、一九六六年一月号、一八～一九頁。

(45) 「沖縄ヒルトンの建設始まる」『守礼の光』一九六九年一二月号、一頁。
(46) 同前。
(47) 「万座ビーチ　大京ランドが店開き」『今日の琉球』、第一三巻七号（通巻一四〇号）、一九六九年七月一日、一一頁。
(48) 「飾りすぎた戦跡」『観光沖縄』一九六五年一月号、四頁。
(49) 「観光沖縄について――独自の風土活かせ」『観光沖縄』一九六〇年一〇月号、五頁。
(50) 『今日の琉球』誌面上の説明書として、「「兼高かおる世界の旅」のテレビ番組で、沖縄の人びとの間で広く人気のある兼高さんが最近沖縄を訪れました。兼高さんは過去七年間に百二十カ国余りを旅行しています。次の記事は民政府提供のテレビ番組（三月三日琉球放送テレビ）における川平清琉球放送製作局長による兼高かおるさんとのインタビューです。本誌は沖縄の観光振興のための一つの指標として、経験豊かな世界旅行家のみた沖縄の観光について語った重要な部分を転載しました」とある。「観光資源に恵まれた沖縄」『今日の琉球』第一〇巻五号（通巻一〇三号）、一九六六年五月一日、一〇頁～一二頁。
(51) 『今日の琉球』第一〇巻五号（通巻一〇三号）、一九六六年五月一日、一〇頁～一二頁。
(52) 同前。
(53) そもそも、「琉球」という言葉が連想させる歴史は沖縄において必ずしも好意的にとらえられるものではなかった。福間良明（『焦土の記憶――沖縄・広島・長崎に映る戦後』新曜社、二〇一一年、一九二頁）によれば、沖縄学を立ち上げた伊波普猷は、三世紀にわたって薩摩による苛烈な支配下に置かれた沖縄には「「名誉の歴史」はなく、あるのは「恥辱の歴史」だけ」であり、琉球処分を薩摩および琉球王朝からの解放としてとらえていた。こうした伊波の認識を前提とする沖縄学は、沖縄戦をかいくぐった戦後まで引き継がれていった。首里城復元構想の出現など「琉球」の再発見の動きが出始めたのは一九七〇年代以降であった。一九七三年に屋良朝苗知事を会長として首里城復元期成会が結成され、政府に対する要請活動が進められていき、一九九二年に首里城が復元された。以降は二〇一九年に火災により焼失されるまで定番の観光地となっていた。なぜ一九七〇年代以降に「琉球」が再発見され、観光の対象として位置付けられるようになったのかについては今後の課題として検討していきたい。
(54) 宮良薫「国際親善に寄与する観光――施設の拡充で観光客の誘致を」、『今日の琉球』第一一巻九号（通巻一一九号）、一九六七年九月一日、一四頁。
(55) 嘉数啓「沖縄経済の今後の発展――長期総合経済開発計画の早期立案を急げ」『今日の琉球』第一三巻九号（通巻一四二号）、一九六九年九月一日、一八頁。

(56) 松川久仁男「観光沖縄とはいうけれど（4）」『観光沖縄』一九六五年六月号、四頁。
(57) 渡名喜守定（沖縄観光開発事業団理事長）「世界で二番目の海中展望塔」『今日の琉球』第一三巻八号（通巻一四一号）、一九六九年八月一日、三〜四頁。
(58) 同前。
(59) 福間良明『焦土の記憶――沖縄・広島・長崎に映る戦後』新曜社、二〇一一年、一六八〜一六九頁。
(60) 新崎盛暉『沖縄現代史　新版』岩波書店、二〇〇五年、三〇頁。
(61) 「特集・反復帰論」沖縄タイムス社文化事業局出版部『新沖縄文学』一九七〇年一二月号、五六頁。
(62) 小熊英二『〈日本人の境界〉――沖縄・アイヌ・台湾・朝鮮　植民地支配から復帰運動まで』新曜社、一九九八年、五九七頁。
(63) 同前、五九七〜五九八頁。
(64) 一九七二年三月中旬から四月にかけてひと月間、大阪で「沖縄の歴史展」が開かれた。その記念講演会（沖縄タイムス社、朝日新聞社主宰）として、神戸大学名誉教授の永積安明により「沖縄――日本文化の可能性」と題する講演が行われた。『青い海』の「復帰特集・沖縄県の可能性」にその記念公演の内容が掲載されている。『青い海』一九七二年五月号、一二〜一七頁。
(65) 永積安明、同前、一二〜一三頁。
(66) 福間良明『「戦跡」の戦後史――せめぎあう遺構とモニュメント』岩波書店、二〇一五年、一二四頁。
(67) 「那覇の一読者」という投稿者からの文章には編集部から次のようなコメントが添えられている。「「守礼の光」編集部では読者の皆様から毎年一〇〇〇通前後のお手紙をいただいており、無記名であったり匿名を希望されるお手紙のなかにも特に興味深いものが何通かあります。普通の場合、筆者名を記載せずに掲載することはやっておりませんが、あなたのお手紙は非常に示唆に富んだものなので、筆者名なしに読者の皆様にお目にかけることにいたしました」。「読者のサロン　那覇の一読者より」『守礼の光』、一九六九年一〇月号、二八頁。
(68) 上地初美（事務員）「〝米軍政のおわり〟への感傷も」特集「沖縄県の可能性　復帰――そして青春の出発《たびだち》を前に（読者投稿）」、『青い海』一九七二年五月号、三三〜三四頁。
(69) 前里節子（久米島高校二年）「人ごとじゃないんだなあ」同前、三三頁。
(70) 沖縄観光開発事業団理事長の渡名喜守定「ご挨拶」『観光沖縄』一九七〇年四・五月号、二頁。
(71) 「沖縄観光会館落成記念特集号」『観光沖縄』一九七〇年三月号、一頁。
(72) 同前、六頁。

(73) 浦崎直秀(北部農林高校三年)「若者は、まやかしの手を拒否する」特集「沖縄県の可能性　復帰——そして青春の出発《たびだち》を前に(読者投稿)」、『青い海』一九七二年五月号、三八～三九頁。
(74) 下地寛信「やぶにらみ沖縄経済論」『青い海』一九七二年五月号、四八～五一頁。

三章

(1) 大城立裕「観光沖縄の盲点」『沖縄思潮』一九七四年五月号、三頁。
(2) 新崎盛暉『沖縄現代史　新版』岩波書店、二〇〇五年、五一頁。
(3) 海洋博を含む「復帰記念事業は、経済開発の起爆剤としてだけでなく、政治的意図も込められていた。その最たるもの」が天皇訪沖であり、政府は、海洋博を契機に皇族が自由に沖縄に行けるようにしたいと企図して、当時の皇太子を海洋博名誉総裁とした。そして、二、四〇〇人の警察官とともに(このほか沖縄県警が一、四〇〇人を動員)、戦後初の訪沖を果たした皇太子であったが、ひめゆりの塔で火炎ビン投擲事件にあうことになる。この事件は、「沖縄人自身による沖縄解放」を訴える新左翼系活動家二名が、皇太子の足元めがけて火炎瓶を投擲し、献花台を炎上させたものである。新崎盛暉『沖縄現代史　新版』岩波書店、二〇〇五年、五三頁。
(4) 乃村工藝社　博覧会資料COLLECTION(https://www.nomurakougei.co.jp/expo/exposition/detail?e_code=578)最終閲覧日二〇二一年一〇月二〇日。
(5) 長田勝「沖縄の回想」『沖縄思潮』一九七四年五月号、五九頁。
(6) 本土への不信感の背景には、本土資本による開発の他に、天皇の戦争責任および自衛隊配備への不信感の意識もあった。NHK「沖縄住民意識調査」では、七二年五月自衛隊配備について、賛成二八%、反対六〇%、七三年四月賛成二三%、反対六〇%だったことが先行研究で指摘されている。新崎盛暉『沖縄現代史』岩波書店、二〇〇五年、五三頁。
(7) 櫻澤誠『沖縄現代史——米国統治、本土復帰から「オール沖縄」まで』中央公論新社、二〇一五年、一九六頁。
(8) 「成るか「観光王国の夢」——二次振計の目玉、経済開発の核(前編)」『月刊　沖縄公論』第一三号、沖縄公論社、一九八二年一月、二二頁。
(9) 同前。
(10) 同前。
(11) 富川盛武「基地と観光——観光産業は沖縄経済の「救世主」に成り得るか」(特集「カンコウ」に巣くう妖怪)『新沖縄文学』七七号、沖縄タイムス社、一九八八年一〇月、一四頁。

(12) 同前。

(13) 同前。

(14) 同前。

(15) 同前。

(16) 同前。

(17) セクシュアリティを消費する観光の形態には、キャバレーやスナックなどで女性が会話を中心とした接客を行ういわゆる飲み屋と、通称「トルコ風呂」や「トルコ」と呼ばれた売春宿があった。しかし、表向きには飲み屋であってもスタッフと客との間の売買春が常態化している状況や、飲み屋と隣接する売春宿が隠し通路によって建物同士がつながっている場合もあった。そのため、本章では業務形態によって売春か否かをはっきりと切り分けることはせず、歓楽街観光や売春観光を総称して「セクシュアリティ消費観光」あるいは「セクシュアリティ観光」と呼ぶことにする。

(18) 本章の問題意識に関わる先行研究として、沖縄戦後史研究、沖縄観光イメージの研究、沖縄観光行政の研究、そして沖縄の歓楽街に関する研究があげられる。ただし、これまでの研究では、セクシュアリティ消費観光が沖縄の論壇上でどのように語られ、そこに沖日米のいかなる関係が反映されていたかについて実証的な検討はなされてこなかった。しかし、沖縄の論壇誌やオピニオン誌において、復帰前後の時期から観光売春が沖縄観光の重要な問題として扱われるようになっており、セクシュアリティ消費観光をめぐる議論についても見落とすべきではない。コザ、辻、国際通り周辺の歓楽街は、当初米兵向けに形成されていった。特に米軍基地周辺では、Aサインバー（認可の英語であるアプルーブAPPROVEの頭文字Aを取って、そのサインとしたもの）と呼ばれる米軍が米軍人・軍属に対して出入りしてもよいという「認可」されたバーやキャバレー、クラブなどが立ち並び、米軍人の慰安の役割を担う「基地の街」が形成されていくことになった。本章では、こうした「基地の街」におけるセクシュアリティ消費をめぐって、沖日米の欲望がいかに交錯し、一九七〇年代の沖縄が抱える問題がどのように映し出されていたかを検討する。

(19) 「特集ガイド　沖縄と海洋博のすべて」日本交通公社『旅』一九七五年八月号、二八九頁。

(20) 「沖縄おりじなるガイド　知らない町の知らない案内所で…」『レジャーアサヒ』一九七五年七月号（臨時増刊号）、五六頁。

(21) 同前、五六頁～五七頁。

(22) 「沖縄の夜」『沖縄国際海洋博記念　沖縄観光年鑑　昭和五〇年版』沖縄トラベルサービス、一九七五年三月、二三七頁。

(23) 「コザとカテナでは沖縄の顔を」『レジャーアサヒ』一九七五年七月号（臨時増刊号）、五八頁。

(24) 同前、五九～六〇頁。

(25) 外間米子「基地・軍隊・売春――売春問題に焦点をあてて」大田昌秀・大江健三郎編『沖縄経験』第二号、一九七一年一一月一六日、四一～四三頁。
(26) 櫻澤によれば、この時期、沖縄側の売春問題に対する態度は緩慢であり、「観光売春」への批判を強めていくのは、本土側の弁護士会、女性団体など」が中心だった。「一九七〇年代における沖縄の観光政策について」『歴史研究』五七号、大阪教育大学歴史学研究室、二〇二〇年三月二五日、八二頁。
(27) 田中雅一「軍隊・性暴力・売春――復帰前後の沖縄を中心に」田中雅一編『軍隊の文化人類学』風響社、二〇一五年、一九一頁。
(28) 同前。
(29) 高橋喜久江(日本基督教婦人矯風会職員)特集「沖縄の婦人問題」(「沖縄の売春」)『月刊婦人展望』一九七一年一一・一二月号、八頁。
(30) 同前。
(31) 同前、九頁。
(32) 例えば、『新沖縄文学』一九七五年一一月号で掲載された「沖縄の売春問題」という論考は、「女性問題を考える」という特集の一部として扱われており、この特集の論考の執筆者は一〇名すべて女性であった。「特集・女性問題を考える」沖縄タイムス社『新沖縄文学』一九七五年一一月号、一二一～一二四頁。
(33) 「売春天国におどる男たち――悪質なブローカー・金融業者・私立探偵・暴力団」『月刊沖縄』一九六三年七月号、『月刊沖縄ダイジェスト復刻版(下)』月刊沖縄社、一九八一年、八六三頁。
(34) 吉見俊哉『親米と反米――戦後日本の政治的無意識』岩波書店、二〇〇七年、六九頁。
(35) 本土の占領期における米兵相手の売春婦たちはパンパンと呼ばれ、日本人男性の「ナショナルな主体」を脅かす存在であった。彼女たちは、「単に軍事的性暴力の被害者というだけでなく、特別な文化政治的な象徴性を帯びた存在」でもあり、「パンパンが主導する新しい時代のアメリカニズムは、この国の軸心をなすナショナルな男性性にとって転覆的な脅威となった」。米兵たちの後ろ盾を得たパンパンたちは、「米兵たちがまさしくこの国の占領者として君臨していることを、セクシュアリティの支配という明白さにおいて示した」ためである。吉見俊哉、前書、二〇〇七年、一〇七～一一三頁。
(36) 若尾典子「「沖縄の女性」と「日本の女性」」『新沖縄文学』沖縄タイムス社、一九八五年九月号、九一頁。
(37) 高橋喜久江、同前、九頁。
(38) 「沖縄おりじなるガイド　知らない町の知らない案内所で…」『レジャーアサヒ』一九七五年七月号(臨時増刊号)、五六頁。

(39) 根波敦夫「がめつきはさくらざか」『月刊沖縄』一九六一年一一月号、『月刊沖縄ダイジェスト復刻版（上）』月刊沖縄社、一九八一年、五〇二頁。
(40) 同前。
(41) 「沖縄の女性をハダカにする――T・Vアナの座談会　ズバリ・アナウンサーが申し上げる」『月刊沖縄』一九六二年一〇月号、『月刊沖縄ダイジェスト復刻版（上）』月刊沖縄社、一九八一年、五〇九頁。
(42) 同前、五一〇頁。
(43) 同前。
(44) 「沖縄おりじなるガイド　知らない町の知らない案内所で…」『レジャーアサヒ』一九七五年七月号（臨時増刊号）、五六頁。
(45) 座談会の趣旨、内容は誌面上で次のように説明されている。「海洋博オープンまであとわずかとなった。沖縄へ多くの本土からの観光客が押しかけるであろう。そうなると、いつものことながら問題になるのが、観光客のマナーである。東南アジアで、〝買春ツアー〟とまで言われる日本人団体客が、沖縄に大挙乗り込むとどうなるか。それぞれの発言者の、思惑（？）もからめて座談会は白熱、これはその座談会の模様を、完全収録したものである」。「座談会・海洋博をめぐって　暴動が起るかもしれないよ」『レジャーアサヒ』一九七五年七月号（臨時増刊号）、九五頁。
(46) 同前、九九頁。
(47) 同前。
(48) 同前。
(49) 新崎盛暉『沖縄現代史　新版』岩波書店、二〇〇五年、五二頁。
(50) 同前。
(51) 「座談会・海洋博をめぐって　暴動が起るかもしれないよ」、九九頁。
(52) 川口与志子「海洋博・人間破壊の惨状――谷間の女子高生から（ルポルタージュ）」『沖縄思潮』第一巻第五号（通巻五号）、沖縄思潮編集委員会、一九七四年一〇月、七四～七九頁。
(53) 同前、七四頁。
(54) 同前、七六頁。
(55) 「座談会・海洋博をめぐって　暴動が起るかもしれないよ」、一〇〇頁。
(56) 来間泰男「宮本憲一氏に聞く　沖縄の地域開発はこれでよいか」『沖縄思潮』第一巻第三号（通巻三号）、沖縄思潮編集委員会、一九七四年五月、六八～七〇頁。

(57) 勝連哲治「八〇年代の地域経済像――沖縄・自立経済への展望」(特集「80年代・沖縄は生き残れるか」) 沖縄タイムス社『新沖縄文学』一九七九年一一月号、五二〜五三頁。
(58) 金城清子「沖縄の売春問題」(「特集・女性問題を考える」) 沖縄タイムス社『新沖縄文学』一九七五年一一月号、六五〜六六頁。
(59) 高里鈴代「沖縄の売春問題」(「検証・婦人」)、沖縄タイムス社『新沖縄文学』一九八五年一二月号、一〇九〜一一〇頁。
(60) 同前、一一二頁。

四章

(1) 山入端康「失われた海と島と神々と(特集=「カンコウ」に巣くう妖怪)」沖縄タイムス『新沖縄文学』一九八八年一〇月号、七一〜七二頁。
(2) 同前。
(3) このことについては、三章五節で述べたとおりである。
(4) 多田治「『日本のハワイ』としての沖縄の形成――新婚旅行ブームからリゾート・パラダイスへ」『一橋社会科学』一橋大学、第七巻、二〇一五年。
(5) 多田治『沖縄イメージを旅する――柳田國男から移住ブームまで』中央公論新社、二〇〇八年、一五二頁。
(6) 多田治、前掲論文。
(7) 「海と戦跡(87沖縄・初夏　復帰から15年　2)」『朝日新聞』一九八七年五月二日、朝刊、二六面。
(8) 同前。
(9) 同前。
(10) 同前。
(11) 「さよならバブルリゾート　サンゴも白砂も魅力だが　沖縄各地で反省中」『朝日新聞』一九九二年五月九日、夕刊、五頁。
(12) 同前。
(13) 「沖縄キャンペーン、四社が共同作戦」『朝日新聞』一九九三年三月二日、朝刊、一一面。
(14) 「Ｄａｔａ Ｆｉｌｅ　道行く女性がホステスを」『青い海』一一二号、一九八二年五月、三九頁。
(15) Ａサインバーは復帰前まで米軍の衛生管理下にあったが、復帰後には風俗営業はすべて保健所の管轄となった。「飲み屋コザの街が暗くなった(人物インタビュー)」『青い海』一一二号、一九八二年五月、三九頁。

(16) 同前、三六頁。
(17) 同前、三八頁。
(18) 同前、三六頁。
(19) 同前、三九頁。
(20) 同前。
(21) 同前、三八頁。
(22) 同前。
(23) 同前。
(24) バブル期以降の沖縄における中高年層の観光とセクシュアリティ消費に関する調査・研究については、分担者として参加している科研「「中年文化」の戦後メディア史に関する歴史社会学的研究」(基盤B・研究課題番号 22H03907・代表 福間良明)の成果の一部であることを付記する。
(25) 田中雅一「軍隊・性暴力・売春――復帰前後の沖縄を中心に」田中雅一編『軍隊の文化人類学』風響社、二〇一五年、二〇四頁。
(26) 「戦世のままに 5 (復帰20年・沖縄から 第7部)」『朝日新聞』一九九二年三月一八日、西部朝刊、三〇面。
(27) 同前。
(28) 「「基地の島」沖縄で増える比の出稼ぎ女性(近くて近いアジア)」『朝日新聞』一九八八年八月一三日、夕刊、八面。
(29) 同前。
(30) 「比女性の人権守れ 手をつなぐ会発足(おきなわ復帰20年)」『朝日新聞』一九九二年五月一四日、西部朝刊、二六面。
(31) 高里鈴代「沖縄の売買春問題」『新沖縄文学』六六号、一九八五年一二月三〇日、一一一〜一一二頁。
(32) 同前、一一二頁。
(33) 「「基地の島」沖縄で増える比の出稼ぎ女性(近くて近いアジア)」『朝日新聞』一九八八年八月一三日、夕刊、八面。
(34) 「比女性の人権守れ 手をつなぐ会発足(おきなわ復帰20年)」『朝日新聞』一九九二年五月一四日、西部朝刊、二六面。
(35) 圓田浩二「「アメ女」のセクシュアリティ――沖縄米軍基地問題と資源としての「女性」性」『叢書 戦争が生みだす社会 Ⅲ 米軍基地文化』、新曜社、二〇一四年、二一八頁。
(36) 同前、二二〇頁。
(37) 同前、二二二頁。

(38) 同前、二二五頁。
(39) 同前、二三一〜二三二頁。
(40) 同前、二二四頁。
(41) 圓田は、「女性のもつ性的資源・価値」を「女性性」という資源」としてとらえ、分析概念の一つにしている。本論では、この圓田の提示する概念を参照した。圓田、同前、二一八頁。
(42) 圓田、同前、二二四頁。
(43) 同前、二二五頁。
(44) 田中雅一、前掲論文、一七八頁。
(45) 高里鈴代「女性の目から見たマスコミ」『新沖縄文学』七四号、一九八七年一二月三〇日、七〇頁。
(46) 同前。
(47) 同前。
(48) 同前、七〇〜七一頁。
(49) 「琉球弧の女からのメッセージ」『青い海』一二八号、一九八三年一二月、一六頁。
(50) 同前、二六頁。
(51) 同前。
(52) 「癒やし　商品化される楽園（見えない島②　目取真俊の語る沖縄2）」『朝日新聞』二〇〇四年八月二六日、夕刊、二面。
(53) 「観光沖縄、非常事態　キャンセル20万人　米テロ余波」『朝日新聞』二〇〇一年一一月五日、朝刊、三面。
(54) 「イラク攻撃、秒読み　国内米軍基地ピリピリ　沖縄観光へ打撃懸念」『読売新聞』二〇〇三年、三月二〇日、西部朝刊、三八面。
(55) 本章で扱った港川の事例以外にも、基地関連施設が観光地化する状況は二〇〇〇年代以降散見される。例えば、『朝日新聞』二〇〇四年八月二六日の記事では、二〇〇三年、嘉手納基地そばに鉄筋コンクリート四階建ての「道の駅」が完成したことが報じられている。そこでは、「展望場からは戦闘機の離着陸が望め、以前は素通りした観光バスが駐車する。米軍基地すら商品になる現実が、今の沖縄にはある」という。基地イメージの商品化と消費は、二〇〇〇年代以降の沖縄観光が持つ大きな特徴であるといえる。
(56) ここでの検討に関する先行研究として、沖縄の基地跡地に関わる研究および沖縄イメージに関わる研究があげられる。難波孝志は、軍用跡地再開発による沖縄の過剰開発という問題を指摘し、軍用跡地再開発における自治体の役割を考察している。難波により、軍用跡地再開発問題は、その利用方法を含めて地域住民にとって大きな影響をもたらすものであるため、沖縄地域社会全体の問題としてとらえられるべきであり、軍用跡地再開発のあり方を検討することは、沖縄の経済的自立のあり方の検討に直結するということが示された。難波孝志「沖縄軍用跡地の過剰開発プロセスにおける自治体の役割」『日本都市社会学会年報』、三三号、二〇一五年、一二三～一四一頁。基地跡地再開発に関しては、難波よる研究成果をふまえつつ、基地跡地再開発のあり方と問題点に関して観光イメージの視点から考察を加える。先行研究では、基地跡地が公共施設やショッピングモールなどの商業施設に転用された事例について特に考察がなされてきたが、基地に付随する施設として基地外に位置する外人住宅については検討されてこなかった。さらに、基地跡地再開発と観光イメージの関係性についても実証的な研究は行われていない。しかし、観光は、本土復帰以降の沖縄において経済的にも文化的にもその重要性を増しており、基地依存経済から脱却し、沖縄が経済的に自立するための最重要産業ともいわれてきたため、基地跡地問題を考えるうえでも見過ごすべきではない。このことから、基地イメージが観光イメージに転用され、基地関連施設でありながら、その建物を再利用して観光地化した港川外人住宅は注目すべき事例であるといえる。

(57) 『るるぶ沖縄 2014』ＪＴＢパブリッシング、二〇一四年、一三頁。

(58) 「外人住宅」とは、米軍基地外にある米軍人軍属用の民間賃貸住宅（沖縄では一般的に外人住宅と呼ばれる）を指す。運営会社は沖商不動産で、正式名称は「港川ステイツサイドタウン」である。ここでは、沖縄で一般に知られており、観光ガイドブックでも頻繁に用いられる呼称であるため「外人住宅」という呼称を用いる。

(59) 新崎盛暉編『観光コースでない沖縄――戦跡・基地・産業・自然・先島（第４版）』高文研、二〇〇八年、一七七頁。

(60) 株式会社パム「たびらい沖縄」(https://www.tabirai.net/sightseeing/tatsujin/0000399.aspx) 最終閲覧日二〇二一年五月九日。

(61) 浦添市は、沖縄本島南部に位置し、西は東シナ海に面し南は県都那覇市、東は西原町、北は宜野湾市に接する。市域は、東西 八・四㎞、南北 四・六㎞で、北を頂点として南西と南東に広がる扇状の形をしており、面積 一、九二七 haを有する。市域全域が那覇広域都市計画区域に指定されている。

(62) 浦添市『浦添市観光振興計画 2018 ～ 2025』二〇一八年、五頁。

(63) 本章では、こうした港川の事例の検討を通して、二〇〇〇年代以降の沖縄観光におけるアメリカンイメージの内実および、基地と観光の関係性について検討する。沖縄の観光をめぐる議論では、基地の存在が観光客に危険なイメージをもたらし、「平和で安全な島のイメージ」を阻害しうることが懸念されてきた。そのため、観光と基地は沖縄の現実として併存しつつも、観光イメージの面では相容れないものとして語られることが多い。この意識は、本土復帰を契機として観光産業に重点を置くべきだという議論が沖縄県内で盛り上がりをみせていた時期から確認されるものである。例えば、雑誌『青い海』

一九七二年五月号では、「戦跡と軍事基地とデモの島――といった従来のイメージを、いち早く〝日本人の心のふるさと〟としての青いサンゴ礁のユートピアへ転換させたい――とは、平和を愛する全国民の願いなのである」という記述がある。復帰以前には、戦跡と基地、デモのイメージが強かった沖縄が、現在のような観光地の形になるためには、リゾートやユートピアとしてのイメージを強化することが重視されてきたことが確認できる。しかし、現在浦添を中心とする沖縄の外人住宅では、基地を連想させるはずの「アメリカらしさ」が観光の対象となっており、基地と観光が両立する状況がみられるようになっている。本章では、浦添市の戦後復興と港川外人住宅の歴史を整理したうえで、『るるぶ』や『まっぷる』を中心とする本土で発刊された代表的な観光ガイドブックを対象にメディア言説分析を行い、港川外人住宅の観光イメージについて明らかにする。

(64) 浦添市の統計によれば、現在の浦添市の人口は一一五、四二〇人（二〇二〇年九月末時点）で、主要産業は平成二二年時点で第一次産業が〇・五％、第二次産業が一三・五％、第三次産業が七六・一％となっている。しかし、一九三〇年に就業人口の約八〇％を占めていたのは農業であった。それが、一九八〇年の調査では、わずか二％まで激減していた。浦添市史編集委員会編『浦添市史第一巻 通史編（浦添のあゆみ）』浦添市教育委員会、一九八九年、一五頁。

(65) 同前、三頁。

(66) 旧県道は軍用道路として拡張され、発電所やアメリカ系企業を中心とした「マチナト・コマーシャルエリア」がその沿線につくられた。人口、事業所は基地に面した軍用道路一号線（現国道五十八号線）沿線地域に急増し、そこに商店街、市街地ができていった。その後、那覇のベッドタウンとして浦添への人口流入が続き、浦添市全体が都市化した。浦添市史編、同前、一六頁。

(67) 同前、一五頁。

(68) 新崎盛暉編、同前、一七七頁。

(69) 小倉暢之「沖縄の外人住宅に関する研究――その歴史的展開及び計画内容を中心として」琉球大学学術リポジトリ、一九九三年、三〜六頁。

(70) 同前、四一頁。

(71) 岸本マチ子「沖縄に二つの「他者」の複雑な影（論壇　日米の戦後50年）」『朝日新聞』一九九五年八月一二日、朝刊、四面。

(72) 柴田健「「カフェ街」に刻み込まれた戦後史　沖縄・港川外人住宅〈連載〉地域いろいろ・多様な日本）」日本建築学会『建築雑誌』Vol.127 №.1636（2012年9月号）、二〇一二年、一二七七頁。

(73) 二〇〇〇年代以降の港川の観光地化プロセスについて実証的に論じた研究は、柴田（二〇一二）以外には管見の限りほとんど行われていない状況である。浦添市史などの文献を確認しても、港川外人住宅の二〇〇〇年代以降の状況についての記載は確認できなかった。このことから、本章では実際の港川外人住宅の転用状況など歴史的事実の整理については柴田（二〇一二）に多く依拠することになった。ただし、本章はそこで消費されるイメージを主題としており、この点に関しては先行研究に依るものではなく、筆者がガイドブックの分析を行ったうえで記述したものである。また、現在のすでに観光地化した状況については、『浦添市観光振興計画 2018 ～ 2025』や『浦添市市勢要覧 2018』などの資料で確認し、資料として用いた。

(74) 柴田、同前、一二七八頁。

(75) 「沖縄、移住ツアー人気　地元側「現実も知って」　希望者「家賃安い」誤解」『朝日新聞』二〇〇六年一二月二八日、西部夕刊、一面。

(76) 柴田、同前、一二七九頁。

(77) 西野淑美「記号としての『カフェ』」遠藤知巳編『フラット・カルチャー』せりか書房、二〇一〇年。

(78) 柴田、同前、一二七六頁。

(79) 同前。

(80) 『まっぷる沖縄 2015』昭文社、二〇一四年、一五五頁。

(81) 『るるぶ沖縄 2014』ＪＴＢパブリッシング、二〇一四年、四二頁。

(82) 同前、一三頁。

(83) 前掲『まっぷる沖縄 2015』、一五五頁。

(84) 『TRAVEL♡STYLE 沖縄 2015』成美堂出版編集部、二〇一四年、六六頁。

(85) 「沖商不動産」ホームページ　(http://okisho.com//modules/pico2/index.php?content_id=1)　最終閲覧日二〇二〇年二月一〇日。

(86) 『まっぷる沖縄 2015』昭文社、二〇一四年、一五五頁。

(87) 「沖縄新描（下）基地跡地を若者の街に　北谷町、知恵絞り〝変身〟（連載）」『読売新聞』、二〇〇一年五月六日、西部朝刊、三四頁。

(88) 「気分はアメリカ！ネオン輝く夜の散歩が楽しい沖縄・コザの街」『るるぶ &more.』二〇一九年二月二四日（https://rurubu.jp/andmore/article/7072）最終閲覧日二〇二一年五月九日。

(89) 日高勝之『昭和ノスタルジアとは何か――記憶とラディカル・デモクラシーのメディア学』世界思想社、二〇一四年、一七頁。
(90) 同前、九〜一四頁。
(91) 同前、一五〜一六頁。
(92) 新城和博「イメージに蝕まれる沖縄　消費される「癒やしの楽園」」『朝日新聞』二〇〇二年六月一一日、夕刊、三面。
(93) 「米兵外出に軍の規制なし　増える基地外居住 住民らに不安感」『読売新聞』二〇〇八年二月一六日、西部朝刊、三四面。
(94) 同前。
(95) 「米軍グアム移転費合意　「基地縮小の一歩」沖縄住民歓迎　地域経済不安も」『読売新聞』二〇〇六年四月二四日、西部夕刊、九面。
(96) 同前。
(97) 同前。
(98) 浦添市「浦添で起きた主な事件事故年表」二〇〇九年（https://www.google.com/url?sa=t&rct=j&q=&esrc=s&source=web&cd=&ved=2ahUKEwj6naKrt77wAhVtw4sBHWz1CgkQFjAAegQIAxAD&url=https%3A%2F%2Fwww.city.urasoe.lg.jp%2Fdocs%2F2014110101960%2Ffile_contents%2Fs20090806111443606_3.pdf&usg=AOvVaw3GCx1o5FQ22Gs-ZG2Mj70y）最終閲覧日二〇二一年五月一〇日。
(99) 浦添市『浦添市市勢要覧 2018』二〇一八年、一〇〜一一頁。
(100) 本章は、沖縄観光における「アメリカンイメージ」のなかでも比較的新しい現象である「レトロアメリカン」イメージ消費の観光について明らかにする目的から、その象徴的事例である港川外人住宅の観光地化とそこでの観光イメージを中心に検討を行った。一方で、「アメリカンイメージ」の観光地でいえば、佐世保や横須賀など、日本本土にも「基地の街」と呼ばれ、アメリカ的な文化が観光の対象になっている地域は存在する。これらの地域と沖縄の事例を比較検討することは今後の課題としたい。これにより、沖縄の特殊性および日本本土との関係性がより明確になると考えられる。

■終章

(1) 拙稿、「海洋博批判とセクシャリティ観光の接合――本土―沖縄のヒエラルヒーの再生産」福間良明編『昭和五〇年代論――「戦後の終わり」と「終わらない戦後」の交錯』みずき書林、一八五〜二三〇頁、二〇二二年三月。
(2) 「〝買春ツアー〟規制へ 首相行政指導の強化決断」『読売新聞』一九八一年一月一〇日、朝刊、二面。
(3) 小熊英二『日本人の境界――沖縄・アイヌ・台湾・朝鮮 植民地支配から復帰運動まで』新曜社、一九九八年、六二三頁。

(4) 同前、六二五〜六二六頁。

(5) 「(復帰50年へ) 米軍統治　摘まれた製造業の芽　観光頼みの沖縄　コロナで打撃」『朝日新聞』二〇二二年五月一五日、朝刊、三〇面。

(6) 同前。

(7) 同前。

(8) 同前。

(9) 本書では、沖縄の代表的な論壇誌やオピニオン誌の分析を通して、沖縄全体としての観光の位置付けやその変遷を検討した。しかし、沖縄本島と離島の位相差や本島北部と南部の軋轢、歓楽街をめぐる那覇市とそのほかの地域の格差、コザ、嘉手納、港川、美浜アメリカンヴィレッジといった「アメリカンイメージ」が観光の対象となる地域の比較など、より詳細に検討するべき点が残されている。こうした沖縄内部における地域間の格差やヒエラルヒーについては、今後の課題として取り組んでいきたい。

沖縄県外

【都道府県】

【島嶼・都市・地域】

【国外：島嶼・都市】

地名・スポット索引

＊地名・スポットのなかから比較的重要度が高いものを選んだ。
＊現存しない行政区や旧地名も含まれる。

沖縄県内

【市・郡・地域】

【市郡内の行政区分・地名】

【スポット】

■著者略歴

小川実紗　OGAWA Misa

1993年大阪府生まれ。立命館大学大学院社会学研究科博士後期課程修了、博士（社会学）。立命館大学授業担当講師、流通科学大学非常勤講師。専門は歴史社会学、観光社会学、文化社会学。主論文に「占領期における京都の都市イメージ構築——『アメリカ』の承認と『非戦災都市』アイデンティティ」（戦争社会学研究会『戦争社会学研究』第4号、2020年）、「反復帰論高揚期における沖縄観光言説——1960 年代後半～本土復帰までを中心に」（立命館大学人文科学研究所『立命館大学人文科学研究所紀要』130号、2021年）、「海洋博批判とセクシャリティ観光の接合——本土—沖縄のヒエラルヒーの再生産」（福間良明編『昭和50年代論——「戦後の終わり」と「終わらない戦後」の交錯』みずき書林、2022年）など。